中北斜村志

《中北斜村志》编修委员会　编

方志出版社
Publishing House of Local Records

图书在版编目（CIP）数据

中北斜村志 /《中北斜村志》编修委员会编 . — 北京：方志出版社，2024.1
ISBN 978-7-5144-5925-8

Ⅰ . ①中… Ⅱ . ①中… Ⅲ . ①村史—西青区
Ⅳ . ① K292.15

中国版本图书馆 CIP 数据核字（2024）第 016557 号

责任编辑：程　倩
责任校对：张玉霞
责任印制：梅中英
出 版 者：方志出版社
地　　址：北京市朝阳区潘家园东里 9 号（国家方志馆 4 层）
邮　　编：100021
网　　址：http://www.zgfzcb.cn
发　　行：方志出版社图书营销中心（010-67110500）
印　　刷：北京中科印刷有限公司
开　　本：787 毫米 ×1092 毫米　1/16
印　　张：20.75
字　　数：406 千字
版　　次：2024 年 1 月第 1 版
印　　次：2024 年 1 月第 1 次印刷
定　　价：126.00 元

中北斜村在天津市位置示意图

中北斜村在中北镇位置示意图

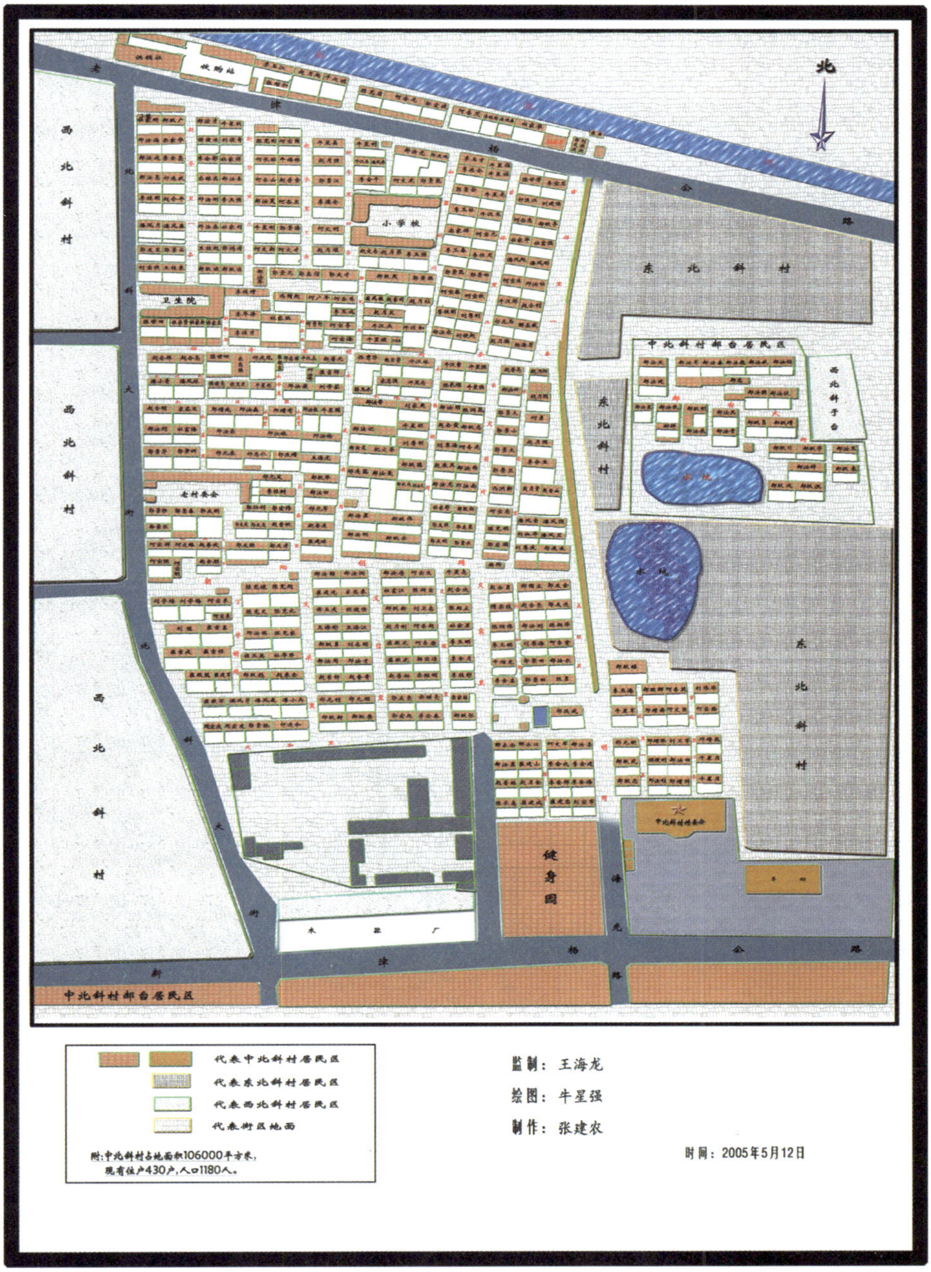

中北斜村平房旧居位置示意图（旧村）

中北斜村还迁小区中北斜家园位置示意图

溪悦园中北斜家园南门（2018 年李树起摄）

溪悦园中北斜家园北门（2018 年）

中北斜村党群服务中心（2018 年）

中北斜村党群服务中心办事大厅（2018 年）

90 年代中北斜村农业蔬菜大棚

中北斜工业园俯瞰图（2005 年）

2018 年中北斜村党总支参观宝坻冯家庄党史馆

2018 年中北斜村预备党员入党宣誓

中北斜村委会办公楼（2006 年）

中北斜村文体活动中心（2006 年）

中北斜村丰乐园（2006 年）

报告厅

书画室

民俗展示室

休闲茶吧

儿童游乐区

图书馆

舞蹈室

健身室

京杭大运河（南运河）中北斜村段（2017 年）

溪悦园内景（一）

溪悦园内景（二）

2012 年中北斜村百人合唱队参加天津市涉农区县展演（李淑起摄）

2006 年中北斜村百人秧歌队参加天津首届民间花会广场舞擂台赛（李淑起摄）

2010年中北斜村男子舞龙队元宵节花会展演（李淑起摄）

2006年中北斜村百人太极扇队参加第三届中华（天津）民间艺术精品博览会闭幕式表演（李淑起摄）

村民崔建山蔬果雕刻作品（一）（2017 年）

村民崔建山蔬果雕刻作品（二）（2017 年）

村民谢淑华手工布艺作品（2017 年）

村民丰晓娟工笔画作品（2017 年）

2014 年中北斜村党总支书记王海龙（左八）参加中北镇精神文明创建活动表彰大会（李树起摄）

2010 年中北斜村获中北镇“迎国庆 颂家乡”第二届红色歌曲大赛一等奖（前排左二）（李树起摄）

2008 年中北斜村获市级“五个好红旗村党组织”称号

2004 年中北斜村获市级“红旗党组织”称号

2012 年中北斜村获区级“创先争优先进基层党组织”称号

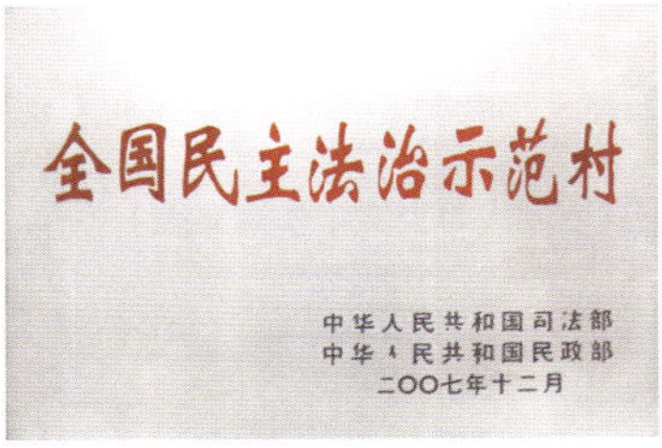

2007 年中北斜村获“全国民主法治示范村”称号

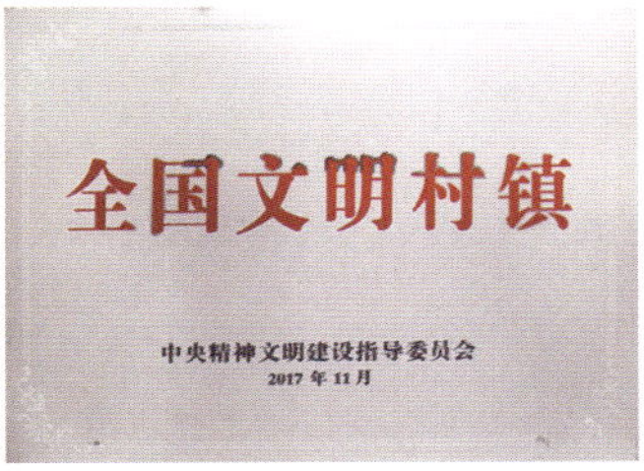

2017 年中北斜村获“全国文明村镇”称号

2017 年中北斜村获“天津市 2015—2017 年度文明村镇”称号

中北斜村荣誉室

中北斜村锦旗陈列室

西青区村村建档修志工程领导小组
组长及成员单位

组　　长： 李　清（2020年7月—　）
张　劲（2017年3月至2019年3月）

副 组 长： 齐中波（2021年8月—　）
惠　冰（2017年3月至2019年9月）
杜全胜（2019年12月—　）
高　艳（2017年3月—　）

成员单位： 区档案局　区档案馆　区委督查室
区民政局　区农业农村委　区融媒体中心
西营门街　李七庄街　杨柳青镇
辛口镇　中北镇　张家窝镇
精武镇　大寺镇　王稳庄镇

西青区村村建档修志工程领导小组
办公室成员

主　　任： 孙国春（2017年3月至2018年2月）
林小琳（2018年2月至2019年8月）
杨鸣起（2019年8月—　）
李　颍（2020年7月至2021年2月）
许树松（2021年3月—　）

副 主 任： 谷大丽（2017年3月至2018年9月）
薛安鲁（2017年3月至2020年8月）
边秀文（2018年9月—　）
范秀敏（2020年8月—　）

中北镇村村建档修志工程领导小组组长及成员单位

组　　长： 李宏昌（2021 年 10 月—　）
刘振河（2021 年 7 月至 2021 年 10 月）
李德成（2017 年 4 月至 2018 年 1 月）
林佐维（2018 年 1 月至 2021 年 7 月）

副 组 长： 孙秀山（2021 年 10 月—　）
王炳建（2021 年 7 月至 2021 年 10 月）
李胜润（2017 年 4 月至 2019 年 7 月）
于永梅（2017 年 4 月至 2021 年 7 月）
梁子平（2019 年 7 月—　）
尚　云（2021 年 7 月—　）

成员单位： 党委办公室　政府办公室　档案室
三资服务中心　农服中心　统计办
三产办　民政办　广播站以及各村

领导小组下设办公室，办公室设在镇志办，办公室主任由庞庆燕担任

《中北斜村志》审验组成员

组　长：李宏昌　刘振河　李德成　林佐维
　　　　林小琳　杨鸣起
副组长：孙秀山　王炳建　李胜润　于永梅
　　　　梁子平　尚　云　薛安鲁　范秀敏
成　员：王洪海　张绍祖　张子荣　王富盛
　　　　谢连华　庞庆燕

《中北斜村志》编修委员会

主　任：王海龙
委　员：刘惠霞　邱增焜　陈长智　赵普洋

《中北斜村志》编辑人员

主　　编：崔建球

编辑人员：陈世田　邱汝荣　陈长智　郭有维

照片提供：中北斜村委会等

资料提供：中北斜村委会

序一

村村建档修志工程卷帙浩繁，内容宏富。整个工程历时三载，经广大村志工作者辛勤编纂、精心琢磨，终于付梓出版。这是西青区社会主义精神文明建设的重要成果，体现了全区在文化工程建设、文化自信方面取得的重要成绩，在此，予以祝贺！

村志，是整个方志编写中的一个分支，明代即有了乡村志的雏形。历代政府多注重“官志”的编修，而作为乡土聚落的村志极少在正史典册中出现。自20世纪80年代始，村志的立身及地位逐步得到认同，随着经济社会的不断发展和城乡一体化进程的加快，部分省市的村志编修已在较大范围内开展。但作为一个地区，西青区将“村村建档修志”作为一项系统工程，举全区之力，用三年的时间，在全区162个村庄全面铺开推动，这在全市乃至全国尚属空前。

村村修志工程，是西青区深入贯彻落实习近平新时代中国特色社会主义思想和党的十九大精神的具体实施，是推进乡村振兴和文化强区战略的生动实践，也是全面推动全区档案事业和地方志事业科学发展的一项创新举措。村志编修系统记述了村落发展的变化和改革开放的进程，全面展现了西青区厚重的历史文化底蕴，是认识全区农村社会变革和经济发展的重要途径，为全区“乡村振兴战略”和新型小康村建设提供了历史智慧和现实借鉴。村村修志工程，契合了城市化进程中抢救村落文化，做好文化传承的当前态势；回应了随着经济社会不断发展，广大村民渴望诉说家乡情怀、展现村庄历史的文化需求。这一工程对于铭记历史，“记住乡音、留住乡愁”，激发民众爱乡情怀，必将带来重大而深远的影响。

纵观全志，资料广征博引，据事实录，彰盛事、志伟绩，寓成功得失，分是非曲直，系统反映了各村面貌，是一部部村落发展的百科全书。村志在编修体例上因地制宜、不拘一格，突出时代特点和村情特色；在编写机制上，重视本村人写本村志，同时提倡开门修志，博采众长，广泛吸纳社会专业力量，推动村志编修工作有效开展，创造出一批独具村味乡韵的精品文化成果。这不仅为后人留下了大量珍贵的史料，弥补了正史文献中对村庄记述之缺环，同时也为全区政治、经济和社会的发展提供了强大的精神动力和智力支持。

衷心地感谢方志出版社、天津市志办领导、村志工程各级组织者，各方专业人士以及广大的村志编纂者。“修志问道，以启未来”，区委区政府愿与全区人民以史为鉴、同心同德，与时俱进、开拓创新，用勤劳和智慧创造西青更加美好的未来。

中共天津市西青区委员会

天津市西青区人民政府

2019 年 3 月

序二

中北斜村位于天津市西部，东临天津外环线，西靠古镇杨柳青，村庄历史悠久，人文底蕴深厚。在这块古老的土地上，勤劳、淳朴、智慧的中北斜村人为追求光明、幸福、自由、进步，前仆后继，用双手创造了自己的历史和文化。新中国成立后，中北斜村人以火热的激情，积极投身社会主义建设，村庄发生了翻天覆地的变化，特别是改革开放后，全村干部群众一心一意谋发展，村各项事业取得历史性突破。如今的中北斜村经济繁荣，物质条件优越，村民安居乐业，生活富足幸福。昔日的传统村庄已变成现代化社会主义新农村，谱写出百年历史上最为绚丽璀璨的新篇章。

盛世修志、保留历史、铭记乡愁、凝结乡情，村志如实再现那曾经的村街里巷，记录村里先人与往事，借以传承乡俗、诉说乡音、纾解乡思，激活历史传统，唤起共同文化记忆，留住乡村文化的根脉，让人们难以割舍的乡愁得以慰藉和释放。同时，记住贫穷落后的往昔，对比今天的巨大变化，可激励人们热爱生活，砥砺奋进，为建设美好家乡做出更大贡献。

斗转星移，村中传统的生产和生活方式、风俗习惯以及许多往事，随着时光流逝而消失；许多反映村庄域情文化的第一手资料和信息未能保存，使得村志编修留下难以弥补的缺憾。通过这次编修村志，编辑人员多方挖掘、收集资料，旁征博引，对中北斜村历史和现状进行考究，将村庄六百多年历史面貌梳理清楚，并将新中国成立特别是改革开放后作为重点，详细记述40多年来翻天覆地的变化，使读者了解农村承载的历史文化信息，了解改革开放带给农村的巨大变化。

在《中北斜村志》成书过程中，西青区档案局和中北镇领导的大力支持，热心村民提供的多方资料和信息，本书编辑人员付出的努力，才使村志得以顺利出版。在此，我代表中北斜村党总支、村委会和全体村民向为本书做出贡献的各方人士表示衷心的感谢！

我们相信，在党的十九大精神指导下，在实现中华民族伟大复兴的道路上，中北斜村一定会继往开来，发奋进取，在中国特色社会主义新时代建设中取得更大的成绩，奔向更加美好的未来！

中共中北斜村党总支书记

2019 年 6 月 20 日

凡　例

一、《中北斜村志》的编写以马克思列宁主义、毛泽东思想、邓小平理论、“三个代表”重要思想、科学发展观、习近平新时代中国特色社会主义思想为指导，坚持辩证唯物主义和历史唯物主义的立场、观点和方法，力求做到内容与形式统一，思想性、科学性与资料性统一。

二、村志坚持实事求是、秉笔直书的原则，详今略古，详近略远，详独略同，重点突出新中国成立后，特别是1978年中共十一届三中全会以后中北斜村经济、政治、文化、社会生活等多方面的发展变化。

三、村志上限随史实上溯，下限为2018年，其中部分内容延续到2019年。

四、村志采取志、述、记、传、图、表、录等体裁，以志为主，除引文外，采用规范的现代语体文记述。

五、村志全书首立序、凡例、概述、大事记，中设章、节、目、细目，末缀附录、编后记。

六、中华民国成立以前的纪年，使用历史纪年，括注公元纪年。中华民国成立后均使用公元纪年。志书中“××年代”凡未加世纪者均指20世纪。“解放前”“解放后”系指1949年1月天津解放前后。“新中国成立前（后）”系指1949年10月1日中华人民共和国成立前（后）。

七、人物载入者包括中北斜村籍或外籍与村有关者，均为科级以上职务和获中级以上专业技术职称者，曾在村担任重要职务、有重要影响并获得区级以上模范先进荣誉称号者。

八、大事记以编年体为主，辅以纪事本末体。

九、志书中统计资料以统计部门数据为准，统计部门未做统计的，采用中北斜村提供的数据。数字用法、标点符号用法分别采用国家标准《出版物上数字用法》（GB/T 15835—2011）、《标点符号用法》（GB/T 15834—2011），计量单位采用国家技术监督局1993年12月发布的《量和单位》系列国家标准，考虑到社会使用习惯，“亩”不统一换算。

十、志书中的资料，来源于有关档案、志书和其他地情资料书籍及访谈记录等，涉事单位及当事人，限于篇幅，不一一注明出处。

十一、称谓，记事概以第三人称记述，人物直书姓名，必要时前面冠以职务、职称。

十二、记述各个历史时期的党派、机构、职务、地名及各类名称等，均以当时名称为准。对频繁使用的名称，首次用全称并括注简称，其后用简称。

目　录

概　　述

中北斜村位于天津市西青区西北部，中北镇政府驻地西2公里处，北靠南运河，东面和西面分别与东北斜村和西北斜村相邻，南为滨海高新区海泰北道。

村域交通便利，周边有天津外环线、津杨公路、中北大道、卉锦道、104国道等道路，纵横交错，四通八达。距天津城区（鼓楼）10公里，距西青区政府所在地杨柳青6公里。东距滨海国际机场50公里，西距雄安新区120公里，南距沧州110公里，北距北京120公里。

中北斜村地势平缓，地面坡降小，平均海拔2.5 ~ 3米。地质底层有海相沉积，潮土类土壤，地貌属于海积冲积平原类型。村域内河流沟渠较多，地下水源丰富，境域内气候属于暖温带半湿润季风型气候，其特点是季风显著，降水集中，冬冷夏热，冬夏季长，春秋季短，四季分明。全年平均气温11.6℃，雨热同期，热量丰富，日照充足，具备发展农业优势。一代代中北斜村村民坚持不懈地改造自然，利用自然，不断协调与大自然的关系，创造出人与自然和谐相处的良好环境，经世代开垦耕耘，荒地渐成良田。

2009年村平房改造前，中北斜村共有土地1264亩，其中耕地1096亩、老宅168亩。近年来，由于国家征用及土地开发流转，村内耕地逐年减少。2018年，村有土地750余亩。

中北斜村历史悠久，明建文年间（1399—1402），已有先民居住。明永乐年间（1403—1424），大批先民随“燕王扫北”迁徙天津，到此安居并形成村落。清末，东西邻村根据南运河走势定名为东北斜村和西北斜村，该村位于两村之间，由此得名为中北斜村。根据《津门保甲图说》记载，中北斜西侧为陈家街（gāi）。有陈姓家族居住一条街，往来人员集中交易形成集市，由此称为陈家街，后陈家街称中北斜村。中北斜村管辖村南自然村郝家台，郝家台为清乾隆时期郝姓迁此定居形成。

新中国成立前，中北斜村域先后隶属静海县、天津府天津县、天津县西乡第十五区、天津县第三区第十乡、大稍直口乡、东北斜乡。

新中国成立后，中北斜村先后隶属于天津县第六区、天津县第五区、中北斜乡、红旗人民公社、中北斜管理区、南开区、津西人民公社、中北斜人民公社、李楼公社、“九一九”公社、“九一九”乡、中北斜乡、中北镇。

解放后，村人口逐年增加。1951 年，全村人口有 499 人，户数 83 户，其中男 249 人、女 250 人。1995 年，全村农业人口 1086 人、336 户，以郝、何、李、赵、郭等姓人口居多。2018 年，全村共 534 户，总人口 1290 人，均为汉族。

二

历史上，中北斜村村民生产方式单一，以开荒耕作为主。解放前，由于生产力落后，耕作条件差，十年九歉，正常年景粮食亩产 25 ~ 30 公斤，水旱之年颗粒不收，村民生活极为困苦。新中国成立后，随着生产关系的变革，生产力得到发展。1956年，村成立农业高级合作社。1958 年，村进入人民公社化时期，逐步向集体经济发展。

20 世纪 60 年代开始，村组织村民挖沟修渠，开展农田基本建设，开垦荒地、平整土地建方块田，兴修水利建立排灌泵站，开挖排水河及多条灌溉沟渠，对园田、旱田普遍进行改造。经不懈努力，村民将“十年九不收”的盐碱地（小黄洼）改变成旱涝保收的良田。1975 年，南洼旱田改稻田，亩产达 300 多公斤，农业得到发展，粮食产量提高。70 年代，村实行科学种田，建立科技组，推广科技项目。

1983 年，中北斜村实行农业家庭联产承包责任制，园田和稻田分到全村各户，村集体统一机械耕稻地、排灌浇水，统一购买稻种集中育苗，水稻产量取得历史上最好效益，平均亩产达 400 公斤以上。

随着农业生产责任制的落实，农民勤劳致富热情高涨。1985 年，村民建塑料大棚、温室，出现多季节、多品种、多样化种植方式，使保护地种植蔬菜迅猛发展，农业生产呈现繁荣景象。90 年代为蔬菜生产兴盛期，村民钻研蔬菜种植技术，花卉种植及引进南方菜品种面积不断增加，大棚种植蔬菜品质好、产量高，在供应市民的同时，还销往全国各地。收获时节，蔬菜商到地头收购、交易。

新中国成立前，中北斜村没有工副业，少数人经营小生意。20 世纪 60 年代末期，村办企业从无到有，规模持续扩大，企业数量持续增加。

进入 21 世纪，中北斜村工业发展迅速。2002 年，村集体投资建工业园区。至 2006 年，村工业园初具规模，累计投入资金 1.8 亿元，建成标准厂房 13 万平方米，共建厂房 35 幢，引进中外企业 50 余家，成为村集体重要经济支柱。

2018 年，村集体调整产业结构布局，注重发展商业、服务业，形成工业商业并驾齐驱的发展格局，为中北斜村经济发展提供了新的经济支撑。

三

新中国成立前至二十世纪六七十年代，大部分村民都居住土坯房，只有村中心邱家大院是青砖瓦房。村道路均为土路，村庄设施简陋。

1976 年 7 月 28 日，唐山大地震波及村域，震毁多处民房，村党支部、生产大队组织村民抗御灾情，搭建简易防震棚。80 年代初，村发放宅基地，鼓励村民灾后重建，村庄建设有了长足发展。进入 21 世纪，村加快村民住房条件改善工作。2009 年 12 月，村启动平房改造工程。2013 年 9 月，村还迁楼 24 层高层楼房工程正式开工建设，小区名为溪悦园。2015 年 11 月，村 5 幢还迁楼竣工，村民抓阄分房，乔迁新居。住宅面积 7.5 万平方米，小区住宅区水、电、气、暖、通信等配套设施齐全，配备智能化管理系统，地下车库 1.9 万平方米，小区绿化 2.1 万平方米。

四

中北斜村具有光荣的革命传统，1948 年 9 月，村成立中共党小组，带领党员秘密开展工作。

新中国成立后，村党组织在不同历史时期积极发挥党的战斗堡垒作用：组织开展土地改革，成立互助组，发展农业恢复生产；在党内开展整风运动，提高党员思想素质；开展社会主义教育运动，培养大批优秀青年。1978 年中共十一届三中全会后，党支部带领党员落实党各项政策，加快经济发展。

进入 21 世纪，村党组织先后开展“三个代表”重要思想、科学发展观、群众路线、“两学一做”等学习教育，制定完善党内规章制度，加强党员队伍建设，强化党员干部思想、组织、作风及民主法治建设，形成风清气正的党群关系。

中北斜村在党组织领导下，积极开展工作。探索推行民主选举、民主决策、民主管理、民主监督。特别是 2000 年村党支部第四届换届后，村民自治工作逐渐规范，坚持村里大事由村民代表大会决定，严格落实“六步决策法”。村民代表、村民监督委员会等组织在村务工作中的作用越来越凸显。《中北斜村村民自治章程》不断完善，村集体经济不断发展壮大，社会秩序良好，村民生活舒适幸福。经过多年的辛勤努力，村各项工作成绩显著，先后被授予“天津市市级卫生村”“全国民主法治示范村”“全国精神文明建设先进村镇”“全国文明村镇”等称号。近年来，村开展志愿服务，党员和村民为灾区捐款捐物，成立志愿者服务队伍，开展卫生清整、小区巡逻、创文宣传、为困难户送温暖服务等活动。

五

民国时期，村内创办小学民立六十八小学。1929 年，改为公立三十七小学。解放后，改为中北斜小学。1988—2018 年，村适龄儿童入学率、普及率、巩固率、毕业率逐年提高，村内小学生、初中生“四率”一直保持 100%。村大力支持教育事业，从 2004 年开始，对小学至大学本科在校生给予支教补贴。根据 2018 年统计结果，村大专以上学历和在读大学生共 103 人，村民文化素质进一步提高。

解放前，村民迫于生计，终日辛劳尚不得温饱，文化体育生活享受可望而不可即。新中国成立后，村成立秧歌队、村业余剧团，有评剧、歌剧及各类文艺节目，村民在晚上及农闲时间排练，文体活动蓬勃开展。1957 年，村秧歌队在天津民园体育馆参加由天津市举办的“庆祝社会主义改造完成”大型演出，获得天津市农民文艺会演二等奖。进入21世纪，村组建新秧歌队、舞蹈队、百人合唱队、百人太极扇队、男子舞龙队等，开展各项文体活动。2006年，村建文体活动中心，室内设有各种活动室，其中村图书室被天津图书馆列为其分馆。室外安装各种健身器械，为村民活动提供场地。中北斜村到处洋溢着和谐之风、文明之风。2009—2015年，在中北镇群众文化艺术节歌曲大赛中，村“百人合唱队”连续7届获第一名。2013年，在镇第五届歌曲大赛中合唱队获得特等奖，男子舞龙队被天津市命名为天津民间特色文化项目。村连续参加镇全民运动会及五届万人健步走等大型活动，均取得好成绩，多次受到上级表彰。

2018年8月，溪悦园小区中北斜村党群服务中心娱乐健身场所全面开放，村民文化生活丰富多彩。村民家庭收入连年增加，生活消费呈增长趋势，社会保障日益完善，村民生活质量稳步提高。

1983年，村实施退休金制度，因经济条件所限，每人每月仅领到十几元。

随着村经济不断发展，村民退休金逐年上调。2018年，提高到每人每月1500元；80周岁以上退休人员，每月1700元；90周岁以上退休人员，每月1900元。

进入21世纪，村出台各项福利待遇：村民享受口粮补贴金；劳动力享受失地金；对在校学生，村给予支教补贴金；退休村民享受三大节日慰问金等待遇。村民同时享受各项社会保障。

2005年，村推行新型农村合作医疗保障制度，村集体每年为村民承担全部合作医疗参合金。2006年6月，全村为符合年龄条件的400余人，缴纳15年社会养老保险金，村民参保率为99.12%。2016年，村实施医疗补贴政策，对农业户口村民的住院费按规定比例给予二次报销，减轻村民医疗负担。

新中国成立后，村积极开展爱国卫生运动。60年代，村里定期为儿童免疫接种疫苗，危及儿童生命的一些流行病因此得到控制。70年代，村成立红医站，实行合作医疗制度。2006年，村民实行新型合作医疗制度，参合率达100%，最大限度减轻村民负担，杜绝因病致贫，避免因病返贫。自2006年开始，村里组织村民中的退休人员体检，村民的多种疾病得到早期治疗，全村医疗条件改善，村民身体素质提高。由于医疗水平的提高和生活条件的改善，村民的平均寿命延长了。

六

中北斜村涌现出许多仁人志士，他们在各个历史时期都发挥了重要作用。朝鲜战争爆发后，战火燃烧到鸭绿江边，村热血男儿挺身而出，报名参加抗美援朝战争，保家卫国。新中国成立后，为巩固新生的革命政权，一些农民子女积极靠拢中国共产党，组织带领群众进行土地改革，走农业合作化道路，成为群众信任的乡、村干部。在巩固发展壮大集体经济的数十年进程中，中北斜村（生产大队）历任总支（支部）书记、村民委员会（生产大队管理委员会）主任（大队长）勇于担当、努力工作、艰苦奋斗，不断改变着全村面貌，引导带领村民增加收入，改善民生。解放后至2018年，村涌现出多名天津市劳动模范、全国劳动模范，多人担任局级、处级、科级领导或被授予高级专业技术职称。

经过40年的改革开放洗礼，奋进的中北斜村正焕发着勃勃生机。党的富民政策为村民安居乐业注入了新鲜活力，中北斜村将继续为实现中华民族伟大复兴而努力奋斗，明天必将更加美好。

大事记

明

建文年间（1399—1402）

村域有先民居住。

永乐年间（1403—1424）

河南、山西、山东等地移民随“燕王扫北”在村域内定居，逐渐发展为村落。村域属静海县。

清

雍正九年（1731）

二月，由静海县改属天津府天津县。

光绪十六年（1890）

五月二十九至六月初五，境内阴雨不断，引发全村遭受洪涝灾害，庄稼无收。

中华民国

1912年

中北斜村秀才邱作山在村创办小学，称民立六十八小学，校董王连壁。

是年，中北斜村属天津县西乡第十五区。

1917年

9月21日，南运河在大蒋庄村东决口，大水冲毁民宅，南洼所种庄稼被淹，村民仅收获部分高粱。

1924年

7月23日，子牙河决堤，境内被淹。

1929年

中北斜小学校名改为公立三十七小学，邱钟洵任教，采用复式教学法。

1933年

中北斜村为天津县第三区第十乡。

1937年

9月2日，子牙河堤溃决，河北土地被淹。

1939年

6月，伪天津县公署委任郝凤洲为该署法医。

8月8日，因连降暴雨，南运河水位猛涨，日军炸开马庄南运河岸，洪水淹没境内农田，庄稼无收，村周边房屋被淹，大部分村民住进邱家大院。

1941年

9月，伪当局在天津县强化乡政机构，实行联村大编乡，中北斜村属大稍直口乡。

10月，侵华日军到中北斜小学督查，见墙上挂着中华民国地图，将邱钟洵捆绑送到杨柳青宪兵队用刑致残。

1943年

庄稼遭洪涝灾害，村民皆以豆饼、麸子、野菜、野地梨、棉籽充饥，棉籽磨的面为黄色面，后人称是年为“吃黄面年月”。

1944年

境域内28个村庄合并为大稍直口乡，中北斜村属大稍直口乡。

1945年

8月15日，日本宣布无条件投降，村民皆大欢喜。

是年，国民党政府改变日伪时期区划，中北斜村属天津县第三分区东北斜乡。

1948年

12月20日，中北斜村解放。

12月，解放军东北野战军部队进驻村，村民腾房迎接。

1949年

3月15日，建立革命政权，根据中共天津县委《关于四十天农村工作的决定》，村开展40天农村运动。

3月，村成立农会组织。

中华人民共和国

1949年

10月1日，中华人民共和国成立，中北斜村属天津县第六区。

是年，村公所成立，王弼臣任村长，陈世平任副村长。

1950年

2月，在邱家大院南院北房，中北斜村供销社成立。

3月，中共地下党组织公开活动。

是月，中北斜村和西北斜村联合成立秧歌队。

6月，邱钟洵被天津县人民政府评为丙级模范。

8月，村隶属天津县第五区。

1951年

10月，村公开建立基层党组织，与村公所建立民兵、调解、妇联、共青团等相关配套组织。

11月，村开始土地改革运动，建立村级人民政府（村公所），设村长。

1952年

1月，中北斜村完成第三批土改工作。

是年，村成立“胜利剧团”，团长李筱泉，副团长李华亭，村文艺骨干邱汝棣、李华清、李会生等人利用业余时间排练评剧、话剧等戏剧节目。

是年，中北斜村办扫盲班（速成识字班），由小学教师段同礼、崔振飞任夜校教师。

是年，国家测绘局在村南运河北窑岗建木塔水文观测台。

是年，村在村南洼（亭子格）搭建木制水文观测台。

是年，村成立互助组。

1953年

2月，初级社时期，王弼臣任村公所村长，刘世河任副村长。

5月，天津县撤销，境域隶属西郊区。

6月，西郊区境内划为6个乡：大稍直口乡、曹庄乡、东姜井乡、大梁庄乡、李楼乡、中北斜乡。村隶属中北斜乡。

11月，境域进行第一次人口普查，全村有83户，人口499人。

1954年

村东土地庙被拆除。

是年，西郊区在津西水利站旁建立电话站，村安装第一部座机电话。

1955年

村初级合作社分为红兴社、中兴社、林兴社，实行劳力、土地、大型农具入社，入股分红。

是年，西大洼排水河（称河东大干渠）开挖，村男女劳力全部出动。

是年，乡政府在邱家大院建中北斜信用社。

1956年

1月，村秧歌队去天津民园体育馆参加市举办的“庆祝社会主义改造胜利”联欢活动。

4月，村在南运河岸边安装第一台水泵抽水机，淘汰多年水车。

是年，中北斜村与东北斜村、西北斜村、雷庄子村、北四新村联合成立高级社（又称联村社、五村联社）。该社为明星社，由上级选派书记、副书记，乡长。

是年，村为明星社2队，陈世平任村长，何秀刚任副村长。

1957年

6月，开展除“四害”活动，消灭麻雀、苍蝇、蚊子、老鼠。

7月，开展爱国卫生运动，组织村民挑土垫村西脏水坑，拉灯夜战。

8月，在西北斜村南建立中北斜中学。

是年，各户实现电灯照明，煤油灯成为历史。

1958 年

4 月，西郊区 6 个乡合并为 3 个乡，即大稍直口乡、李楼乡、中北斜乡，中北斜村隶属中北斜乡。

8 月，实行人民公社制度，建立红旗人民公社。中北斜村隶属红旗人民公社，下属为管理区，村为中北斜管理区，郭志敏任村管理区主任。

9 月 26 日，境内并入南开区，为红旗人民公社的一部分，村隶属南开区。

10 月，村办 4 处集体小食堂，吃饭不收费、不定量。

是月，村建大食堂，集体劳动统一吃饭，劳动实行工资制。

是月，公社组织野战兵团，听从调拨赴他村深翻种麦。

是年，村建简易自来水沉淀池，村民不再直接饮用运河水。

是年，西郊区杨柳青邮电局在中北斜村建立邮政所。

是年，五村联社在中北斜村域建副业厂，包括电木厂、石硝厂、电镀厂、养猪场、养鸡场、养羊场。

1959 年

5 月，红旗人民公社改为津西人民公社，村隶属津西人民公社。

是年，村开展“大炼钢铁”运动，收集村民铁锅、铁盆等用土窑炼钢铁。

1960 年

11 月，节粮度荒时期，全村分为南队和北队，南队队长陈书香、何秀云，北队队长何秀刚、何秀峰。

是年，村消减农民粮食定量，实行“低指标、瓜菜代”，组织村民到宝坻县扫稗子。

1961 年

4 月，大食堂解散，取消供给制，各户自家起灶做饭。

5 月，南开区规模划小，村隶属中北斜人民公社。

是年，撤销管理区，实行公社、大队、生产队三级所有，村成立生产大队，郝林担任大队长。村分为四个生产小队，一队队长何秀刚，二队队长潘友贵，三队队长侯玉正，四队队长赵文忠，采取按劳分配制度，由大队统一管理。

是年，村（大队）购买 1 台扬声器，成立广播站。

是年，村安装手摇电话机，需要总机接转，接通后方可通话。

1962年

2月，境域由南开区划归为西郊区，村隶属西郊区中北斜人民公社。

3月，村第二生产小队在南洼亭子格引水种植水稻10余亩，品种为水源300粒。

1963年

1月11日，中北斜人民公社划分为大稍口、中北斜、李楼3个小型公社，村隶属中北斜公社。

1月，郭志敏、郝林、潘友贵、何广泰、祁登科、张秀英当选中北斜公社人民代表大会代表。

8月，河北省等地连降大暴雨，村安置灾民20余户（静海万家码头、管铺头、西翟庄）。

是月，村遭冰雹、沥涝灾害，粮食蔬菜均受不同程度灾害：玉米13.6亩，受灾率80%；西红柿31亩，受灾率100%；芹菜36.9亩，受灾率20%。

1964年

12月，中北斜公社和李楼公社合并，称为李楼公社，村隶属李楼公社。

1965年

6月，村建立红医站，村派人员参加红医站医生培训。

9月，村"四清"（清思想、清政治、清组织、清经济）细线条运动开始，工作队10余人进村。

是年，大干渠清淤，每生产小队分一段清淤工程。

1966年

5月，全国开展"文化大革命"运动，村成立"红卫兵""纠察队"等群众组织，收缴"四旧"等物。

10月，村改名为"革命村"。

1967年

1月，大队改为革命委员会（简称革委会），郭志敏任村革委会主任。

是年，中北斜、西北斜、雷庄3个村在雷庄村南打浅井，建水塔供应村民饮用水，村设2处供水点，村民到水点排队挑水。

1968年

2月，大稍直口公社改称为“九一九”公社，李楼公社不变，村仍隶属李楼公社。

是月，村东侧建大队部（设有大队办公室、广播室、会议室、大仓库、红医站）。

8月，村组成文艺宣传队，队长郝汝星、郭友恒，有演员20余人，排练舞蹈、快板、器乐独奏、样板戏片段、器乐合奏等节目，文艺宣传队也应邀到外单位演出。

9月，郭志敏任村大队长。

12月，村4个生产小队合并，实行一元化领导，平整土地，园田改土。

1969年

3月，村成立科技组，组长赵文忠，成员陈世田、李玉才、赵月堂，试验田有园田4亩、大田40亩，村派陈世田去石家庄学习良种培育。

4月，村开始接纳天津知识青年、下放干部及安家落户城市居民。

5月，村小学下放，由联校管理改为由大队贫下中农管理学校。

7月，李楼公社和“九一九”公社合并，称“九一九”人民公社，村隶属“九一九”人民公社。

8月，村遭受龙卷风袭击，村南洼小杨树地段70余亩玉米受灾。

是年，南运河北，窑岗上的木塔水文观测台改为铁塔。

1970年

3月，天津疏散人口到村安家落户18户75人，村建安置房20余间。

10月，村南打深水机井、建水塔，设2处自来水供水点。

是年，在“农业学大寨”精神鼓舞下，大队从各生产小队抽调部分青年劳动力改土挖渠治碱。

是年，村利用积累的木料，在南运河架木板桥，村民去运河北园田不再绕行。

1971年

2月，何秀刚任村大队长。

是年，村接收2批城市知青上山下乡插队落户。

是年，村实行合作医疗，每人每年上交3元，各小队汇总上报大队，村民在村红医站看病拿药不再花钱，参加者可报销住院费70%。

是年，村购进嘎斯汽车1辆、东风140汽车1辆、日本尼桑汽车1辆、双排座汽车1辆。

1972 年

5 月，村开始实行火化制度，村民邱钟文母亲遗体第一个火化。

是年，村南洼大会战，挖沟渠、改土，平整方块田。

1973 年

2 月，村进行大规模园田改造建设，园田改土平地、修建用水沟渠。

是年，村成立微生物农药试验室，人员有陈世田、杜家祥、祁连秀，开展“920”和生物菌肥试验，应用于生产实践。

1974 年

3 月，中北斜村南洼建机器房，安装 14 寸、16 寸轴流泵，解决稻地浇水。

4 月，村建大干渠渡槽引进污水种水稻。

8 月，村在邱家大院南院建盖大礼堂。

1975 年

村集体在南洼开始恢复种植水稻。

是年，村购进 40 型大拖拉机 1 辆、20 型小拖拉机 4 辆、手扶拖拉机 1 辆、75 型链轨式拖拉机 1 辆。

1976 年

1 月 8 日，国务院总理周恩来逝世，全村村民沉痛悼念。

7 月 28 日，唐山大地震波及村域，全村房屋被震歪裂，村民搬到村外，搭建防震棚，居住数月。

9 月 9 日，中共中央主席毛泽东逝世，村搭建灵棚，全村村民臂戴青纱沉痛悼念。

11 月，村修建鸭淀水库，村大部分男女社员都参加建水库工程。

是年，电话局改称 79 局，实现自动拨号。

1977 年

4 月，鸭淀水库二次修建，部分男性社员参加水库修建工程。

是年，村在西侧郭景芹房前，建 4 个生产队大仓库。

是年，村在村南拔丝厂北侧，建 4 个生产队牲口棚。

1978 年

2 月，村街道胡同铺设下水管道，硬化路面，自来水入户。

12 月，村 4 个生产队分为 8 个生产小队。各生产小队推选队长，一队郭景山，二队冯国起，三队杜富江，四队李桂发，五队侯玉正，六队邱汝荣，七队郝汝强，八队郭景春。

1979年

对村一贯遵守政府法令，老实不做坏事的“四类分子”（地主、富农、反革命分子、坏分子）全部摘掉帽子，其子女定为社员成分。

是年，城市到村人员（知识青年、下放干部、安家落户）除4户在村扎根外，全部返城。

1980年

12月，村民兵武器由区武装部统一收回。

1981年

3月，卫生部发出通知，取消全国范围接种牛痘。

6月，村烘炉加工店迁往村北老津杨公路南侧。

8月，村支持鼓励个体养殖户、个体工商户，并为其提供便利服务。

是年，区政府对村医疗站进行整顿，红医站大夫需经考试合格，持证上岗。

1982年

3月，村实行地膜覆盖技术，陆地园田全部使用地膜，早熟高产质优。

6月，村南磨坊由拔丝厂迁往村西大仓库西侧，转包由个体经营。

8月，村将拔丝厂院内180千伏安变压器迁往村南大场，解决农业生产需要。

是年，村鼓励支持村民多种经营，增加收入，部分妇女劳动力到乡镇企业上班挣工资。

1983年

2月，村生产队撤销，各小队撤队清财，园田、稻地分到户，实行家庭联产承包责任制。

4月，郭景全、冯国起、陈世梅当选“九一九”公社人民代表大会代表。

7月，人民公社建制撤销，恢复乡建制，改“九一九”公社为“九一九”乡，中北斜村隶属“九一九”乡，村生产大队改为村民委员会，村设联合社。

10月，郭景山任村主任，何秀刚任村联合社社长，邱汝荣、郝汝光任村联合社副社长。

是年，村实行老年退休金制度，男女65周岁为退休年龄，且领取退休金，男每月17元，女每月13元。

1984年

4月，郭景山、陈世梅当选“九一九”乡第九届人民代表大会代表。

7月12日，经市人民政府批准，“九一九”乡人民政府改为中北斜乡人民政府，村隶属中北斜乡。

1985年

村在老津杨公路北侧和村东侧建公共厕所。

是年，镇政府出资，在村北老津杨公路南侧（赵文志房后）建中北小学校。

1986年

12月，何秀刚任村委会主任，刘桂荣、崔建球任村副主任。

1987年

3月，郭景山、杜富海、崔建球当选中北斜乡第十届人民代表大会代表。

5月，郝汝利任村委会主任，崔建球任村副主任。

9月1日，天津市居民身份证启用。

是年，村集体出车到塘沽拉运液化石油气罐，村民用上石油液化气。

1988年

1月，郭景山、杜富海、刘桂荣当选为中北镇第四届党代会代表。

7月，村与天津二市政合作建水泥制品厂，产品为公路侧石、下水道井盖，村出劳动力、场地，对方出设备、技术，负责销路，地址在村南电线厂院内。

8月，村园田抗旱节水，大水沟修水泥防渗渠道（老津杨路大水沟往南至三条用水沟，东沟至老猪场、中沟至羊场、西沟至冬地）。

1989年

1月，村建抛光厂、市餐具厂，进行来料加工，地点在村拔丝厂院内（北院）。

2月，村与二市政联合在西洼建沥青砼厂，村出劳动力、场地，二市政出设备、技术，负责销路。

是月，邱汝荣任村委会主任，李玉林、何宝明任村委会副主任。

3月，村建唐三彩工艺品厂，地点在拔丝厂北院车间。

4月，村建电子玩具厂，地点在村拔丝厂院内。

1990年

3月，郭景全任村委会主任。

7月，村开展全国第四次人口普查。据统计，全村364户，人口1167人（其中男578人、女589人），大学专科3人，中专14人，高中63人，初中423人，小学403人，不识字144人，0～5岁117人。

1991年

村修建大水沟防渗渠道，打水泥板沟1500延米。

1992年

10月，郭景江任村委会主任。

是年，村修建南洼机器房，增设2台轴流泵，解决稻地灌溉。

1993年

村南洼大河东建水泥管桥，为建村企业力车胎厂做准备。

1994年

1月，郭景全、隋月红当选为中北镇第六届党代会代表。

是年，村投资150万元，在南洼大干渠西侧建力车胎厂，生产力车内胎，产品销往华北市场。

1995年

村西大仓库分段租赁给木器厂、糕点厂、钢琴零件厂，增加村集体收入。

1996年

1月，郭景江当选为“九一九”乡第十三届人代会代表。

3月，村整修村内道路，重换50厘米直径下水管道，铺设沥青路面。道路全长1500米。

1997年

1月，郭景全、隋月红当选为中北镇第七届党代会代表。

8月，村民自发捐资，成立中北斜村众发秧歌队。

1998年

村南电线厂北车间厂房租赁给家具厂、橡胶厂、纸巾厂，增加村集体收入。

1999年

1月，王海龙、隋月红当选为中北镇第十四届人民代表大会代表。

8月，王海龙任村委会主任。

9月，村治理三相电，租赁单位、鱼坑承包户、个体户等自费安装磁卡表。

是月，村新建村委会平房，在老仓库旧址建正房12间，其中东侧房3间（含1间锅炉房），门卫、广播室各1间，共建筑面积358.5平方米，占地面积1200平方米。

10月，村设立村级档案室，安排专人负责，对各项档案资料进行归档。

是月，村在南运河架设过河管道，由河北机井向村民各户输送自来水。

11月，村投资14万元在河北建自来水高压泵站。

12月6日，王海龙当选为中北镇第八届党代会代表。

12月30日，党员、村民代表会议讨论表决调整村民园田。

12月，村委会统一组织秧歌队，改名为中北斜村秧歌队。

2000年

1月2日，党员、村民代表会召开，讨论通过《中北斜村村规民约》。

1月，村疏通村西侧通往泡沫厂泄水渠道，全长1500延米，在老猪场、大粪场、西洼挖蓄水池，解决周边园田蔬菜浇水。

3月，根据《中国共产党基层组织选举工作暂行条例》，选举产生中北斜村第四届党支部，王海龙当选村党支部书记。

是月，根据天津市村民委员会选举办法的规定，中北斜村进行第四届村委会换届选举。王海龙任村委会主任，郭景海任村委会副主任，郭有才任村委员。

6月，村清理拆除违章建筑、高台阶，清理多年垃圾堆，全村胡同街道统一铺砖。

9月，村党员、群众向甘肃、承德灾区募捐，捐衣物2206件、捐款1710元。

10月12日，党员、村民代表决议通过《中北斜村关于稻地统一管理决定》，每人每年分稻谷65公斤。

11月20日，村在南洼贾家坟打机井1眼，为园区招商引资做准备。

11月30日，王海龙当选为中北镇第十四届人大代表。

12月，中北斜村党支部被西青区委组织部评为“三强”党支部。

2001年

8月，党员、村民代表决议通过南洼土地有偿转让，每亩6万元，作为启动工业园的建设资金。

8—10月，村党支部组织全体党员开展“三个代表”重要思想学习活动。

10月，村修建村东公路，全长1500延米，宽6米，结构为水泥路面。

12月26日，王海龙、崔建球当选中北镇第九届党代会代表。

12月31日，王海龙、何宝明当选中北镇第十五届人大代表。

2002年

2月28日，工业园厂房及综合楼土建工程开工建设，工程师白庆芳协同设计规划。

6月，村经市农委、市文明办检查验收，中北斜村被评为宽裕型小康村。

8月28日，党员、村民代表会讨论通过《中北斜村民给予稻谷补贴的规定》。规定从2002年开始，村发给村民口粮补贴款。

10月28日，王海龙当选为西青区第十四届人大代表。

10月29日，王海龙当选为西青区第八届党代会代表。

2003年

1月12日，党员群众向甘肃灾区人民捐献衣物1347件。

1月，村召开第五届党支部换届选举大会，王海龙当选村党支部书记。

2月18日，市区委组织部有关领导一行4人，到中北斜村检查基层组织工作。

2月26日，村在南洼土地上建设工业园标准厂房工程，正式施工。

3月，村召开第五届村委会换届选举大会。王海龙任村委会主任，郭景海任村委会副主任，崔建球任村委员。

4月28日，村党支部升格为中北斜村党总支部委员会。

4月20日，党员、村民代表通过《中北斜村修建园区公路，占村民园田给予经济补偿决议》。补偿价格为：暖窖每亩7000元，假暖窖每亩4200元，大棚、小笼每亩2600元，白畦加青苗费每亩3000元。

4月，村组成抗"非典"领导小组，王海龙任组长。组织老党员把守村各路口，对过往车辆喷洒消毒液；巡逻队员用喷雾器对胡同及各户院落消毒灭菌，严防"非典"病毒。

是月，中北斜村代表队参加镇形势任务教育知识竞赛，获一等奖。

8月20日，村工业园第二期工程动工，再建标准厂房（红霞路东侧）。

8月28日，建村委会两层办公楼，地点在村南新津杨公路北侧，建筑面积750平方米。

9月10日，村调整海光路西侧园田，对园田地上物给予合理补偿，由村民自主选择：18岁以上村民可种园田（在河北分地），也可享受失地金待遇（享受每月260元）。

9月28日，村在新津杨公路北侧、新建村委会办公楼西侧修建文体活动中心场所，设置2个篮球场、健身设施26套，占地面积3800平方米。

2004年

3月，中北斜村党总支被天津市委组织部、市农村工作委员会，评为2003—2004年度村级红旗党组织。

9月8日，党员、村民代表会讨论通过“海光路东侧土地被镇政府有偿征用，作为小城镇建设用地”事宜。

9月15日，党员、村民代表会讨论通过《中北斜村民自治章程》。

10月15日，村实施迁坟工作，集中迁往西洼空地（四新村关帝庙北侧）。

12月25日，王海龙被评为天津市2004年度劳动模范。

2005年

1月8日，党支部组织党员、群众向印度洋地震引发海啸地区捐款。

6月17日，村落实镇合作医疗保险制度，于2005年7月1日开始实行住院医疗保险制度。

12月31日，王海龙被授予2005年度天津市“五一劳动奖章”。

2006年

2月2日（正月初五）上午9点半，中共中央政治局常委吴官正到村检查党政工作，并到村民家慰问。

2月4日，村秧歌队参加天津市2006年春节民间花会广场舞擂台赛，获“十大擂主”称号。

2月27日，村创建文明村“五个一”工程，建中北斜村文体活动中心二层楼、“丰乐园”、体育健身场。

2月，经镇党委审核批准，中北斜村党支部升为村党总支。

3月16日，村集体投资24万元为村民上商业医疗住院保险。

3月，村召开第六届党总支换届选举大会，王海龙当选村党总支书记。

是月，村第六届村委会换届，王海龙任村委会主任，郭景海任村委会副主任，崔建球任村委员。

是月，中北斜村代表队参加镇形势任务教育知识竞赛，获一等奖。

6月15日，村投资924万元，为全村463名符合年龄条件的村民上社会养老保险。

6月，中北斜村党总支在2004—2005年度天津市农村党的建设“三级联创”活动中，被天津市委组织部、市农村工作委员会评为“五个好”村党组织。

10月26日，王海龙、崔建球、刘惠霞、陈世田当选为中北镇第十届党代会代表。

10月，王海龙当选为西青区第九届党代会代表。

11 月 15 日，王海龙当选为西青区第十五届人民代表大会代表。

是日，王海龙、何宝明当选为中北镇第十六届人民代表大会代表。

12 月 30 日，王海龙被评为 2006 年度天津市劳动模范。

是年，河北水文观测台铁塔废除。

是年，村被市精神文明委授予“创建文明村‘五个一’活动先进村”称号。

2007 年

4 月 12 日，天津市委书记张高丽到中北斜村检查民计民生工作。

10 月 15 日，党员、村民代表会讨论通过第三次修订《中北斜村民自治章程》。

12 月，中北斜村被中国计划生育协会评为全国计生工作先进单位。

是月，中北斜村被司法部、民政部授予“全国民主法治示范村”称号。

2008 年

4 月 10 日，全国妇联党组书记、副主席、书记处第一书记黄晴宜到村考察妇女工作。

5 月 15 日，党总支组织党员、群众及企业向四川汶川地震灾区募捐，捐款 36 万元。

6 月，中北斜村党总支在 2006—2007 年度天津市农村党的建设“三级联创”活动中，被天津市委组织部、市农村工作委员会评为“五个好”红旗村党组织。

11 月，村召开第七届党总支换届选举大会，王海龙当选村党总支书记。

2009 年

1 月，中北斜村被中央精神文明建设指导委员会评为“第四届全国创建文明村镇工作先进村镇”。

3 月，村第七届村委会换届，王海龙任村委会主任，牛星强、邱增焜任村委员。

11 月 2 日，村两委公布《中北镇小城镇建设中北斜村平房改造实施方案》。

11 月 30 日，文化部领导一行 4 人到村检查文化共享工程工作，市、区文化局及镇领导陪同检查。

11 月，党员、村民代表会召开，对中北斜村宅基地置换楼房细则进行审议。同日，召开党员、村民代表大会，对村宅基地置换楼房方案进行表决。

12 月 1 日，村平房改造工程正式启动。全村 411 户有平房 1300 间，每 3 间平房 1 个院，置换楼房 115 平方米。

2010年

4月14日，党总支组织党员、群众和园区企业员工，为青海玉树地震灾区捐款。

4月，王海龙被评为全国劳动模范，于4月25—27日在北京人民大会堂参加全国劳模表彰大会。

2011年

8月，王海龙当选中北镇第十一届党代会代表。

9月，在村园区综合楼南侧建中北斜社区综合服务中心，建筑面积1800平方米。

10月，王海龙当选西青区第十届党代会代表。

11月，王海龙当选西青区第十六届人民代表大会代表。

是月，王海龙、赵月国当选中北镇第十七届人民代表大会代表。

2012年

1月10日，村党员、群众及园区企业员工为困难村民家庭捐款。

1月，村第八届村委会换届选举，王海龙任村委会主任，牛星强、邱增焜任村委员。

2月，中北斜村在精神文明创建活动中，被西青区精神文明建设委员会评为2009—2011年度文明村。

4月10日，村在中北大道南侧建三层商业店铺，建筑面积7381平方米。

4月15日，党员村民代表通过决议：村集体出资，为已故先人在霸州林园公墓购买墓地。

7月，村召开第八届党总支换届选举大会，王海龙当选村党总支书记。

2013年

3月，村逐步开展收房工作，对老村平房的有效证件开始收缴。

4月30日，村党员、干部、村民代表一同庆贺丽都花园酒店开业。镇党委书记、镇长参加剪彩仪式。

9月27日，村举行村民平房改造住宅楼工程开工典礼仪式。

2014年

9月13日，中北镇在天津市交通学院举办第十三届全民运动会开幕式，全镇35支队伍参加，村组成45人方队。

9月20日，中北镇举办万人健步走活动，全镇35个单位参加。单程路线为由镇政府天桥至雷庄高架铁路，村150人参加。

9月25日，中北镇运河广场举办第六届歌曲大赛，村参赛曲目为《盛世中华》，村130人参加。

2015年

1月，村召开第九届党总支换届选举大会，王海龙当选村党总支书记。

是月，村第九届村委会换届，王海龙任村委会主任，牛星强任村委会副主任、邱增焜任村委员。

11月30日，溪悦园村民还迁楼建成，村民还迁抓阄分房。溪悦园共5幢楼，总建筑面积9.3万余平方米，其中地上7.42万余平方米，住宅区内水、电、气、暖、通信等配套设施齐全，配有智能化管理体系。

2016年

5月12日，村党总支组织党员开展“两学一做”学习教育。

6月20日，市纪委常委、市监察局领导，率市委督导组一行4人，到村就“两学一做”学习教育情况进行督导。

7月16日，王海龙、刘惠霞、曹磊、王凤娟当选为中共天津市西青区中北镇第十二届党代表大会代表。

10月15日，党员、村民代表大会决议：从2016年起，上调口粮补贴由每人每年1200元上调为2000元；支教补贴由每人每月300元上调为600元；未满18周岁的中专及以上学历的在校生可提前享受失地补偿金每人每月500元。

11月1日，邱增焜、董丽华当选为中北镇第十八届人民代表大会代表。

2017年

9月，中北斜村被天津市精神文明建设委员会评为“2015—2017年度天津市文明村镇”。

11月，中北斜村被中央精神文明建设指导委员会评为“全国文明村镇”。

是年，村为退休村民发放三大节日慰问金4500元，其中端午节1000元，中秋节1500元，春节2000元。

2018年

5月，村召开第十届党总支换届大会，王海龙当选村党总支书记。

6月，村第十届村委会换届，王海龙任村委会主任，邱增焜任村委会副主任，赵普洋任村委员。

9月25日，村启动产权制度改革，中北斜村、李家园、西姜井3个村为第一批试点村。

11 月，溪悦园还迁小区党群服务中心启用，共四层，建筑面积 3785 平方米。一楼设有综合服务大厅和医疗站，二楼、三楼设有文体活动场所（图书室、书画室、健身室、棋牌室、乒乓球室、台球室、少儿基地等），四楼设有荣誉室、党员活动室及办公室等。

12 月，村产权制度改革，推选王海龙担任经济合作社理事长。

2019 年

8 月 20 日，中北斜村在党群服务中心报告大厅举办“传承好家风，弘扬好家训”演讲比赛，18 名选手参加。

第一章　建置沿革

明建文年间（1399—1402），现中北斜村境内已有人居住。明永乐年间（1403—1424），这一区域逐渐形成村落。由于陈姓到村较早，称为陈家街。至清末，东西邻村根据南运河湾定名为东北斜村和西北斜村，因陈家街在两村之间遂改名为中北斜村，沿用至今。

中北斜村域先后隶属静海县、天津府天津县、天津县西乡第十五区、天津县第三区第十乡、大稍直口乡、东北斜乡。

新中国成立后，村先后隶属于天津县第六区、天津县第五区、西郊区中北斜乡、红旗人民公社、中北斜管理区、南开区、津西人民公社、中北斜人民公社、李楼人民公社、“九一九”人民公社、“九一九”乡、中北斜乡、中北镇。

村庄毗邻天津滨海机场、天津港，村域内交通便利，周围有津杨公路、天津外环线、104 国道（京福公路）等，纵横交错，四通八达。

第一节　地理位置

一、中北斜村地理位置

天津市西青区中北镇中北斜村位于中北镇中部，东与东北斜村接壤，西与西北斜村毗邻，南靠工农联盟农场（现海泰北路），北至曹庄天文台。地理坐标为北纬 39° 05′ 43″~ 39° 09′ 01″，东经 117° 01′ 05″~ 117° 06′ 55″。南运河、津杨公路穿村而过。中北斜村距离天津城区（鼓楼）10 公里，距西青区政府所在地杨柳青 6 公里。东距滨海国际机场 50 公里，西距雄安新区 120 公里，南距沧州 110 公里，北距北京 120 公里。

二、溪悦园地理位置

2009 年 12 月，中北斜村实施平房改造。2015 年 11 月，中北斜村与大蒋、小蒋、祁庄、李楼五村还迁至溪悦园小区。溪悦园小区东侧紧靠东北斜溪景苑小区，西侧与雷庄溪竹苑小区接壤，南临中北大道，北至卉锦道（津杨公路）。其中，中北斜村位于溪悦园小区最北端，紧依南运河，津沪高铁在小区西侧穿过，交通便利，环境幽雅。

第二节　来源区划

一、村庄来源

明建文年间（1399—1402），现中北斜村境内已有人居住。明永乐年间（1403—1424），大批村民随“燕王扫北”迁徙天津，部分人在此安居。村域地处南运河畔，村庄依河而建。

陈姓占居村中一条街，故取名为陈家街。据 90 岁的村民李华清口述，陈家街也有集市功能，因陈姓到村定居较早，往来商贩集中交易，在此街互换商品。

至清末，东、西邻村根据南运河湾定名为东北斜村和西北斜村，因陈家街在两村之间，遂改名为中北斜村，沿用至今。

中北斜村村碑碑文：

相传，明建文年间（1399—1402）建村，时名陈家街。至清末，因处东北斜、西北斜之间，改为中北斜村。

西郊区地名办公室撰文

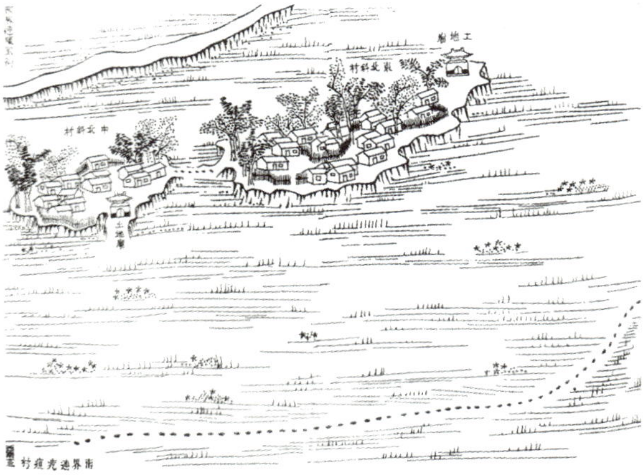

中北斜村坐落位置（图片来源于《津门保甲图说》490 页）

80 年代中北斜村村碑（村委会提供）

据清道光《津门保甲图说》记载，中北斜村（陈家街）坐落位置为东连东北斜村，以地势名也，庐舍稍聚，图内庙二，村二，南界疙瘩村。西连西北斜村，再西雷家庄。

郝家台隶属中北斜村，位于村南 1 公里。清乾隆年间，原住在中北斜村的郝姓村民迁此定居，故名。清朝末年，郝家台与中北斜村合并。

二、区划

明建文永乐年间（1399—1424），河南、山东、山西等地移民迁到境内定居，逐渐发展为村落，村域隶属静海县。

清雍正九年（1731），静海县改属天津府天津县，村域隶属天津县。

1912 年，村隶属天津县西乡第十五区。

1933 年，村隶属天津县第三区第十乡。

1941 年 9 月，日伪当局在天津县强化乡政机构，实行联村大编乡，村属大稍直口乡。

1944 年，境域内 28 个村庄合并，村属大稍直口乡。

1945 年，国民党政府改变日伪时期区划，村属天津县第三分区东北斜乡。

新中国成立后，村隶属天津县第六区。

1950 年 8 月，村隶属天津县第五区。

1953 年 5 月 15 日，西郊区建立，境域划为 6 个乡，村属中北斜乡。

1958 年 4 月，境域 6 个乡合并为 3 个乡，原大稍直口乡、东姜井乡、曹庄子乡合并成大稍直口乡，李楼乡和大梁庄乡合并为李楼乡（含碾砣嘴乡 4 个村），村隶属中北斜乡。

1958 年 8 月，实行人民公社制，建立红旗人民公社，公社下设 3 个管理区，村隶属中北斜管理区。

1958 年 9 月 26 日，西郊区划入南开区，西郊区建制撤销，村隶属南开区。

1959 年 5 月 4 日，红旗人民公社更名为津西人民公社，村隶属津西人民公社。

1961 年 5 月，南开区将公社规模划小，境域为中北斜人民公社，村隶属中北斜人民公社。

1962 年 2 月，境域划归西郊区，称西郊区中北斜人民公社，村隶属中北斜人民公社。

1963 年 1 月 11 日，中北斜人民公社划分为 3 个公社，即大稍直口公社、李楼公社、中北斜公社，村隶属中北斜公社。

1964 年 12 月，李楼公社与中北斜公社合并，称李楼公社，村隶属李楼公社。

1968 年 2 月 28 日，大稍直口公社称为“九一九”公社。李楼公社不变，村隶属李楼公社。

1969 年 7 月，李楼公社和“九一九”公社合并为“九一九”公社，村隶属“九一九”人民公社。

1983 年 6 月，“九一九”人民公社改为“九一九”乡，村隶属“九一九”乡。

1984 年 7 月 12 日，经市人民政府批准，“九一九”乡人民政府更名为中北斜乡人民政府，村隶属中北斜乡。

1997 年 3 月，中北斜乡撤乡建镇，中北斜乡更名为中北镇，村隶属中北镇。

2018 年 12 月 31 日，中北斜村隶属中北镇。

第二章　环境资源

村域陆地经过沧桑变化逐渐形成，距今已有 3500 年历史。地貌属于海积冲积平原，地势平缓，底层有海相沉积，地面坡降小，潮土类土壤，经世代开垦耕耘，荒地渐成良田。村域内河流、沟渠较多，南运河穿境而过，地下水源丰富。村域平均海拔为 2.5 ～ 3 米。

气候属于暖温带半湿润季风型气候，其特点为季风性显著，降水集中，冬冷夏热，冬夏季长，春秋季短，四季分明。全年平均气温 11.6℃，雨热同期，日照充足，具备发展农业优势。

村域内有丰富的水土资源和动物资源，人们努力改造自然、利用自然，创造出人与自然和谐相处的良好环境。

第一节　地质　地貌

一、地质

境域成陆约在 3500 年前，黄河等河流的泥沙淤积是该地区成陆的重要原因。

（一）地层

分布在该地区及附近的地层有古生界寒武系地层，古生界石炭二叠系地层，中生界的侏罗系和白垩系地层，新生界第三系、第四系地层。

（二）构造

该地区的地质构造体系属新华夏系构造，按三级构造单元划分，属冀中坳陷的东部边缘。

二、地貌

地域位于河流冲积平原地带，地势平缓，底层有海相沉积，中北镇西马庄村一带海拔最高为 5 米，南部接近工农联盟农场一带海拔最低，在 2 米以下，中北斜村位置在两者之间，海拔高度为 2.5 ～ 3 米。

第二节　气候　物候

一、气候

（一）四季

村域毗邻渤海，气候类型为暖温带季风型大陆性半湿润气候，具有冷暖干湿季节差异明显，季风性显著、四季分明的特点。

根据五天一候，平均温度小于 10℃为冬季，大于 22℃为夏季，10℃ ~ 22℃为春秋季的划分法，村域 4 月初进入春季，6 月初进入夏季，9 月初进入秋季，10 月末进入冬季，具有冬季最长、夏季次长、春秋季短促的特点。

春季　冷空气明显衰退，光照较充足，气温回升快，大风天多，常刮西南风。春季天气晴朗，空气干燥，蒸发量大，降水少，冷空气常侵入，冷暖多变，常出现春旱。偶尔出现寒潮、大风降温天气，春播农作物幼苗常被冻坏。

夏季　是全年温度最高的季节，天气闷热，由于阴天日数多，光照稍次于春季。村域受太平洋副高压和大陆低压影响，多东南风和偏南风，潮湿多雨。由此带来的暖湿气流与北方冷空气相遇，形成暴风雨天气，常造成大风、冰雹、洪涝等灾害。

秋季　暖空气减弱，天气温和，秋高气爽，日照充足，昼夜温差大，降水量较春、冬季多，较夏季少。白天中午热，早晚凉，当地人称“尜尜天”。此季常发生冰雹、霜冻等灾害。

冬季　多偏北风，干燥寒冷，晴朗少雪。

（二）温度

境域内全年平均气温 11.6℃，1 月为最冷月，平均气温在 -5.1℃；7 月为最热，平均气温在 26℃；累年极端最高气温 40℃（1972 年 6 月 10 日），累年极端最低气温 -24.2℃（1966 年 2 月 2 日）。春季和秋季气温比较适中，月平均气温在 13℃左右，平均初霜期在 10 月 26 日左右，终霜期在 4 月 15 日左右，无霜期 192.3 天，气温高于 0℃的天数为 271 天，积温为 4575℃，高于 10℃的天数 199 天，积温 4141.1℃。

（三）湿度

境域内，全年相对湿度 65%，最高在 8 月为 82%，最低在 4 月为 53%。

（四）日照辐射

境域内冬季日照短，太阳辐射弱。春夏秋季，太阳高度角大，晴天较多，可以得到充足日照和太阳辐射能。全年日照时数 2818.4 小时，年平均日照百分率 65% 左右，全年太阳辐射能平均为 134.4 千卡 / 厘米 ^{2}。

（五）风

境域内季风盛行，冬季受内蒙古高压控制，多西北风。夏季受大陆低压和副热带高压影响，多东南风和偏南风。春秋两季受季风交替影响，风向多变，但以西南风为最多。春季大风较多，一般发生在 4 月下旬至 5 月上旬，全年出现大风的日数平均为 42 ~ 43 天。

二、物候

（一）春季

立春（2 月 4—5 日），为冬春交替季节，气温变化较大。

雨水（2 月 19—20 日），气温回升，蒸发量加大，大雁始鸣。

惊蛰（3 月 5—6 日），冬麦开始返青，榆树、柳树等开始发芽，地下越冬虫类开始苏醒，野草开始泛青。

春分（3 月 21—22 日），榆树开花，柳树展叶，燕子出现，大棚内开始栽种茄子、圆白菜、莴笋等蔬菜作物。

清明（4 月 5—6 日），柳树开花，冬小麦生长较快，有“清明小麦挂纸钱”之说，开始播种春玉米、高粱等粮食作物。

谷雨（4 月 20—21 日），进入无霜期，温度升高，大风多，湿度小。各类农作物春播春种开始。

（二）夏季

立夏（5 月 5—6 日），气温明显回升，降水量小，蒸发量大，空气湿度小，雷雨天气开始出现，小麦开始拔节孕穗。

小满（5 月 21—22 日），暖空气活动增强，降水增多，水稻开始插秧。

芒种（6 月 5—6 日），气温高，常有干热风出现，天气多变，易出现雷雨天气，开始收割小麦，有“芒种三天见麦茬”之说。

夏至（6 月 21—22 日），小麦收割完毕，开始种植晚玉米等作物，蝉始鸣。

小暑（7 月 7—8 日），湿度增大，天气闷热，降水增加，进入汛期。

大暑（7 月 23—24 日），为全年中最炎热的节气，进入伏天，高温高湿，多雷阵雨，开始种植萝卜等秋菜。

（三）秋季

立秋（8 月 7—8 日），气温有所下降，伏天终止，早晚凉爽，但也易形成高温天气，俗称“秋傻子”，开始种植白菜，有“立秋三天忙种菜”之说。

处暑（8 月 23—24 日），气温下降快，天气凉爽，降水少，雨量少，易出现“秋高气爽”的天气。

白露（9 月 8—9 日），天气渐凉，降水少，青蛙终鸣。

秋分（9 月 23—24 日），气温明显下降，降水少，夏玉米成熟并开始收割，冬小麦开始播种。

寒露（10 月 8—9 日），气温继续下降，家燕、大雁南飞，水稻开始成熟、收割。

霜降（10 月 23—24 日），气温低，生长期结束，柳树落叶，有霜冻出现，收获萝卜等秋菜，小麦分蘖。

（四）冬季

立冬（11 月 7—8 日），气温明显下降，大风日数增多，开始出现降雪天气，节内收获大白菜。

小雪（11 月 22—23 日），气温进一步下降，多西北风，开始形成冻土层，水开始结冰，进入烤火期（生煤球炉）。

大雪（12 月 7—8 日），冻土层加深，河水全部结冰。

冬至（12 月 23—24 日），开始进入“一九”，西北风较多。“冬至压麦田”需挠麦垄，防止麦田漏风、跑墒和麦苗冻伤。

小寒（1 月 5—6 日），开始进入全年气温最低时期，有寒潮出现，西北风较多。小麦浇冻水，麦田保湿防冻。

大寒（1 月 20—21 日），全年气温最低时期，经常有寒潮出现，夜间气温在 -10℃以下，白天气温在 0℃左右，西北风多。

第三节　自然资源

村所处区域地势平坦，气候温和，有利于生物繁衍生长，故生物资源较多。

一、土地资源

1990 年，村有土地 1069 亩，分布为南洼耕地、村南园田、南运河以北园田。南洼耕地由北至南分三块，北块土地称贾家坟，地势较高；中间称亭子格，较洼；再往南称小黄家洼，地势最洼。因国家征地和村集体经济发展，村建工业园区占用部分土地，2018 年有土地 755.55 亩。

二、水资源

（一）地表水

大气降水　域内地表水资源主要来自大气降水及河道调水。20 世纪 60 年代以前，域内地表水资源主要靠大气降水，降水集中在夏季，年度降水差异大，最多年份达 1093.3 毫米，最少年份为 270 毫米，具有雨季短、少雨季节长的特点，农业用水资源短缺。

为改善农业生产环境，60—70 年代，村领导班子带领生产队劳力发展农田水利建设，开挖河道支渠，增强蓄水排水能力。80 年代，改善农田灌溉条件，对原修建的农田支渠、泄水渠等进行加深加宽。在陆家坟、高家坟、周顺、大粪场、老猪场、大张坟等处挖蓄水池 6 个，以提高蓄水能力，基本满足农业生产需要。

河流　境内有 2 条河流，即南运河、西大洼排水河（河东大干渠）。

南运河（东西向河流），在中北斜村北穿过。西从西马庄桥入镇域，东在大卞庄桥处出镇域，入西营门乡，再入市区，镇域内全长 8714 米，河堤标高 6 ~ 7 米，上口宽 40 米左右，底宽 14 米左右。50 年代初，南运河平均年径流量 1.3 亿立方米。1958 年，海河拦河大坝合龙，随着上游用水量增加，运河过境水量大为减少。1965 年，独流减河工程完成后，南运河穿越减河的三箱涵洞废除，截断上游来水。

津西大洼排水河（河东大干渠），开挖于 1955 年，位于村南洼土地东侧，南北流向（属津西大洼地块）。解放前，每逢雨季，雨水由四周汇集到西大洼中央，最深约 60 厘米，积水至结冰前排净。津西大洼排水河建成后，解决沿岸耕地排灌，中北斜村南洼土地直接受益。

2018 年南运河中北斜村段（村委会提供）

（二）地下水

中北斜村域地下水蕴藏，可利用的为浅层淡水和深层淡水。浅层淡水能直接接受大气降水和地表水补给，水位具有枯水年下降、丰水年可达基本平衡的特征。一般埋深为 2 米以下。在底界面埋深 280 ～ 300 米的含水组中，村南园田及河北园田有较好的成井条件。70 年代初，村在村南打机井 1 眼，用于村民生活用水。70 年代中期，村在村南大粪场、西洼、河北打机井 3 眼，用于农业节水灌溉。

1972 年，村域旱情严重，为解决园田浇水，村在河北、村南等处园田打浅井 10 余眼；在河北园田及村南韩家坟、王家坟、官家坟等多处园田打压把井 20 余眼（浅层 4 ～ 5 米水源多），缓解浇水紧张，发挥抗旱作用。由于多年搞农田水利建设，沟渠河道完善，水系贯通，蓄水能力强，解决农田浇水困难。机井仅用于抗旱急需，农业灌溉较少。

1999 年 11 月，村集体投资，利用南运河北侧现有 1 眼机井进行改造，增建高压泵站，架设过河管道，解决村民生活用水。

2003 年，村南工业园区打机井 1 眼，用于园区企业用水。

三、动植物

（一）动物资源

哺乳类动物有黄鼬、野兔、蝙蝠、刺猬、田鼠等。

两栖类动物有青蛙、蟾蜍等。

爬行类动物有蛇、蝎、壁虎、鳖（甲鱼）等。

鸟类有乌鸦、喜鹊、燕子、麻雀、猫头鹰、野鸭、啄木鸟、鹌鹑、百灵、芦莺、苍鹭。

鱼类有鲫鱼、鲤鱼、鲢鱼、鳙鱼、草鱼、鲇鱼、嘎鱼、黑鱼、黄鳝、泥鳅、麦穗鱼、蚝根鱼、罗甸鱼等。

软体类动物有河蚌、蜗牛、田螺等。

节肢类动物有蜈蚣、蝎子、蜘蛛、虾等。

环节类动物有蚯蚓、水蛭等。

昆虫类动物有蜜蜂、蟋蟀、蝉、蝴蝶、蝗虫、蚂蚁、马蜂、蜻蜓、螳螂等。

（二）植物资源

水生杂植类有水浮莲、浮萍等。

野生药材类有薄荷、车前草、艾蒿、蒲公英、苍耳子、青蒿、菖蒲、芦根等。

花草类有牵牛、荷花、野菊花、芦苇草、蒲蓬草、稗草、狗尾草、刺菜、马齿苋、三棱草、节节草（鸡爪子草）、蒺藜（蒺藜狗子）、马兰（马莲）、葎草、爬山虎、苣荬菜（曲菜）、益母草、灰灰菜、银杏菜、荠菜、黄须菜、苜蓿、野地梨等。

第四节　自然灾害

自然灾害包括洪涝、冰雹、龙卷风、蝗虫、旱灾、地震。

历史上村域内灾害频发，以洪水、涝灾为最。自康熙三十五年（1696）至同治九年（1870）的170余年间，共发生洪水、涝灾20余次，旱灾10余次。

一、水灾、旱灾

（一）水灾

1917年9月21日，南运河大蒋庄段决口，境内秋禾被淹，田园庐墓皆成泽园，洪水淹没南洼土地（小黄洼、亭子格、贾家坟）。水至腰深，村民拽着木盆、笸箩，用镰头收高粱穗，所种其他作物颗粒无收。

1924年7月23日，因降暴雨，子牙河杨柳青西河堤漫堤决口，境域内河北园田被淹。

1937年9月2日，因连降暴雨，子牙河堤溃决，村域内河北园田被淹。

1939年8月，村域内及南运河上游降暴雨，南运河水位猛涨。8月8日夜，日本兵将马庄南运河堤炸开，洪水淹没境域，村南洼庄稼绝收，村内除邱家大院外，周围村民房屋全部被淹，积水月余退净。

1917年南运河大蒋庄段决口，中北斜村南洼庄稼被淹（天津市档案馆提供）

1953年8月，村域内连续降雨，沥涝严重，庄稼减产2～4成。

20世纪60—80年代，国

家重点对河流进行治理，村每年都派出年轻劳力出河工，开挖疏通河道。

（二）旱灾

1972 年，春、秋两季天气干旱，村域蔬菜病虫害严重。秋季无雨，至寒露节，蔬菜病毒病猖獗，所种蔬菜一片干枯，大白菜绝收。

70 年代中期，生产队挖蓄水池、打浅水井、打压把井，减轻旱灾。

2002 年，村建工业园区，村民结束园田种植。至 2018 年，未再发生严重旱情灾害。

二、风雹灾害

（一）龙卷风

1969 年 8 月 29 日，形成于河北省霸县褚河港村的龙卷风，由西南至东北过境，消失于红桥区咸阳路，村南洼小杨树大田 70 亩秋玉米绝收。至 2018 年，村未再发生灾害性龙卷风。

（二）冰雹灾害

1963 年 6 月，村域遭受冰雹灾害，蔬菜损失 139.6 亩。其中，黄瓜 21 亩，损失 80%；西红柿 31 亩，损失 100%；茄子 40.7 亩，损失 70%；菜豆角 14 亩，损失 10%；西葫芦 7.1 亩，损失 100%；冬瓜 18 亩，损失 100%；弯子豆角 3 亩，损失 100%；其他 4.8 亩，损失 50%。另有玉米 135.6 亩，受灾率 80%。

至 2003 年，村民种植蔬菜未再受严重冰雹灾害。是年，村园田土地集体收回。

三、生物灾害

1877 年，静海县蝗虫成灾，危害村域。村中大部分庄稼被毁，粮食大量减产。

1942 年，村域闹蝗虫。据 90 岁的杨克珍口述，蝗虫来时铺天盖地，落到庄稼上，片叶不留。解放后，随着农业科技发展，灾害得到有效控制。

四、地震灾害

1966 年、1967 年，河北邢台、河间先后发生地震，波及村域，但未造成严重灾害。

1976 年 7 月 28 日，河北唐山发生里氏 7.8 级大地震，中北斜村受地震影响，部分房屋受损。全村有房屋 660 间，其中民房 600 间，公房 60 间，因地震倒塌 47 间，翻修 47 间，大修 210 间，村集体厂房倒塌 1 间、大修 3 间，村集体用房倒塌 1 间。

1976 年地震后，村组织村民加固、翻修受震房屋，为躲避地震灾害，将新发放的宅基地房宅间距加宽 2 米（南北向 12 米）。

第三章　人口姓氏

第一节　人口状况

一、人口总量

据清道光二十六年（1846）《津门保甲图说》记载，中北斜和东北斜两个村共59户，有人口254人。其中，中北斜村29户、96口人。

民国时期，因受人口迁移、自然灾害、战争疾病、自然条件恶劣等因素影响，村人口增长缓慢。

新中国成立后，医疗卫生条件改善，婴儿成活率提高，各类传染病得到有效控制，人均寿命提高。

经几次人口普查统计，至2018年，中北斜村村民均为汉族。

1951年，全村有83户，499人。

1964年，全村有人口750人，其中男382人、女368人。

1990年，全村有364户，1167人，其中男578人、女589人。

2006年，全村有439户，1242人，其中男603人、女639人。

2018年，全村有534户，1290人，其中男627人、女663人。

二、人口构成

（一）性别

1985—2018年，全村总人口自然增长，男性少于女性。

1985—2018年部分年份中北斜村人口性别构成表

表3-1

年份	户数（户）	总人口（人）	男		女	
			人数（人）	占总人数比（%）	人数（人）	占总人数比（%）
1985	313	1089	527	48.39	562	51.61

续表 3-1

年份	户数（户）	总人口（人）	男		女	
			人数（人）	占总人数比（%）	人数（人）	占总人数比（%）
1988	332	1106	538	48.64	568	51.36
1991	355	1178	572	48.56	606	51.44
1994	352	1172	570	48.63	602	51.37
1997	359	1188	576	48.48	612	51.51
1999	383	1205	586	48.63	619	51.37
2003	411	1236	599	48.46	637	51.54
2006	439	1242	603	48.55	639	51.45
2009	467	1269	617	48.62	652	51.38
2012	479	1283	625	48.71	658	51.29
2015	495	1280	625	48.83	655	51.17
2016	510	1281	624	48.71	657	51.29
2018	534	1290	627	48.60	663	51.40

（二）年龄

2018 年，全村 1290 人。其中，0 ~ 19 岁 232 人，占总人口的 17.98%；20 ~ 59 岁 784 人，占总人口的 60.78%；60 岁以上 274 人，占总人口的 21.24%。

2018 年中北斜村人口年龄结构表

表 3-2　　单位：人

年龄组段	男	女	合计	占总人口比重（%）
0 ~ 4	25	27	52	4.0
5 ~ 9	28	37	65	5.0
10 ~ 14	21	37	58	4.5
15 ~ 19	35	22	57	4.4
20 ~ 24	36	31	67	5.2

续表 3–2

年龄组段	男	女	合计	占总人口比重（%）
25～29	47	50	97	7.5
30～34	48	51	99	7.7
35～39	51	50	101	7.8
40～44	39	47	86	6.7
45～49	61	57	118	9.1
50～54	68	58	126	9.8
55～59	36	54	90	7.0
60～64	57	50	107	8.3
65～69	26	29	55	4.3
70～74	24	29	53	4.1
75～79	11	14	25	1.9
80～84	7	11	18	1.4
85～89	6	6	12	0.9
90～94	2	5	7	0.5

截至 2018 年，中北斜村 90 岁以上长寿老人有 7 人。

2018 年中北斜村 90 岁以上老人一览表

表 3–3

姓名	性别	出生日期	姓名	性别	出生日期
张淑珍	女	1925–09–08	李华清	男	1926–07–13
王焕兰	女	1925–09–23	牛汉元	男	1927–07–13
陈宝敏	女	1927–02–21			
杨克珍	女	1928–05–25			
谢淑华	女	1928–08–10			

（三）文化构成

解放前，多数村民为文盲半文盲，少数村民上过几年私塾或小学。1912 年前，上过私塾的村民有赵文学、郝桀、李筱泉 3 人。多数困难家庭的子女，上 1 ~ 2 年就辍学。民国初年，邱作山在村创办小学后，该村上学孩子有 30 余人。

解放后，全村学龄儿童就读于中北斜小学，占全村学龄儿童的 64%。1952 年，村开办夜校，成立识字扫盲班，学员达 80 人以上，一般识字为 1500 多字，达到小学 3 年级水平。由于扫盲和学校教育普及，90% 以上村民脱盲。1957 年，乡境内在西北斜村南建北斜中学，小学毕业生就近升入初中。

1990 年中北斜村文化构成表

表 3–4

学历	人数（人）	占总人口百分比（%）
小学毕业	425	36.41
初中毕业	403	34.53
高中毕业	63	5.39
中专毕业	14	1.20
大专毕业	3	0.28

随着社会发展和家庭对教育的重视，村受教育人数不断增加，每年都有村民子女考入各类中高等院校。1990 年，全村大专学历人员 3 人。至 2018 年，全村有专科、本科及以上学历人员 147 人。

2018 年中北斜村村民文化构成表

表 3–5

学历	人数（人）	占总人口百分比（%）
初识字	45	3.49
学龄前	105	8.14
小学毕业	264	20.46
初中毕业	397	30.78
高中毕业	163	12.64
中专毕业	149	13.10

续表 3–5

学历	人数（人）	占总人口百分比（%）
大专毕业	70	5.43
大本毕业	72	5.58
硕士研究生毕业	5	0.39
总计	1290	

（四）家庭结构

解放前后，村民多为大家庭，以多子多福、儿孙满堂为荣，共同劳动、一起居住。一般情况下，父母在世兄弟不分家，家中大事由家长主持。

20 世纪 70 年代，家庭结构有所改变，一般情况下，子女结婚后分家单过，家庭规模缩小。

20 世纪 80 年代，国家实行计划生育政策，提倡一对夫妻生育一个子女，且村民住房面积大幅增加，两口、三口之家逐渐增多，传统的大家庭观念逐渐被现代小家庭模式所代替。2018 年，中北斜村 534 户。其中，1 口之家 60 户，占全村户数的 11.2%；2 口之家 189 户，占全村户数的 35.4%；3 口之家 211 户，占全村户数的 39.5%；4 口之家 60 户，占全村户数的 11.2%；5 口及以上之家 13 户，占全村户数的 2.4%。

（五）职业分布

性别划分　1985—2018 年，中北斜村男性劳动力数量多于女性劳动力，男性占劳动力比重均超过 50%。

1985—2018 年部分年份中北斜村劳动力性别人数及劳动力比重表

表 3–6

年份	男（人）	女（人）	合计（人）	占劳动力比重（%）	
				男	女
1985	395	289	684	58	42
1988	356	263	619	58	42
1991	349	251	600	58	42
1994	351	256	607	58	42
1997	350	256	606	58	42
1999	396	289	685	58	42

续表 3–6

年份	男（人）	女（人）	合计（人）	占劳动力比重（%）	
				男	女
2003	412	299	711	58	42
2006	416	299	715	58	42
2009	410	299	709	58	42
2012	397	293	690	58	42
2015	405	294	699	58	42
2016	408	284	692	59	41
2017	432	297	729	59	41
2018	428	315	743	58	42

行业构成　随着产业结构调整，人们所从事的职业不断变化，部分参加农业劳动的人员转岗其他行业。1985 年，参加农业劳动的村民（农、林、牧、渔业）353 人，1999 年上升为 471 人，2003 年从事农业的人员减少。2006 年开始，无村民从事粮菜农业生产，均转入第二产业和第三产业。

1985—2018 年部分年份中北斜村劳动力行业分布表

表 3–7　　单位：人

年份	合计	男	女	第一产业（农林牧渔）	第二产业（制造建筑）	第三产业（商业运输）	其他
1985	684	395	289	353	288	24	19
1988	619	356	263	448	135	35	1
1991	600	349	251	410	150	35	5
1994	607	351	256	412	162	30	3
1997	606	350	256	487	89	15	15
1999	685	396	289	471	99	63	52
2003	711	412	299	83	352	225	51
2006	715	416	299	0	515	125	75
2009	709	410	299	0	532	95	82
2012	690	397	293	0	520	95	75
2015	699	405	294	0	522	97	80
2016	692	408	284	0	352	280	60
2017	729	432	297	0	568	109	52

续表 3–7

年份	合计	男	女	第一产业（农林牧渔）	第二产业（制造建筑）	第三产业（商业运输）	其他
2018	743	428	315	0	571	112	60

2018 年，743 名从业人员中，具有高中及中专文化程度的人员占劳动力总数的 42%，具有初中文化程度的占劳动力总数的 32%。

2018 年中北斜村从业人员文化构成表

表 3–8

文化水平	本科	大专	高中、中专	初中	小学	合计
人数（人）	58	50	312	239	84	743
占比（%）	7.8	6.7	42	32.2	11.3	100

三、人口变动

（一）自然变动

1951 年，全村共 83 户，人口 499 人。其中，男 249 人，女 250 人。

1959—1961 年，节粮度荒，村民生活水平下降，食品匮乏，出生率下降，婴幼儿营养不良，人口增长缓慢。

1963 年，全村有 137 户，人口 685 人。其中，当年出生及迁入 6 人，死亡及迁出 5 人。

1969 年，全村共 159 户，人口 839 人。其中，当年出生及迁入 6 人，死亡及迁出 4 人。

1973 年，全村共 189 户，人口 968 人。其中，当年出生及迁入 7 人，死亡及迁出 3 人。

1992 年，全村共 335 户，人口 1071 人。其中，当年出生及迁入 6 人，死亡及迁出 3 人。

2012 年，全村共 479 户，人口 1283 人。其中，当年出生及迁入 18 人，死亡及迁出 6 人。

2018 年，全村共 534 户，人口 1290 人，其中，当年出生及迁入 12 人，死亡及迁出 9 人。

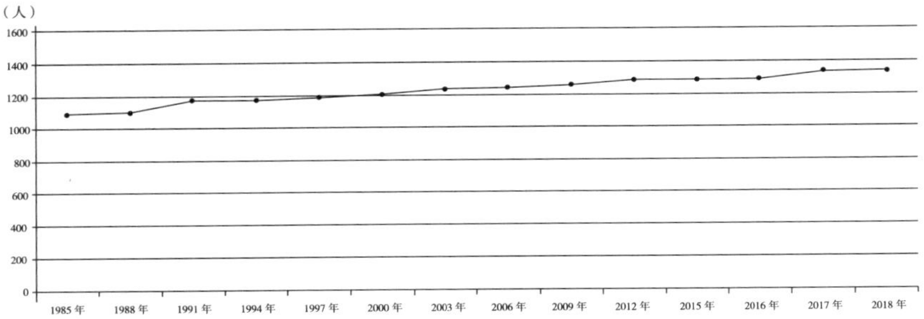

图 1 中北斜村 1985—2018 年部分年份人口增长曲线图

（二）机械变动

70 年代初期，村里先后有 22 名知识青年插队落户，人口相应增加。70 年代末和 80 年代初，随着知识青年返城安排工作，人口减少。

1969—1977 年知识青年上山下乡到中北斜村人口统计表

表 3–9

序号	姓名	性别	文化程度	插队时间
1	吴志杰	男	初中	1969年1月
2	阴荣广	男	初中	1969年1月
3	岳延奇	男	初中	1969年1月
4	杨路	男	初中	1969年1月
5	李景栾	女	初中	1970年6月
6	李淑文	女	初中	1970年6月
7	蔡金霞	女	高中	1976年11月
8	高立欢	男	高中	1976年11月
9	刘会良	男	高中	1976年11月
10	杨金凤	女	高中	1976年11月
11	丁伟	女	高中	1976年11月
12	张晓东	男	高中	1976年11月
13	侯淑芳	女	高中	1976年11月
14	张莹	女	高中	1977年10月
15	王长敏	女	高中	1977年10月
16	张玉芳	女	高中	1977年10月
17	刘国蕴	女	高中	1977年10月
18	王国禄	男	高中	1977年10月

续表 3–9

序号	姓名	性别	文化程度	插队时间
19	刘家瑞	男	高中	1977年10月
20	李裕祥	男	高中	1977年10月
21	张俊才	男	高中	1977年10月
22	纪铁锁	男	高中	1977年10月

说明：1969—1977 年知识青年上山下乡到中北斜村人口统计表从区档案局原始资料中摘录汇总。

70 年代初，62 名城市疏散人口到村投亲落户，人口增加。80 年代初，部分疏散人员陆续返城，人口减少。

1973 年天津市疏散人员到中北斜村落户统计表

表 3–10

序号	户主姓名	家中人口（人）	序号	户主姓名	家中人口（人）
1	牛良奇	4	10	郭志仁	2
2	王连仲	7	11	郭景云	2
3	兰斌	2	12	陈书田	3
4	邱汝彬	4	13	陈学勇	4
5	李兆芬	4	14	张文义	3
6	李光宇	2	15	张时雨	2
7	李树森	4	16	崔吉信	5
8	李家荣	1	17	冯银珍	6
9	郝玉枝	6	18	蔡连喜	1

说明：1973 年天津市疏散人员到中北斜村落户统计表从区档案局原始资料中摘录汇总。

1969—1977 年中北斜村知青、疏散人口统计表

表 3–11

村名	知识青年（人）	疏散人口	
		户数（户）	人数（人）
中北斜村	22	18	62

第二节 姓氏来源

一、姓氏谱

1995 年，全村有姓氏 64 个。郝姓人口较多，有 167 人，占全村总人口数的 14.2%。51 ~ 100 人的姓氏有 7 个，10 ~ 50 人的姓氏有 13 个，2 ~ 9 人的姓氏有 27 个，仅有 1 人的姓氏有 16 个。

1995 年中北斜村姓氏表

表 3–12　　单位：人

姓氏	人数	姓氏	人数	姓氏	人数	姓氏	人数	姓氏	人数	姓氏	人数
郝	167	张	40	贾	8	韩	4	毕	2	芦	1
何	88	杜	38	董	8	于	4	康	2	袁	1
李	86	崔	31	高	8	丁	3	娄	2	佟	1
赵	85	潘	26	徐	6	石	3	辛	2	尹	1
郭	80	杨	15	薛	6	胡	3	时	1	程	1
刘	63	侯	11	沈	5	朱	3	谢	1	靳	1
牛	60	冯	11	马	5	曹	3	苑	1	肖	1
王	52	栾	11	孟	5	黄	3	焦	1	屈	1
陈	50	宋	10	解	4	隋	3	华	1	房	1
祁	46	孙	10	姚	4	岳	3	廉	1		
邱	42	周	9	纪	4	姜	2	魏	1		

2018 年，全村有姓氏 97 个。郝姓人口多，有 166 人，占总人口数的 12.8%。51 ~ 100 人的姓氏有 8 个，10 ~ 50 人的姓氏有 14 个，2 ~ 9 人的姓氏有 41 个，只有 1 人的姓氏有 33 个。

2018 年中北斜村姓氏表

表 3–13　　单位：人

姓氏	人数	姓氏	人数	姓氏	人数	姓氏	人数	姓氏	人数	姓氏	人数
郝	166	孙	15	于	5	沈	2	房	1	屈	1
李	100	栾	12	吴	5	石	2	贺	1	程	1
赵	105	董	12	黄	4	时	2	华	1	阮	1
郭	92	解	11	闫	4	白	2	姬	1	史	1
何	88	宋	11	鲍	4	隋	2	季	1	陶	1
刘	74	徐	10	朱	4	魏	2	焦	1	佟	1
王	73	冯	8	纪	3	边	2	刁	1	汪	1
牛	63	高	7	娄	3	俞	2	靳	1	邢	1
陈	53	薛	7	孟	3	丰	2	康	1	东	1
邱	48	贾	6	田	3	钟	2	冷	1	阴	1
张	45	姚	6	毕	3	任	2	梁	1	尹	1
崔	38	周	6	苏	3	金	2	芦	1	苑	1
潘	38	曹	5	谢	3	许	2	毛	1		
祁	37	丁	5	姜	3	窦	1	门	1		
杜	34	韩	5	乔	3	储	1	苗	1		
杨	17	胡	5	兰	2	范	1	柴	1		
侯	16	马	5	管	2	方	1	齐	1		

二、姓氏渊源

村庄先民多是从河南省、山东省、山西省等地迁徙而至，有的直接到中北斜村（时名陈家街）定居，更多是在他地落脚，后到陈家街定居，也有从山东、内蒙古、河北等地逃荒到村定居；还有祖辈几代人在村长期居住，再往上辈寻根，祖籍及来村年代不详。由于历年婚姻迁入、投亲靠友等情况，中北斜村姓氏逐年增多。

三、姓氏简介

邱姓家族　祖籍河南省商丘。据该家族中 73 岁的邱汝荣口述：邱姓先祖在明永乐年间（1403—1424）随移民迁徙，最初在西北斜村落脚，后迁到陈家街定居。到清乾隆四十二年（1777），邱姓先祖邱景华出生后，家族兴旺，邱景华婚后生育 3 男，后与西北斜村何姓先祖调换了位于中北斜村街中心的房基地，并建 3 处大院四合套青砖瓦房，3 子各住一院，被后人称为“三邱”。清末，邱姓家族邱作山考中秀才，后将邱家大院扩建翻修。清朝时期，邱姓后续字为景、国、文、山、钟、汝、增、元、世、守、祖、训。

侯姓家族　侯姓先祖到陈家街年代尚待考证。据村 90 岁的何秀刚口述：侯姓到村年代较早，其祖先是官户人家，房产位置在邱家大院东侧（相隔一条街），有 3 处四合套青砖瓦房。侯家大院的建筑及面积虽不如邱家大院，但侯姓家族拥有大片土地，相传从四新村往南至炒米店周边一带土地，几乎都属于侯姓家族，乡间流传叫“三邱一侯”。后侯姓家族不知因何变故将房产卖出，西侧四合套砖瓦房卖给村内贾姓人家，贾姓迁往他乡后，贾家又将该房产转卖陈姓；东侧四合套砖瓦房卖给牛姓；市里金姓有钱人买下侯姓南侧四合套砖瓦房及往南柴禾园子等房产空地，后金家转卖给郝姓。据传，侯姓家族后辈将房产变卖后，迁出中北斜村。据侯姓家族 90 岁的侯毓正口述：其太爷（姓名不详）祖籍为西青区中北镇东北斜村人，本姓徐，于清道光年间（1821—1850）过继给中北斜村（陈家街）侯姓姨家，距今 180 余年，现繁衍 7 代人。

郝姓家族　祖籍天津静海县台头镇。清乾隆末年，郝姓先祖携家人到陈家街南郝家台定居。据家族 78 岁的郝汝爱和 74 岁的郝汝星等口述：郝姓先祖三代单传，后生育 5 男，后辈为大排行弟兄 13 人（大爷至十三爷）。郝姓家族中，三爷郝濬卿曾为教书先生，后经商。二爷一支，郝凤洲、郝桐父子两代行中医。八爷一支，迁往东北定居多年。十三爷一支，迁往中北镇王庄村定居多年。其他各支均在郝家台定居，距今 240余年，现繁衍9代人。郝姓家族于1996年从静海县台头镇续家谱字为继、靖、常、永、润、涛、友、德。

牛姓家族　家谱记载祖籍为“山西省洪洞县槐树底下破锅牛”，分支迁往天津市西青区南河镇牛驼子。据家族 90 岁的牛汉元口述：清咸丰年间（1851—1861），牛姓先祖携家人从南河镇牛驼子迁到陈家街定居，距今 150 余年，现繁衍 6 代人。

何姓家族　祖籍山西省洪洞县。据家族 90 岁的何秀刚口述：明永乐年间（1403—1424），何姓先祖逃荒迁徙，先到东丽区大何庄子落脚。雍正年间（1723—1735），其祖辈又携家人迁到陈家街定居，距今 280 余年，现繁衍 13 代人。中北斜村何姓与西北斜村何姓家族同源一宗，至今仍有亲情往来。

何姓同源一宗　祖籍山西省洪洞县。据家族 73 岁的何杏西老人口述：明永乐年间（1403—1424），何姓先祖逃荒迁徙，先到河北省枣强县落脚。雍正年间（1723—1735），其祖辈携家人迁到陈家街定居，距今 280 余年，现繁衍 13 代人。何姓家族续字为杏、长、永、家、桐、富、广、杏、长、永、家（七代人一轮回）。

郭姓家族　祖籍河北衡水郭家村。据家族78岁的郭景林和76岁的郭景山等口述：清道光年间（1821—1850），郭姓先祖携家人从河北衡水逃荒迁徙，先在西青区辛口镇落脚，后迁到陈家街定居，距今180余年，现繁衍7代人。郭姓家族续字为长、富、志、景、有、宏、福。

陈姓家族　祖籍静海县杨小四庄（陈缺屯）。据家族75岁的陈克岩口述：清嘉庆年间（1796—1820），陈姓先祖携家人从静海县杨小四庄逃荒到陈家街定居，至今220多年，现繁衍9代人。

陈姓同源一宗　祖籍河北省青县。据家族79岁的陈世芳口述：清道光年间（1821—1850），陈姓先祖携家人从河北省青县到陈家街定居。起初陈家人随船拉纤，后以佃户种地为生，至今近190年，现繁衍7代人。

赵姓家族　祖籍山西省洪洞县。据家族89岁的赵月亭和80岁的赵月堂口述：明永乐年间（1403—1424），赵姓先祖携家人从山西省洪洞县迁徙，先到北仓落脚。明嘉靖年间（1522—1566），赵姓分支迁到中北斜村陈家街定居，以种地为生，距今480余年，现繁衍24代人。

赵姓同源一宗　祖籍河南省新乡县贾桥村。据家族82岁的赵来全口述：清光绪年间（1875—1908），其父亲赵生春携家人随大爷跟船从河南省迁到陈家街定居，以南运河养船搞运输为生，距今120余年，现繁衍5代人。

祁姓家族　祖籍为山西省祁县。据家族75岁的祁连增老人口述：清乾隆年间（1736—1795），祁姓先祖携家人从山西省祁县逃荒迁徙，到陈家街定居，距今280多年，现繁衍12代人。祁姓家族续字为天、文、永、进、国、泰、风、书、连、元、忠、荫（金），下接字为臣、世、广、瑞、夆、贺、昭。

杜姓家族　祖籍山西省洪洞县。据家族84岁的杜家祥口述：清嘉庆年间（1796—1820），杜姓先祖携家人从山西省洪洞县逃荒迁徙，先在西青区辛口镇大杜庄落脚，后到陈家街定居，距今220多年，现繁衍9代人。

刘姓家族　祖籍山东省博兴县盐坨村。据家族70岁的刘尊利老人口述：清光绪年间（1875—1908），刘姓先祖携家人从山东省博兴县逃荒迁徙，到陈家街定居，家人以纺羊毛和打短工为生，距今120多年，现繁衍5代人。

刘姓同源一宗　祖籍西青区中北镇四新村（疙瘩村）。据家族74岁的刘建强口述：清光绪年间（1875—1908），其爷爷刘玉清携家人到天津市居住，后迁到陈家街定居，家人以扛活打零工、给有钱人看坟地为生，距今120余年，现繁衍5代人。

刘姓同源一宗　祖籍为内蒙古赤峰市新惠县克力代乡哈巴气大队恒沟子村。据家族79岁的刘志明老人口述：民国时期，其父亲刘清，携家人从内蒙古迁到中北斜村定居，距今90余年，现繁衍4代人。

刘姓同源一宗　祖籍为山东省青州府。据家族83岁的刘发云口述：1968年，刘发云、冯银臻夫妇携全家到中北斜村安家落户。1979年，按国家政策家人返城，长子刘伟华在村扎根娶妻生子，在中北斜村定居50余年，现繁衍4代人。

李姓家族　祖籍山西省洪洞县。据家族81岁的李会生口述：明永乐年间（1403—1424），李姓祖先从山西省洪洞县随移民迁徙，到马庄落脚。清咸丰年间（1851—1861）分支迁到陈家街定居，距今150余年，现已繁衍6代人。

李姓同源一宗　祖籍西青区南河镇边村。据家族83岁的李桂增和71岁的李桂发口述：清道光年间（1821—1850），李姓先祖携家人从南河镇边村迁到陈家街，落户定居，家人以务农为生，距今180余年，现繁衍7代人。

潘姓家族　据家族82岁的潘风来口述：清道光年间（1821—1850），其父潘友贵的太爷（姓名不详）和家人在陈家街定居，以务农为生，距今180余年，现繁衍7代人。

崔姓家族　祖籍山东省博平县米庄。据家族89岁的崔吉修口述：清咸丰年间（1851—1861），崔姓先祖携家人从山东省逃荒迁徙，到陈家街定居，以务农为生，距今150余年，现繁衍6代人。

崔姓同源一宗　祖籍河北省武邑县薛庄子乡崔家村。据家族后辈崔凤敏口述：民国时期，其母赵四姑携家人到中北斜村投亲定居，距今90余年，现繁衍4代人。

张姓家族　祖籍宝坻县尔王庄朱家曹村。据家族后辈张绍立口述：民国时期，其父张庭良携家人从宝坻县迁到中北斜村定居，以理发手艺为生，距今90余年，现繁衍4代人。

冯姓家族　祖籍河北省青县大杜庄乡（今金牛镇）李二姐村。据家族80岁窦芝兰口述：清咸丰年间（1851—1861），其公公冯宝发携家人从河北省青县逃荒投亲，到陈家街定居，至今150余年，现繁衍6代人。

冯姓同源一宗　祖籍沧县杨官屯。据家族65岁的冯洪新口述：民国时期，其父冯印龙携家人从沧县到中北斜村定居，距今90余年，现繁衍4代人。

薛姓家族　祖籍静海县官门头。据家族80岁的佟秀珍口述：清光绪年间（1875—1908），其婆婆（姓名不详）携家人从静海县迁到陈家街定居，距今120余年，现繁衍5代人。

栾姓家族　祖籍山东省烟台。据家族 78 岁的栾家林口述：清咸丰年间（1851—1861），栾姓先祖携家人从山东烟台迁徙，先到东北斜村落脚，后投亲到陈家街定居，以种地打工为生。距今 150 余年，现繁衍 6 代人。

解姓家族　祖籍天津市红桥区。据家族 78 岁的沈淑珍口述：民国时期，其丈夫解基盛从天津市区投亲到中北斜村定居，距今 80 余年，现繁衍 4 代人。

周姓家族　据家族 73 岁的杨振芬口述：清咸丰年间（1851—1861），其丈夫周岐明的太爷（姓名不详）在陈家街定居，距今 150 余年，现已繁衍 6 代人。

宋姓家族　祖籍西青区中北镇西姜井村。据本家族后辈宋忠来口述：清光绪年间（1875—1908），宋金玉的母亲唐家珍携家人从西姜井村投亲到陈家街定居，距今 120 余年，现繁衍 5 代人。

王姓家族　据家族后辈王海泉口述：清光绪年间（1875—1908），其爷爷（姓名不详）和家人在陈家街定居，距今 120 余年，现繁衍 5 代人。

王姓同源一宗　祖籍天津市红桥区如意庵。据家族 81 岁的侯毓英口述：20 世纪 50 年代，因其婚嫁市民，市内无房居住，本人及其后辈均在中北斜村定居，距今近 70 年，现已繁衍 4 代人。

王姓同源一宗　据家族 85 岁的李淑贤老人口述：民国时期，其丈夫王风明的母亲（姓名不详）携家人到中北斜村投亲定居，距今 90 余年，现繁衍 4 代人。

四、家谱

中北斜村发掘族谱 3 部，为《牛氏族谱》《赵氏族谱》《冯氏族谱》。其中，《牛氏族谱》和《冯氏族谱》经几次续修保存完整，族谱原件由家族后人保存。

（一）《牛氏族谱》

牛姓家族分支于清咸丰年间（1851—1861）从南河镇牛驼子迁到陈家街定居至

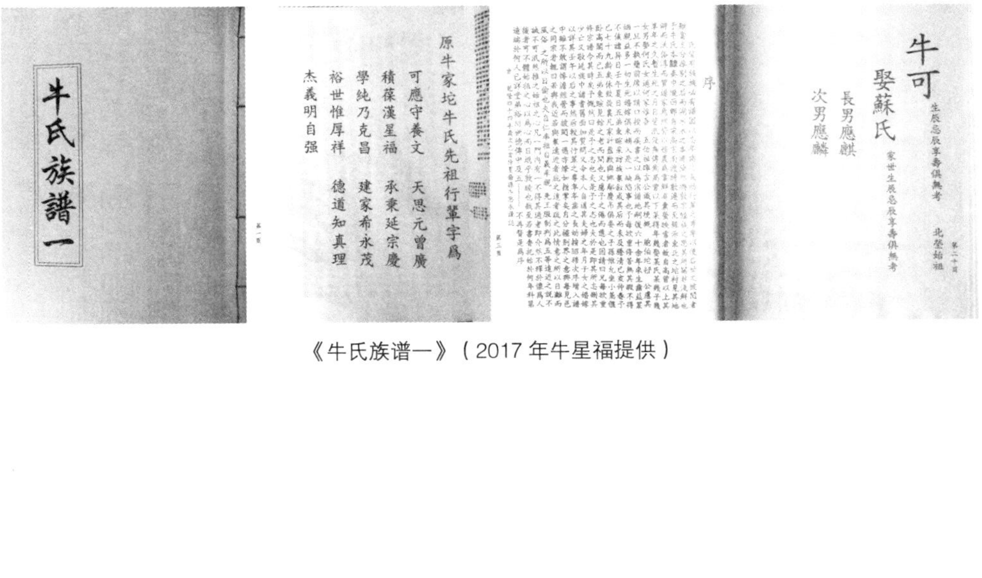

《牛氏族谱一》（2017 年牛星福提供）

今，重修谱序 3 次，族谱保存完整，共存五册。

（二）《赵氏族谱》

赵氏先祖于明永乐年间（1403—1424）携家人从山西洪洞大槐树迁徙至北仓落脚。分支于明嘉靖年间（1522—1566）迁往陈家街定居至今，重修谱序 1 次，因年久资料残缺，字迹模糊。

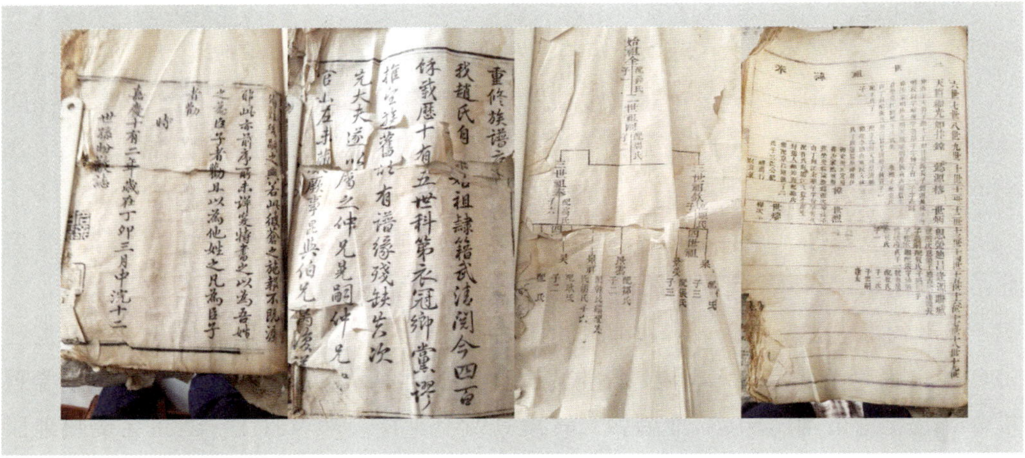

《赵氏家谱》因年久破损严重，续修 1 次，族谱原件由家族后人保存（2017 年赵月亭提供）

（三）《冯氏族谱》

《冯氏族谱》重修谱序 5 次，族谱保存完整，共有 5 册，后附《冯氏族谱》部分原文。

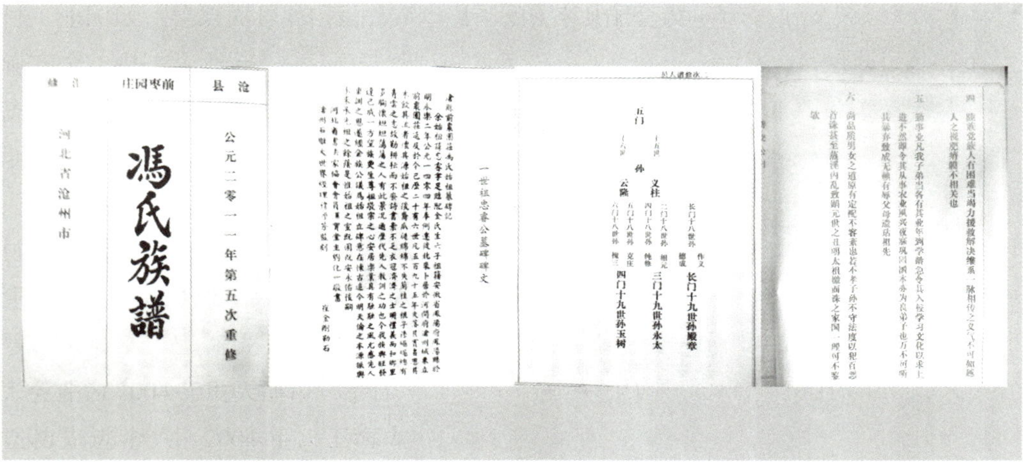

《冯氏族谱》（冯建强提供）

附：

冯氏庭训（释义）

一、孝敬父母是后人的根本，代代相传。你孝敬父母，是为自己增添福报，子女以你为榜样，一样孝敬你。

二、兄弟之间，互相关爱，不可视为陌生人。此以象与舜的典故比喻：象几次害舜，可舜念及兄弟之情不和他计较，对兄弟和以前一样关爱、友善，舜的德行崇高，令人赞赏，美名远扬。族人要学习舜帝的崇高品德。

三、尊老爱幼，见长者必有礼貌，今日幼者，日后也将成为长者，代代相传。

四、家族团结，如遇到困难应当尽力帮助，解决维系族人义气，不可事不关己。

五、精业、敬业求上进，到学习年龄上学，学习文化知识，力争成为国家有用之人。

六、遵守婚姻法，一夫一妻制，百恶淫为首，如有不肖子孙不守法度，给祖先蒙羞，家国一理，以此为鉴。

第三节　人口生育

新中国成立初期，国家鼓励生育。60—70年代，国家实行计划生育。1982年计划生育写入宪法。1980年，提倡一对夫妇只生育一个孩子。2016年，国家实施全面两孩政策。

一、生育政策

解放前及解放初期，村民崇尚“多子多福”思想，出现生育高峰。

20世纪60年代初，国家宣传计划生育政策，村生育峰线开始回落。

1966—1976年，村人口出生率再次回升。

1978年开始，国家将计划生育作为一项基本国策，提倡一对夫妇只生育一个孩子。1983—2015年，村人口生育率明显下降。

2015年12月31日，国家出台一对夫妇可生育两个孩子政策，中北斜村进一步改革完善计划生育管理体制。2016 年 1 月开始，国家全面实施两孩政策。

二、村计生奖励

中北斜村出台多项有关计划生育政策的规定，以促进计划生育政策落实：2008 年以前，退二胎指标育龄妇女村奖励金 8000 元；2008 年以后，退二胎指标村奖励金 2 万元；村民晚婚村给予奖励 2000 元；晚育在产假期报销手术费、药费，村给予奖励 1000 元；2005 年，独生子女父母年满 60 周岁，每人每月发放独生子女父母奖励费 120 元；2011—2018 年，独生子女父母奖励费上调至每人每月 200 元；对育龄妇女免费实行“三情普查”及一次大型生殖健康体检，对按时做 B 超孕检的育龄妇女发误工补贴费；举行每年“7・11”世界人口日暨关爱女孩活动，给予独女家庭一次性奖励金等。

三、人口生育情况

1999—2018 年，中北斜村共出生 234 人，其中一胎 169 人、二胎 65 人。

1999—2018 年中北斜村计生情况表

表 3-14 单位：人

年份	育龄人数	出生人数	一胎	一胎率（%）	二胎	二胎率（%）	计划外	计生率（%）
1999	287	8	7	87.50	1	12.50	0	100
2000	305	14	12	85.71	2	14.29	0	100
2001	297	15	12	80.00	3	20.00	0	100
2002	299	10	8	80.00	2	20.00	0	100
2003	297	16	14	87.50	2	12.50	0	100
2004	292	6	5	83.33	1	16.67	0	100
2005	281	11	8	72.73	3	27.27	0	100
2006	276	12	8	66.67	4	33.33	0	100

续表 3–14

年份	育龄人数	出生人数	一胎	一胎率（%）	二胎	二胎率（%）	计划外	计生率（%）
2007	279	11	8	72.73	3	27.27	0	100
2008	283	10	5	50.00	5	50.00	0	100
2009	280	9	8	88.89	1	11.11	0	100
2010	283	13	10	76.92	3	23.08	0	100
2011	273	11	8	72.73	3	27.27	0	100
2012	280	18	13	72.22	5	27.78	0	100
2013	270	10	8	80.00	2	20.00	0	100
2014	266	13	11	84.62	2	15.38	0	100
2015	259	10	8	80.00	2	20.00	0	100
2016	259	11	6	54.55	5	45.45	0	100
2017	251	16	7	43.75	9	56.25	0	100
2018	253	10	3	30.00	7	70.00	0	100

第四章　村庄建设

80年代开始，中北斜村开始社会主义新农村建设，坚持物质文明和精神文明一起抓，先后开展小康村、文明村“五个一”、全国民主法治示范村、全国文明城区等创建活动。通过开展“三讲三热爱”“创先争优”“践行社会主义核心价值观”等活动，对村民进行思想道德教育，组织开展各项文体活动，丰富村民的精神文化生活。进入21世纪，村加快改善村民居住条件，2009年12月村启动平房改造工程。2015年，村民整体还迁至新建小区——溪悦园，小区内配套设施齐全，环境优美，村民居住条件有了质的改变，居住环境进一步改善。

第一节　房屋建筑

一、村民住房

（一）住房演变

解放前，大多数人家住低矮的“落地白”土坯房，坐北朝南，土木结构，上铺苇耙子压泥土，屋顶起脊，砖坐碱，土坯垒墙。一般为正房3间，每间房长约4米，宽3.3米，高4米。屋顶用芦苇或秫秸扎成房耙子，如遇连雨天，多数房屋漏雨，每年要泥房。屋内为土地面，纸糊百眼窗，土炕上铺苇席。“连三间”中间屋为堂屋（称外间屋），靠山墙搭锅台做饭；东、西两侧为厢房做寝室，称“里间屋”，屋里搭土炕，烟道由外间屋灶台连接土炕，顺山墙直通房顶烟筒。做饭烟火从烟道通过，使炕面受热，借以取暖。由于山墙易挂烟灰，人们常要上房打烟囱。

村庄中心有一处青砖瓦房——邱家大院。邱家大院是村中最早的砖房，建于清代，为四合套砖瓦房。位置在村中心地势最高处，分为东院、西院、南院，共有3处，每处正房均配有南房和东西厢房，共计74间，占地面积13.5亩，9000平方米。西院走正门，大门口朝南，门前五级高台阶，两侧铺整块青石板，两扇黑漆大门。邱家大院墙体用大块青砖砌墙，磨砖对缝，高砖台、封檐、封山尖，房顶小块青瓦白灰坐口，以阴阳瓦盖扣封严，屋顶不漏雨水。正墙是加厚土坯砖混结构，坚固、隔热，冬暖夏凉，室内空间大，构造为“四梁八柱”，木地板铺地，木隔断，建筑结构合理，工艺讲究。邱家大院在运河周边沿岸一带颇有名气。清朝末年，邱家大院建过学堂。

解放后，邱家大院的西院南房、西厢房相继建立村公所、乡政府（五村联社）信用社、邮局、村广播站。邱家大院的南院北房及偏房等相继建保健站、供销社、磨房、胶木厂。20世纪70年代初，村集体建大礼堂。邱家大院无照片，根据邱姓后人提供房屋平面图。

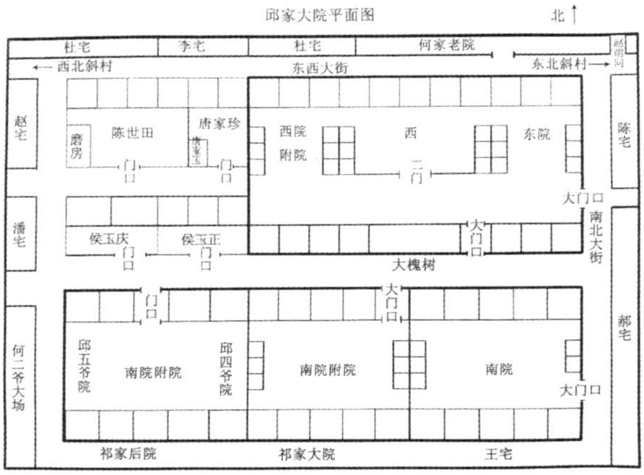

邱家大院平面图

（2017年邱汝荣提供草图，郝天琪电脑制图）

解放初期，村民住房与周边村庄相仿，普遍低矮破旧，民居仍采用土木结构，只是门窗形状随着玻璃的广泛使用发生变化。20世纪50年代，民居富户由纸糊改为上部分可开关、下部分安装玻璃，室内门改为上半部分安装玻璃的双扇或单扇避风门。

20世纪60年代，出现土、砖、木混合结构的房屋，房基用砖砌7～11层房碱，上面敷一层油毡或13～16厘米的芦苇，中间用土坯筑墙，上部用三层红砖封檐，有的在房顶挂上瓦，称“穿鞋戴帽”。较富裕村民建“里生外熟”土坯砖混房（墙外砌砖，内垒土坯），这种房省去每年“泥房”之劳。

70年代，民居的建筑材料、建筑结构都发生变化，多推倒原来的土坯房翻盖砖房，布局沿用传统的“一明两暗”正房3间或4间，坐北朝南。农户盖房在堂屋（外屋）门两侧各加一扇耳窗，增加采光，堂屋做饭，土炕取暖，灶台延续使用，有用纸糊顶棚，红砖墁地，白灰粉刷墙壁。废除了“百眼窗”，改用各式玻璃门窗。建筑材料改为砖混结构，或用水泥房檩或木檩。后出现平顶房，即房顶没有屋脊，不用房檩，用水泥预制空心板或马槽板，再用白灰掺炉灰砸顶子，或用水泥磨顶，室内墙壁用炉灰掺白灰和成浆打底，白灰膏加麻刀照面，再用涂料涂刷。当时人均住房面积7～8平方米。

1976年，唐山大地震波及天津，村里部分农户房屋被震损。在政府重建家园号召下，村民建砖房。自1978年开始，村发放标准宅基地，统一土地使用标准，统一建房高度要求，建盖砖木结构新住宅，土坯房逐渐淘汰。

80年代中期，地面装饰兴起，村民住房一般用预制水泥水磨石地板，还有用天然大理石地板砖铺砌地面，建房材料用红砖、瓦、白灰、水泥、钢筋、沙石料，建砖瓦房，坚固抗震。门窗有用木制双裁口或三裁口安装玻璃，或用铝合金做框的玻璃门窗，村民对门脸及外墙也注重装修，对外墙粉刷涂料，或用水泥段块、水冲石段块、大门两侧粘贴水刷石，用小块瓷砖铺外墙。屋顶装天花板，不搭灶台和土炕，屋内用上床铺，部分村民安装暖气，做饭使用煤球炉配合使用液化气罐。当时人均住房面积约 12 平方米。

90 年代开始，村改变传统平房格局，兴建 3 间正房加偏房（拐弯），正房与偏房相通，五檩增为七檩。室内装修讲究，有护墙板、天花板、灯池、灯具，格调新颖，各户装暖气和空调。民房格局由过去单一型向多样型、综合性、实用性方向发展。室

村平房改造前村南老村平房旧居（2009 年）

平房改造前村北老村平房旧居（2009 年）

永旺胡同平房（2009 年）

永和胡同平房（2009 年）

永安胡同平房（2009 年）

永盛大街平房（2009 年）

内布局由单一居住型向多功能型转变，装修款式追求新颖。

1990年，全村有平房1314间，建筑面积15932平方米，人均住房面积14.9平方米。

1995年，村民房屋建筑面积21500平方米，人均住房18.5平方米。

至2009年底，村平房改造，全村有住宅442所，人均住房19.8平方米。

（二）楼房（平房改造）

进入21世纪，中北镇启动示范小城镇中北斜村宅基地平房置换楼房，开展住宅楼工程的规划设计及前期准备工作。2009年12月，村启动平房改造工程，实施宅基地换房政策。按镇政府统一规划，中北斜、大蒋、小蒋、祁庄、李楼5个村为中片还迁小区，在中北斜村老村宅基地建盖高层还迁楼，名为溪悦园。溪悦园总占地面积48.37万平方米，地上建筑面积39.64万平方米，地下建筑面积8.73万平方米，共28幢，层高为24层。居住户数4400余户，总计人口约1.23万人。

2013年9月，中北斜村段还迁小区正式开工建设。中北斜村为15 ~ 19号楼共5幢，村总建筑面积9.4万平方米。设有4种房型（115平方米、95平方米、76平方米、

溪悦园北大门（2017年）

溪悦园小区内景（一）

溪悦园小区内景（二）

溪悦园小区内景（三）

58 平方米），室内配有水、电、气、暖、通信等配套设施，住宅区设有智能化管理体系。小区绿化 2.1 万平方米。

2015 年 11 月 30 日，中北斜村采取抓阄分房的方法，公布抓购细则、抓阄人员名单，完成分房抓阄。12 月 6 日，村委会为村民办理还迁手续，村民楼房分配工作结束。全村 90% 以上人口迁居溪悦园小区，村民人均住宅面积 40 平方米左右。村民从世代居住的传统村庄步入现代化花园式新村。小区环境优美，文化中心、综合服务大厅等设施配套齐全，村民的生活品位进一步提升。

二、公共建筑

（一）村委会办公房

解放初期至 60 年代，大队办公地点在邱家大院南房，起初为村公所，后改为村大队部。

1968 年，村出资在村东（牛汉章房下坡）建村大队部平房，建北房 12 间（无院），建筑面积 360 平方米，设有大队办公室、广播室、会计室、红医站、“九二零”试验室，东侧为第一生产队和第三生产队大仓库。是年，村大队部由邱家大院迁至村东大队部平房新址。

1985 年，村出资在村北老津杨公路南侧建村委会平房，建南房一排 9 间，设村办公房、广播室、红医站，正房一排为教室。与中北小学分校共用中间大院。是年，村大队部由村东大队部迁往村北村委会平房新址。

1999 年 9 月，在村西老仓库旧址（郭景芹房前），建村委会平房一排 12 间，设村办公室、保卫室、党员活动室、妇联办公室、会计室。安装暖气，改善办公条件，占地面积 358.5 平方米。村办公地点由村北迁往村西村委会平房新址。

村西平房村委会（1999 年）

村南二层村委会办公楼（2005 年）

园区综合楼村委会办公楼（2013 年）

溪悦园中北斜村党群服务中心（2018 年）

2003 年 8 月，村出资在村南新津杨公路北侧，建两层村委会办公楼房，建筑面积 750 平方米。2004 年 7 月，由村西平房村委会迁往村南新址村委会办公楼。

2011 年 5 月，村平房改造，村南两层村委会办公楼房拆除，村委会迁往村南工业园区综合楼一楼（综合楼建于 2003 年）。

2018 年 11 月，村委会由工业园区综合楼迁往还迁小区溪悦园中北斜村党群服务中心，建筑面积 3785 平方米。至 2018 年底，村委会办公地点历经 6 次迁址。

（二）文体活动中心

2006 年 2 月，村创建文明村“五个一”工程建设。在村南中北大道北侧（原新津杨公路）建两层文体活动中心楼房，建筑面积 750 平方米，一楼设有棋牌室、图书阅览室、书画室、文艺活动室，二楼设台球室、乒乓球室、健身室等。

村文体活动中心南侧设体育健身场，占地面积 2900 平方米，有篮球场 2 个、健身设施 26 套。村文体活动中心西侧建花园（丰乐园），栽植树木花草，占地面积

村南二层文体活动中心（2006 年）

村文体活动中心丰乐园（2006 年）

2800平方米，建木制仿古凉亭、木制十字长廊、小河流水、两座汉白玉拱桥。由于村平房改造拆迁，2011年6月，文体活动中心及丰乐园设施拆除。

2011年9月，在村工业园综合楼南侧新建三层楼房，即中北斜村社区综合服务中心，建筑面积1800平方米。二楼有健身活动室、台球室、乒乓球室、文体活动室等，三楼是棋牌室、书画室、图书室、党员活动室。

溪悦园回迁小区的村域内，建有3785平方米的四层楼党群服务中心。一楼设综合服务大厅、溪悦园小区卫生服务站，二楼设健身室、乒乓球室、台球室、棋牌室、儿童乐园、舞蹈室，三楼设图书室、民俗展厅、半边天家园、党员电教室、家庭学校培训室、书画室等，四楼为村两委办公场所。2018年11月25日，党群服务中心正式启用。

（三）大礼堂

1974年，在村中心建大礼堂，地点在邱家大院南院北房，建筑面积240平方米（东西长24米、南北宽10米）。

80年代中期，村大礼堂拆除，作为宅基地发放给村民。

（四）安置房

70年代初，村出资为到村的城市知识青年和疏散人口建平房，每家分到1间砖房。到村人员分到各生产小队，与村民共同参加生产劳动。70年代末至80年代初，知识青年和疏散人口返城安置后，安置房归村集体。80年代中期，安置房拆除后作为宅基地发放给村民。

（五）集体食堂

1958年，在“鼓足干劲、力争上游、多快好省地建设社会主义”的总路线指导下，村在经济上实施“供给制”和“工资制”相结合，吃饭不要钱，工资分为五级，一级为2元，级差为1元，五级每月6元。村初期建小食堂，以生产小队为单位，时按五村联社顺序排列，共分为20个队，中北斜村为7～10队。小食堂都是从生产小队抽调做饭人员，食堂管理员均为下放干部。中北斜村一队（7队）队长何秀刚，管理员王国全，食堂地点在刘世河房宅；二队（8队）队长刘世河，食堂管理员李香林，食堂地点在杜宗贤院内；三队（9队）队长陈书香，食堂管理员沈洪西，食堂地点在村民郝汝田房宅前；四队（10队）队长潘友贵，食堂管理员李胡帆，食堂地点在牛汉章院内。

1959年，以村为单位建集体大食堂，地点在村东牛汉章房前，建筑面积1200平方米，隋凤祥、李华清、赵来全、任成珍、刘永贞、窦芝兰、李淑珍等负责为全村人做饭，赵月明担任食堂管理员。1961年，集体食堂取消，恢复家庭生活方式。

（六）大仓库

1978年，村西侧建4个生产队的大仓库，建筑面积400平方米，共12间（每队3间约100平方米）。1999年9月，村在大仓库原址建村委会。

80—90年代村东厕所

（七）公厕

50—60年代，村公厕设在村南小学南侧两间、村东侧两间，均为简易厕所。70年代，村在村南电线厂北侧建公厕两间，设储粪池。1985年，老公厕拆除，村在老津杨公路南侧、村南机井北侧建公厕。有化粪池井，安排专人负责掏挖粪井和厕所清理。

溪悦园小区公厕（2018年）

2002年3月，在村南郝家台建公厕，建化粪池，安排专人负责掏挖、清理。2015年，村民还迁住进楼房，每户都设卫生间，洁具齐全，干净卫生。小区内设自动冲水公共厕所。

（八）学校

村南小学　清朝末年，秀才邱作山在自家西院建学堂，进行小复式教学。民国初年，东北斜村王兰壁出资建村南小学，有北房3间、60平方米，南房3间、60平方米，西房1间、20平方米，中间为大院，学校迁到村南小学，后在北房东侧扩建2间办公室40平方米。学校占地面积540平方米，建筑面积180平方米。

1939年村发大水，学校被冲垮，小学又转到邱家大院。是年，在村南小学原址重新修建，西侧增加2间教室、40平方米。

50 年代中期，上级政府投资扩建教室，在小学门前道东侧建一排北房 6 间，共 120 平方米（2 个大教室），无院落，建筑面积 340 平方米。

村北小学　70 年代末期，上级政府投资建中北斜小学分校，地点在村北老津杨公路南侧。建北房 9 间（3 个大教室）、南侧大院。学校占地面积 900 平方米，建筑面积 504 平方米，村内小学低年级学生，分到中北小学分校新址。

北斜中心小学　70 年代中期，镇政府投资建北斜中心小学，地点在津杨公路南侧西北斜村地段，占地面积 4551 平方米，建筑面积 1753 平方米，中北斜村小学生分到北斜中心小学。

21 世纪初，镇政府出资在老津杨公路南侧汪庄村界新建中北第一小学教学楼，占地面积 16851 平方米，建筑面积 8912 平方米，北斜中心小学迁往新教学楼。中北斜村 95% 的小学生到中北第一小学上学。

第二节　基础设施

一、供水

解放前至解放初期，村民常年饮用南运河水。河水浑浊，水担回家倒入水缸，需加入明矾粉末搅动，待泥沙沉淀后才可饮用，村民家里经常“淘缸”，村民到运河挑水持续时间较长。

1958 年，村借鉴李楼村建简易自来水厂的经验，在老津杨公路南侧村东大水沟交界处建沉淀池，将运河水过滤、消毒后饮用。

沉淀池用砖砌 2 个池子，大池子为蓄水池，长 6 米、宽 5 米，深约 1.5 米；小池子为过滤池，长 6 米、宽 2 米，深 1.5 米。池中放置碎石、粗沙，细沙，将运河水打上来倒入大蓄水池初过滤，再流进小过滤池净化，方可从引管中接水。村民邱岳山负责供水，村民饮用沉淀池水时间 3 ～ 5 年。

60 年代初期，由于南运河水量减少并被污染，河水不能饮用。村在村北大堤南侧挖一眼浅井，供村民饮用，井深 8 ～ 9 米。

1966 年，由于南运河上游断流，河水干枯，原挖浅井不能满足村民需要，中北

村南机井水塔（2008 年）

村河北高压供水站（2008 年）

斜、西北斜、雷庄 3 个村联合在雷庄村南打一眼浅水井，并建水塔，向村内铺设自来水管道，定时为 3 个村供水。村内有 2 处供水点（村北王桐珍门前、村南小学校门前大坑边），村民按时到供水点排队挑水，村民郝棻负责水塔供水。70 年代中期，中北斜村在村南打深机井，引管道在村内 2 处供水点为村民供水，不再饮用雷庄浅井水。1978 年，在村南机井旁边建水塔，自来水管道入户，村民赵文志负责供水。至此村民结束了吃河水和出外挑水的历史。

1999 年底，由于村机井使用将近 30 年，出现老化淤堵现象，不能满足村民用水。村集体出资在河北园田打机井 1 眼，建封闭式高压供水泵站，架设过河管道，将水输送到全村各户，保证村民饮用水，村民刘俊青负责供自来水。至 2009 年，因村平房改造结束供水。

2015 年，村民还迁住楼房，用水卡购买天津市自来水公司自来水，每天 24 小时供水。

二、供电

解放初期，村内没有电，村民均用自制油灯照明，原用豆油，清末民国初开始点煤油。60 年代开始，在公共场所集会活动点汽灯照明，亮度较大。

1956 年，村内安装一台 30 千伏安变压器，位于王桐珍房前。村南郝家台安装一台 30 千伏安变压器（黑号），位于北斜大街东侧，全村通电，各户安装电灯，结束点油灯历史。随着人们生活需要，变压器经过几次增容并增加数量：60 年代增容 50 千伏安变压器，由村内迁移村南陈书香房后，增容 100 千伏安变压器，由村南移至村西郭景巨房西侧；村南机井西侧，安装增容 180 千伏安变压器。村内供电属于杨柳青供电所管辖，村派电业人员学习电工技能后进行日常管理。

60 年代，村主干道安装路灯，灯杆为木质，上端安搪瓷灯罩，光源为白炽灯泡，早晚电工按时开关路灯。70 年代初期，村街路灯改为水泥灯杆，更新照明灯具，设置定时自动开关。

二十世纪七八十年代变压器

70 年代中期，由于村副业拔丝厂用电量增加，在企业院内安装 320 千伏安变压器、180 千伏安变压器各 1 台。

80 年代，因企业和农业生产需要，村将拔丝厂内 1 台 180 千伏安变压器移往村南大场，解决企业用电和农业用电。

2000 年，随着经济发展，村民电器设备增多，出现供电不足的问题，因此在村南机井旁新增设 200 千伏安变压器 1 台。此外村对供电线路进行低压改造，将原有线杆、照明线更新，保障村民生活用电，极大改善村民生活条件。

2002 年，村建设工业园区，申请安装变压器 24 台。一期 10 台，其中 200 千伏安变压器 9 台、315 千伏安变压器 1 台。二期 14 台，其中 200 千伏安变压器 8 台、315 千伏安变压器 3 台、箱式 630 千伏安变压器 1 台、箱式 800 千伏安变压器 1 台、箱式 1000 千伏安变压器 1 台，确保园区企业供电。园区企业相继聘用该村及外埠专业电工人员祁连生、陈友书、解兵田等。

2015 年，村民还迁入住，小区设置多盏照明路灯。路灯均为新型灯杆、灯具，灯使用 LED 光源。逢年过节悬挂多盏景观灯，各家安装智能电表，村民持卡购电。

三、村庄道路

1978 年，村整修村内街道，铺设下水管道，路面墁砖，解决村民雨天出行困难。

80 年代中期，北斜大街（中北斜与西北斜之间，通往四新村土路）由中北斜、西北斜、四新 3 个村共同出资修缮，以白灰掺土垫路基，路两侧设泄水沟，无下水管道，路面铺设沥青，全长 2 公里，路宽 8 米。

1996 年秋，村投资 70 万元铺设下水管道 1500 米，并修筑村内胡同、街道，铺柏油路面。1999—2000 年，村投资购买红砖 20 余万块，对全村街道、胡同全部进行更新、硬化胡同街道。2001 年，修建村东道路，由村通往新津杨公路，长 120 米、宽 6 米，全部为水泥路面。

村内街道胡同原无路名，80 年代后，街道胡同开始冠名。至 2009 年平房改造前，村街道有 8 条，胡同、里巷有 39 条。

2009 年前中北斜村街道、胡同、里巷名称表

表 4–1

街道名称	胡同名称	里巷名称	
北斜大街（南北）	如意胡同	和睦里	永发里
郝台大街（东西）	丁字胡同	吉祥里一条	永华里
津杨公路大街（东西）	新康胡同	吉祥里二条	永进里
朝阳里大街（东西）	新胜胡同	新风里	永善里
永定胡同大街（南北）	兴旺胡同	新华里一条	永顺里
福寿里大街（东西）	义德胡同	新华里二条	永春里
永福里大街（东西）	义信胡同	新华里三条	永安里
永盛胡同大街（南北）	永昌胡同	新华里四条	吉庆里
	永和胡同	新兴里	义宾里
	永康胡同	新德里	义忠里
	永勤胡同	义和里	
	永寿胡同	义庆里	
	永旺胡同	义善里	
	永祥胡同	义胜里	
	永和胡同		

第三节　古　迹

一、土地庙

据清道光二十六年（1846）《津门保甲图说》记载，村有土地庙一座，内有泥塑神像。据传，旧时村内老人去世后，孝子要先到村土地庙去报庙，由死者长子手捧簸箕，内放香蜡、纸钱及写有死者姓名、年龄、籍贯的丧帖，哭去哭回，然后给近亲友报丧信。解放初期，村土地庙及神像被拆除。

二、古树

邱家大院门前有古树一棵，系邱氏家族先祖栽种，品种为国槐。树干周长约 2.5 米，树龄 300 余年。因树干内空洞，1958 年古树自然枯死。

赵文奎院内有古树一棵，系赵姓先祖栽种，品种为国槐，树龄 300 余年，于 1949 年自然枯死。

陈振奎院内有古树两棵，系陈姓先祖栽种，品种为国槐，树龄百余年。村平房改造时，两棵槐树仍保留，现位于溪悦园小区 11 号楼前（李楼辖区）。两棵国槐枝叶繁盛，林业部门将其列入保护名录。

村民陈振奎原院内古树（2018 年）

中北斜家园 19 号楼国槐（2018 年）

三、文物

中北斜村可移动文物，原件和实物由藏主保存。

四、古砖窑

据村老人传说，明朝时期天津建卫修城墙，在中北斜村北南运河北侧界内设立砖窑厂1座。1952年，国家在中北斜村地域内砖窑顶建立木质水文观测塔，1969年改为铁塔。2006年，铁塔废除。

村民郝跃庭收藏的康熙、乾隆、顺治、同治铜币（郝跃庭提供）

第五章　农　业

中北斜村地处天津市区西部，农业生产历史悠久。明朝时期，已有先人在此开发土地，农耕渔猎，后人口大量迁入，土地开发面积剧增，但大部分土地被官僚、富家霸占，村民多沦为佃户。村里生产条件低下，灾害频发，农作物产量低，百姓生活困苦。

解放后，在党的领导下，村废除封建土地所有制，先后进行土地改革、合作化、人民公社化等多次农村经济体制变革，农业生产在波折中逐步发展。粮食由过去的亩产几十斤达到 1975 年水稻亩产 300 公斤。

改革开放后，村实行家庭联产承包责任制，农业生产科技水平不断提高。2003 年，随着土地开发利用，村农业退出。

第一节　生产关系

一、封建土地制度

自村形成以来，境域内土地多为少数人占有，城里富户及官僚购买田地，建置坟茔，坟地附近土地也归他们所有，如村南李家大坟、金家坟等。这些土地所有者常年雇人看管，安排看坟人在坟茔周边种植庄稼，平时给坟地打草、培坟等。每到清明节，看坟人要陪坟地主上坟。有的地主还建棺房，用于上坟时歇脚及棺材临时存放，平时由看坟人看管使用。贫苦农民因自己无地，只能租种土地，受尽地主富户剥削。在租种的土地中，不能种植禁种品种。有些坟地主不让种麦子、谷子，只能种玉米、高粱，产量低、收获甚少。

二、土地改革

（一）“四十天运动”

1949 年 3 月 15 日，中共天津县委根据冀中八地委指示，做出《关于四十天农村工作的决定》，同时派工作队深入境域，宣传土地改革政策。时村域划分为天津县第六区，在县区委领导下，成立农民协会（简称农会），以贫雇农为骨干，吸收中农参加农会，扩大农会组织，宣传贯彻党的路线政策。划分阶级成分，报县委批准，没收地主土地和生产资料，废除地主、富农土地所有制，农民分到土地、房屋、牲畜、农具、粮食、衣被等。此次运动到 4 月 20 日结束，称“四十天运动”。

（二）新中国成立后土改运动

1950 年 6 月，《中华人民共和国土地改革法》颁布。1951 年 11 月 3 日，天津县委抽调干部和工作队 10 余人到曹庄子村进行土地改革试点。工作队由天津县五区工委书记郭发科带队，土改试点工作到 11 月 15 日完成。中北斜、东北斜、西北斜、雷庄子、四新、王庄、小蒋庄为第三批，于 1952 年 1 月 10—23 日开展土改工作。同年发给村民土地产权证。

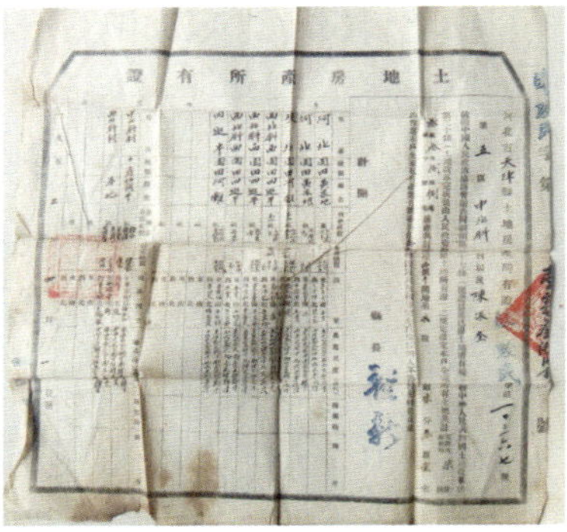

1952 年的土地房产所有证
（2017 年陈世田提供）

按照中央提出的“依靠贫农、雇农，团结中农，中立富农”政策，村根据农户实有人数所占有生产资料（田、牲畜、车等）、生活来源及剥削程度（雇工、收租、放债）评定阶级成分，将村民分别划分为雇农、贫农、下中农、中农、上中农、富农、地主七个阶级。

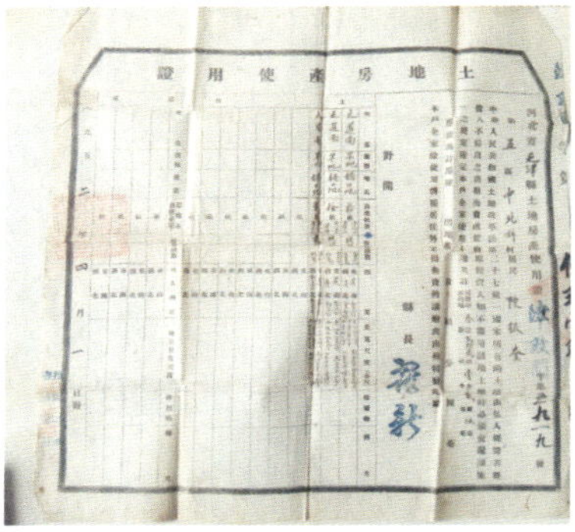

1952 年的土地房产使用证
（2017 年陈世田提供）

三、农业合作化

（一）互助组

土地改革实行后，农民分得土地。由于农具不足、资金短缺，在生产资料私有条件下，出现以互助合作为典型的新型生产形式，村民按自愿互利原则，开展多种形式的互助合作。

互助组形式大体分为三类：一是临时互助组或常年互助组；二是农业互助组、副业互助组或农业副业相结合互助组；三是有劳力互助或劳力与畜力换工，中北斜村以季节性互助组为多数。

1952 年，中北斜村吸取曹庄合作社经验。在农业合作化时期，东北斜、中北斜、西北斜 3 个村组成互助组 20 个，共 105 户，中北斜村占总数的 30%，较先进的互助组有郭志信组、潘友贵组、侯玉正组、赵文忠组。

3 个村互助组共 580 人，其中男劳力 296 人，中北斜村约占 29%；女劳力 284 人，中北斜村占 25%。园田 192.6 亩，中北斜村占 20%。旱田 1557.19 亩，中北斜村占 30%。组内大牲畜 56 头，中北斜村占 20%。组内生产资料大车 47 辆，中北斜村占 10%。

1952—1954 年中北斜村与东北斜、西北斜 3 村互助组情况表

表 5–1

互助组个数（个）	互助组户数/人数			组内土地（亩）		组内大牲畜（头）	生产资料	组内成分		
	户数（户）	男（人）	女（人）	园田	旱田		大车（辆）	富农（户）	中农（户）	贫农（户）
20	105	296	284	192.6	1557.19	56	47	2	32	71

（二）初级社

1954 年，村成立初级社。村分为 3 个初级社，即红兴社、中兴社、林兴社。其中，红星社 29 户 151 人，中兴社 13 户 71 人，林兴社 15 户 93 人。

初级社实行劳力、土地、大型农具入社，且土地入股分红、按劳取酬、不出工无报酬的制度。何秀刚担任红兴社社长，队部设在老牲口棚；刘世河担任中兴社社长，队部设在杜宗贤门口；郝林担任林兴社社长、于振田担任副社长（郝家台和于家台），队部设在于家台。

1955 年中北斜村初级社情况表

表 5–2

社名	入社户数（户）	入社人口（人）			入社劳动力（人）			实际参加劳动（人）			入社园田（亩）
		男	女	合计	男	女	合计	男	女	合计	
红兴社	29	80	71	151	38	27	65	38	22	60	422.19
中兴社	13	35	36	71	19	18	37	19	10	29	221.50
林兴社	15	46	47	93	19	18	37	19	13	32	316.00

（三）高级社

1956 年，初级社向高级社过渡，东北斜、中北斜、西北斜、雷庄、四新建立五村联社，为明星社（简称联村社）。五村联社设立管委会和监委会，社长和主任由社员代表大会民主选举。管委会下设社委会，领导各生产队开展工作，每个村为一个生产队，东北斜为 1 队，中北斜为 2 队，西北斜为 3 队，雷庄为 4 队，四新村为 5 队。

高级社取消土地入股分红，完全以各尽所能、按劳分配、多劳多得为原则，土地所有权、使用权和收获物分配权归集体所有，大牲畜、大农具折价归合作社，基本实现农业生产合作化。

四、人民公社

1958 年，中北斜村成立人民公社，劳动力称为社员。在“鼓足干劲、力争上游、多快好省地建设社会主义”总路线指引下，按照“一大二公”原则，境域内 3 个乡于当年并入“红旗人民公社”下划管理区，分属李楼、中北斜、大稍直口 3 个管理区。中北斜村属中北斜管理区，隶属红旗人民公社管辖。人民公社组织上实行政社合一，工农商学兵五位一体，经济上“供给制”和“工资制”相结合。工资分五级，一级每月 2 元，级差为 1 元，五级每月 6 元。公社对生产资料、劳力、粮食等进行平调，强调平均，也称“一平二调”。在人民公社内实行平均主义供给制、食堂制，对生产队劳动力、财物无偿调拨。

人民公社初期办集体食堂，在村东侧老宅高台建立集体小食堂，后来改为集体大食堂（郝桴房东侧）。社员以敲钟为号，统一上下班，隋凤祥等 10 余人为全村人每日做三顿饭。田间干活的社员听到钟声，即可下班吃饭。1959 年底，村集体食堂取消，恢复家庭生活方式。

1959 年下半年开始，村进入三年经济困难时期，又称“低指标瓜菜代”时期。1963 年，经济开始复苏。

1960 年，全村分为两个生产队，即南队、北队，南队生产队长陈书香、何秀云，北队生产队长何秀刚、何秀峰。

1961 年，实行公社、大队、生产队三级所有。以生产队为基本核算单位，全村分为 4 个生产小队，第一生产小队长何秀刚，第二生产小队长潘友贵，第三生产小队长侯玉正，第四生产小队长赵文忠，采取按劳分配制度。

1968 年，各生产队由大队一元化领导，4 个生产小队以排为编制，生产队长称为排长，每个排再分成若干小组，设小组长，设记工员每天负责给社员记工分，时为男整劳力 10 分，男半劳力 8 分，女整劳力 6.5 分、女半劳力 5 分，年终分红。

1961—1977 年中北斜村生产小队队长一览表

表 5–3

队名	队长					
一队	何秀刚	赵文炳	郭景山	冯国起	牛宝树	刘俊青
二队	潘有贵	郝椁	赵来全	杜家祥	潘凤来	郝林
	牛汉荣	潘友琪	杜富江	李桂发	杜家琪	何秀峰
三队	陈书香	侯玉正	李会生	郭景芹	邱汝荣	邱汝刚
四队	赵文忠	郭景宗	郝棕	郝枰	郭志礼	郝汝亮
	郝汝爱	郝汝强	郭景春	郝汝程	何宝明	

1978 年，全村 4 个生产小队分为 8 个生产小队。村历任生产小队长在生产一线率社员搞农业生产，勤恳工作。

1978—1982 年中北斜村生产队队长一览表

表 5–4

队名	队长	队名	队长	队名	队长	队名	队长
一队	郭景山 刘俊清	三队	杜富江	五队	邱汝荣	七队	郭景春
二队	冯国起 何杏元	四队	李桂发	六队	邱汝检	八队	何宝明

五、联产承包责任制

1983 年，村学习西马庄农业生产改革经验，实行家庭联产承包责任制，包产到户，自主经营。村男劳动力每人分园田 0.9 亩，女劳动力每人分 0.7 亩；稻田按生产小队人口分配，每人 0.5 亩。由于各生产小队的户数、人口及耕地面积不同，生产队分给农户的土地面积有所差异。

改革开放后，在村民所分得土地中，园田以种植蔬菜为主，其用水用电由村集体承担，村民自主计划种植蔬菜，自行出售。稻田种植水稻，村集体给村民稻田统一耕地、灌溉，雇专人开水泵等，为村民提供多方服务。村民自行插秧、施肥、浇水及进行日常管理，秋后收获。

第二节 生产条件

一、劳动力

新中国成立前，区域内可耕地较少，且大多数集中在少数人手中，除几个佃户外，直接从事农业生产的人口不多。

新中国成立后，经过土地改革，农民分得土地，从事农业生产的劳力增加，直至70年代末，全村男女劳动力全部从事农业生产劳动。

80年代初，乡镇企业迅速发展，村部分劳动力到乡镇企业上班，村民利用业余时间从事农业生产，并且开展多种经营，经济收入增加。

二、耕地

解放前，境域内运河沿岸园田土质较好，适宜种植蔬菜。村南离运河较远土地均为坟地，因无排水设施，有雨即涝，低洼处形成盐碱地，只能种些抗盐碱的高粱、豆子等产量低的植物。

解放后，村加大水利建设，排水设施逐渐完备，开荒修渠，耕地面积增加，土质得以改善。

据1961—1963年资料统计，村耕地851.42亩，其中旱地395.96亩、园田455.46亩。全村750人，农业人口人均1.2亩，劳动力人均2.2亩。

1963年，公社规划土地调整方块田，村调出土地183.25亩、调入土地169.17亩。

70年代中期，村开展填坑洼造田活动，土地面积增加。

据1988年资料统计，村耕地面积1047亩，其中园田497亩，旱地550亩。

据1989年资料统计，村耕地面积1069亩，全村1178人，人均耕地0.9亩，劳动力人均耕地1.9亩。

2001年，随着国家征地、集体开发工业园区等，耕地面积逐渐减少。

自2003年，村不再拥有农业生产用地，土地用于发展第二、第三产业，以壮大集体经济。2018年，村有土地755.55亩。

三、农田水利建设

解放前，村粮田和菜田区排灌设施简陋。蔬菜园田区紧靠南运河，村民多用泼斗打水浇园田，劳动强度大、效率低。

解放初期，中北斜村每年冬春都投入大量财力、人力挖渠改建、护坡、清淤。在南运河边砖砌洋井提水，效率有所提高。洋井深 7 ~ 8 米，井口约 1.5 米，上安装井架，用牲口牵引横向传动轴齿轮，带动链条上一串水斗，连续把水从水槽引入沟渠再流入菜田。这种提水工具使用至解放初期，村供电以后，就不再使用洋井。

60 年代初，村在南运河南岸安装电动抽水机浇灌园田蔬菜，代替人力泼斗和洋井。

1964 年，村在南洼安装 2 台 12 寸轴流泵，用于大田浇灌。

60 年代中期，村组织男壮劳力开挖小杨树及南洼（贾家坟、亭子格、小黄洼）沟渠，沟渠南北长 500 米，相隔 25 米挖一道沟渠，使得地块排水畅通。

1972 年，旱情严重，为解决园田浇水，生产队请外来人员在河北、村南等各处园田打十几眼浅井。由于浅井水源不足，又在陆家坟、高家坟、周顺大粪场、老猪场等处挖蓄水池 4 个，用于周边园田浇水，解决旱情。各生产队分别在多处园田打压把井 20 余眼，利用电机带偏心轮，再带动压把井抽水抗旱，在农业生产中发挥作用。

1975 年，村在南洼修建泵站，自制 2 台 14 寸轴流泵，用于南洼耕地浇冻水和排灌，改种稻地后又增加 1 台 12 寸离心泵。

1977—1978 年，村调整治理南洼土地，再次开沟挖渠、平整土地，改造盐碱地，经两个冬春大会战，动土 8 万立方米。

70 年代末，村投入资金在村南、大粪场、西洼等处打 3 眼深机井。

2000 年，将村西侧园田主干泄水渠道清淤疏通，泄水渠宽 6 米，深 2.5 米，长 1500 米，解决村南园田泄水问题。村清挖老猪场、大粪场、陆家坟蓄水池，并在西洼南端新开挖蓄水池一个，解决村民河南园田蔬菜浇水。村投资在小河南、西洼、白房子等处修建农用防渗渠道，用水泥混凝土预制水泥板，墁在水沟帮两侧，可节省大量水源，总长度 1500 延米。

2001 年 4 月，村在河南、河北园田架设电线杆 130 余根，引电源、更换电线 5000 延米，为村民园田浇水及河北园田压把井提供电力保障。随着农田水利建设不断完善，农田排涝抗旱能力提高，易涝园田得到治理。

四、农机具

原始农具有大马车、耠子、耧、耙、船等几大件，后发展为机械化耕播生产，园田浇水、粮食脱粒等用电气化器械。1963 年，村有大车 13 辆、耠子 8 个、耧 13 个、船 1 只。

1980 年，村有脱粒机 4 台、扬场机 4 台、落稻机 4 台。

（一）农具

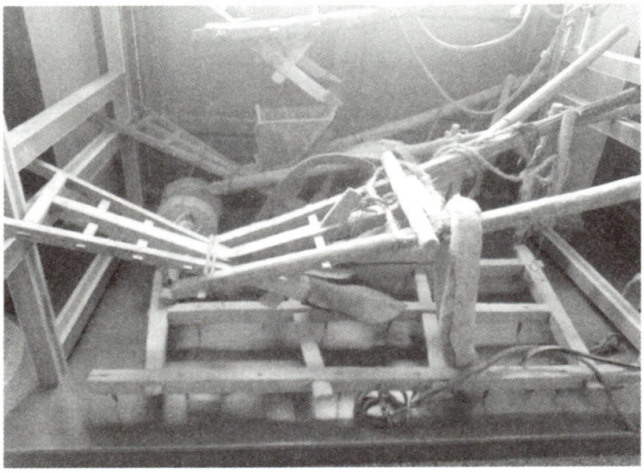

耠子（2017 年）

耠子　用于园田畦内开沟松土、培埂农具。种植根茎类植物（山芋、土豆）等，牲口拉耠子向两侧翻土。大田使用不多，操作者手扶耠子把，掌握深浅尺度，耠子尖部向下越深，所翻土壤越暄腾。

耧　是一种用于播种的旧式农具。多为单腿耧，后发展为两腿耧、四腿耧，主要用于播种小麦、玉米、高粱、谷子等粮食作物，初为人拉耧播种，后改牲口拉耧。70 年代生产队时期，村民播种小麦用拖拉机带四腿耧播种。

旱耙　一种将地表土壤平整耙细的农具。耕作深度一般不超过 15 厘米，较早为人力作业，后使用牲口拉旱耙。

电动喷雾器（2017 年）

犁　用以翻土农具，犁头为铁制，犁身为木制（也有铁制），有老式犁和七寸步犁，多用牲口拉犁。后来有了双轮双铧犁、旋耕机，耕地全部采用拖拉机。

水耙　用以划平水田泥块的旧式农具，便于水稻育苗和插秧。较早为人力作业，后用大牲畜拉。

喷雾器　喷洒农药的工具。解放前，防治蚜虫（腻虫）用笤帚蘸药水，拍打菜叶背面防治虫害。50—60 年代，农业合作社时期，用 2 人配合的静压圆筒式喷雾器。70—80 年代，为人背缚式手动加压喷雾器。21 世纪，使用电动喷雾器，按钮操作工效提高。

（二）其他农具

耕作农具有耘耙、钉齿耙、小碌碡。

田间松土农具有木锨、锄、镐、铁锨、平锨、三齿锄、四齿锄、划拉子、钉耙。

除虫害类农具有喷雾器、喷粉器。

灌溉农具有扬水泵、潜水泵、压把井。

收割农具有镰刀、钎子（收获高粱用）。

运输工具有扁担、土筐、抬筐、背筐、独轮车、手推车、双胶皮轮马车、木船、拖拉机、汽车等。

场院器具有木锨、刮板、三股木叉、四股铁叉、大碌碡、簸箕、筐篓、扫帚、笤帚、铁丝筛子、铡刀、脱谷机、落稻机、扬场机等。

农产品加工工具有石磨、石碾子、电磨等。

容具有麻袋、尼龙袋、坛、罐、缸、筐、篓、粮仓等。

丈量工具有皮尺、钢尺、绳尺、升、斗、石、杆秤、案秤。

（三）农业机械

60 年代初，村南洼耕地由乡农机站提供 75 型（马力）履带拖拉机，带动五铧犁及配套圆盘耙耕地。70 年代，耕地使用 55 型（马力）的旋耕机。大秋收获粮食，村民使用村的拖拉机拉运，场上由机械轧场，使用脱粒机、扬场机，减轻劳动强度。

70 年代初，村购进 12 马力手扶拖拉机 1 辆、20 型（马力）拖拉机 4 辆。70 年代中期，购进 40 型（马力）拖拉机 1 辆、75 型（马力）履带式推土机 1 辆、28 型（马力）拖拉机 1 辆、机引犁 1 辆、机引播种机 1 辆、小型机引犁 1 辆，自制 4 辆卷扬机。这一时期，村农业机械数量达到顶峰。

1979 年中北斜村农业机械拥有量统计表

表 5–5　　单位：辆

名称	手扶拖拉机	20型拖拉机	40型拖拉机	75型推土机	28型拖拉机	机引犁	机引播种机	小型机引犁	卷扬机
数量	1	4	1	1	1	1	1	1	4
合计	1	4	1	1	1	1	1	1	4

五、肥料

中北斜村园田种植蔬菜均以传统的农业有机肥料为主。

人粪尿肥：用垃圾混合，经堆闷高温发酵，用于底肥或追肥，含氮磷钾元素。

圈肥：指牛、马、猪、羊、鸡、鸭、鹅等家禽家畜的粪尿，连同垫圈的土杂草混合而成的肥料，经堆闷发酵做底肥，含氮磷钾元素。

污泥、污水：将淤积河底多年的淤泥捞出冻干发酵，用于园田底肥。引入城市污水用于浇灌园田、稻田，水中含速效氮磷钾元素，但其中工业废水含铅、砷、汞等有害物质。

新中国成立前，村民有买进口的“红财神”化肥，为种植白菜追肥，每棵菜施10 ~ 15粒，村民称之为“洋劲儿”，因价格高，不大面积施用。

新中国成立后，农民分得土地，生产热情高涨，多使用农家肥。有农户购买货船从市里拉回的垃圾土，与大粪混合发酵后施园田底肥。

50年代初，供销社推广化肥，俗称“肥田粉”，村民仅作为少量蔬菜补充肥源。1956年高级社时期，施用硫胺化肥。1958年，实行人民公社化后，所施化肥主要有氨肥、氯化铵、尿素等。

60年代，村提倡家家养猪，每户养1 ~ 2头，不仅为城市提供生猪，还可大量积肥。农闲季节，村民到市里清理厕所、拉脏土（到三园、恒源毛纺厂附近垃圾场筛脏土），将城市垃圾与农家肥混合发酵；组织积肥队到污水河挖污泥，用河泥做肥料；冬闲组织青壮劳力，采用人力小拉车到市里拉岗子，所施化肥有硝酸铵、氨水、尿素、氯化氨等。

70年代，西郊建化肥厂，生产气肥用作追肥。蔬菜园田底肥仍以农家肥为主，逐渐推广使用硫酸钾、氯化钾。

80年代，村实行家庭联产承包责任制，户养牲畜数量减少，出现专门卖农家肥的运输户。运输户从市内拉回村脏土出售，均以车论价，由于价格较高，农家肥使用减少。村民普遍使用磷酸二铵、复合肥等化学肥料做底肥，虽然化肥省工，产量提高，但蔬菜品质差，同时也造成土地板结、碱化，腐殖土逐渐减少。

90年代，村民园田蔬菜普遍使用农家肥。化肥除了氮、磷、钾肥外，还有微量元素化肥硫酸锌、硫酸钾、硫酸铜、硼酸等。

据2002年资料统计，农业用于稻地、园田化肥施用量80吨，其中氮肥20吨、磷肥20吨、钾肥10吨、复合肥30吨。

六、平整土地（简称改土）

70—80 年代，村利用农闲季节进行园田改土，在大队党支部的统一领导下，带领社员改土、挖沟渠。改土地块包括陆家坟、王家坟、关家坟、小河南、白房子、金家坟、老猪场、李家大坟、小杨树、南洼贾家坟等，平整土地 4 万平方米。

改土工程量大的地块是陆家坟和南洼贾家坟，其中陆家坟地势低洼，土地盐碱，只能种植些抗碱的蔬菜，如大头菜、雪里蕻等。南洼贾家坟土地低洼不平，南低北高，北侧土地浇水不畅。陆家坟浅坑垫平后增加园田面积，同时垫高 50 ~ 60 厘米，以解决土地低洼盐碱问题，南洼贾家坟改土，平整稻地，浇水畅通。

七、农田道路

70 年代前，村南洼土地没有道路。70 年代初期，公社发展农田基本建设，调整了村与村之间“插花地”，按照各不同地块，改造成方格田，在地头设有道路，村南洼有东西向土路 4 条，南北向土路 1 条，西洼有西向土路 2 条：小杨树南北向，长度约 500 延米，从生产河至贾家坟；贾家坟土路东西向，长度约 500 延米，从四新稻地交界至大干渠；亭子格土路东西向，长度约 500 延米，从四新稻地交界至大干渠；小黄洼土路东西向，长度约 500 延米，从四新稻地交界至大干渠。

2002 年 6 月，村委会出资修建园田土路，将村小河南、老猪场、白房子、西洼、吉家坟、陆家坟、河北等园田土道铺垫三合土（白灰、炉灰、黄土），厚度为 15 厘米，路宽约 3 米，计 3000 延米。

八、生产桥

生产河桥　于 1957 年搭建木桥。1965 年，该桥重新修建为钢筋水泥结构，两侧设有桥梆，跨度约 5 米，宽 4 米。该桥是通往南洼、西洼及津杨公路的重要通道。

一排干桥　建于 70 年代中期，在南洼贾家坟北侧横跨河渠修建，为钢筋水泥结构，两侧有桥帮，跨度约 5 米，宽 4 米。该桥是通往南洼的重要通道。2004 年，村建园区重新修建一排干桥。国家将河道规划为卉康道，一排干桥上为公路，下设排水管网，水泥桥废弃。

二排干桥　建于 70 年代中期，在南洼亭子格南侧修建，构造为排水涵洞，桥宽约 8 米。该桥是通往小黄洼粮田的重要通道。2004 年，村建园区重新修建二排干桥，因国家将河道整体规划为紫阳道，原二排干桥上为公路下设管网，水泥桥废弃。

南运河木桥　建于1970年，在南运河河北园田地段搭建木桥，不设桥帮，仅能供行人及小推车通行。该桥是通往河北园田的重要通道。90年代初，木桥废弃。

第三节　农作物种植

一、粮食作物

解放前，中北斜村以种植高粱、棉花等大田作物为主，其次是小杂粮。因大部分农田地势较洼，粮食生产主要是种植高粱，由于受涝灾之苦，经常广种薄收，亩产仅为15～20公斤，赶上沥涝年景，颗粒不收。

解放初期到50年代末期，随着互助组、初级社、高级社的出现，抵御自然灾害的能力增强。加上大面积垦土改田，粮食作物总产量大幅提高，同时种植品种增加玉米、小麦。人民公社初期，由于人为因素，粮食减产。60—70年代，公社统一进行农田会战，大面积进行土地改造，开挖沟渠，加强农田水利设施建设。经过农田改造和排灌工程建设，排涝及时，土质有所改善，适宜各种农作物种植，高粱产量低，种植面积逐渐减少。

中北斜村从1975年开始种植水稻，为生产队集体经营。全村稻田有400余亩，亩产300公斤，总产12万公斤，一年收获一季，品种单一。中北斜村为菜粮兼作区，吃国家返销粮，生产稻谷全部上缴国家。

南洼水稻插秧

1983年，实行家庭联产承包责任制后，稻地全部分到各户种植，由村组织统一耕地、浇水，村民自家管理，水稻为村民主要种植的粮食作物。水稻主要品种有1187、1189、341。1997年，水稻原有品种被淘汰，改种津稻779、中花

水稻大丰收（摄于 1998 年 魏国珍提供）

王海龙率班子成员翻耕稻地牙子圻
（李树起摄于 2001 年）

15 等新品种，产量更加稳定，因水质好、土地肥，稻米白亮，有油性，品质好。

1996—2000 年，村民种植水稻亩产均达到 440 公斤，年总产量 176 万公斤，最高单产每亩达到 460 公斤，水稻连年丰收，取得历史最好效益。

2001 年，为使村民能安心外出工作，免去稻地育苗、插秧、浇水、施肥、除草、收割、脱粒等繁杂事宜，村委会将村民稻地收回，由村集体统一管理，稻谷收获后按人口每人 75 公斤分给村民，按户分稻草。

2002 年，村筹建工业园区，南洼土地集体规划经营，结束农业种植。

二、蔬菜作物

（一）种植能手

解放前，中北斜村借助南运河优势开展蔬菜生产，所产蔬菜远近闻名。村涌现多名种植能手。

何富田　所种韭菜一年三季（春、夏、秋）生产，全年可割 5 ~ 6 茬，产量高、品质好。

何庆祥　所种植黄瓜、香菜、茴香、菠菜等产量高、品质好。

赵文奎　所种植豆角、辣椒、西红柿品质好，在春季蔬菜育苗方面有特长。

牛宝运　在村南潘家坟种植山药，因土壤好、地势高适合山药种植，所种植山药品质好，是山药种植专业户。

李树荣、何广庆、赵文学、郭志礼、郭志玉、祁登科等都是园田蔬菜种植能手。

60—70 年代，村实行生产队体制，队长选派懂育苗技术，责任心强的人担任阳畦技术员。一队郭志玉、何宝元，二队周万福、何秀发，三队郝棨、赵月堂、牛汉元，四队郝汝义、祁登科、郭志礼等人都是生产队技术骨干。

80年代初，村推行家庭联产承包责任制，调动村民勤劳致富的积极性，村民学习先进种植技术，如地膜覆盖、扣小拱棚、建大棚、盖温室（暖窖），涌现出许多农业蔬菜种植能手，还出现蔬菜育种、花卉栽培能手等。

陈世田　专研蔬菜种植技术，所种蔬菜品质好、产量高；科学培育蔬菜良种，为该地区菜农提供优质蔬菜籽种，热心为村民传授种植技术，农业技术成果曾多次获得区、市级荣誉。2001年，他被评为农民高级技师。

祁连武　在茄子和辣椒育苗、香菜春季延迟抽薹、茄子和莴笋早熟高产、多品种间作等方面经验丰富。2001年，他被评为农业技术员。

郝跃来　引进多样花卉品种，种植菊花采用遮阴变温促花新技术，所种植花卉艳丽，市场畅销。2001年，他被评为农业技术员。

何宝元　阳畦育苗有经验，专研暖窖蔬菜育种技术，暖窖多茬播种窍门多。大棚种植茄子、西红柿早熟、高产、优质。

李桂才　暖窖冬季种植芹菜，品质好、产量高。专研大棚黄瓜栽培种植技术，瓜秧生长茁壮，抗病早熟质优。秋季延后接茬蔬菜安排巧妙。

李玉才　暖窖育苗、大棚黄瓜嫁接、茄子早熟高产，引进南方菜种，四季接茬蔬菜安排巧妙，使土地无空闲，专研蔬菜种植技术，所产蔬菜品质好。

李玉强　大棚黄瓜抗病、小笼莴笋早熟、冬季小笼韭菜栽培、菊花打朵有窍门，暖窖多茬种植周期短的蔬菜，抢抓蔬菜淡季空档。

何宝生　暖窖、大棚春季种植黄瓜，借鉴王庄黄瓜嫁接技术，所种黄瓜抗病力强、高产。秋季种植西芹、莴笋，优质、高产。

郭景田　暖窖蔬菜育苗，冬季暖窖栽植芹菜品质好、产量高，大棚立体种植，茄子、冬瓜双丰收，四季接茬蔬菜安排恰当。

栾家华　专研蔬菜种植技术，暖窖育种出苗齐，大棚茄子早熟高产，接茬蔬菜安排得当，使土地无空闲，所产蔬菜品质好。

郝汝祥　专业花卉种植，引进玉美人、香石竹、牡丹、茉莉、菊花等花卉品种，所种植菊花市场畅销，有市内单位开车到地头收购，曾参加西青区菊花展。

赵月堂　园田种植“柏子”多品种盆景观赏石榴花，精心专研，突破育苗难题，出苗快，成活率高，所种植“柏子”石榴花市场畅销；利用大棚立柱种植观赏葫芦，品种奇特。

邱汝刚　暖窖育种盆景观赏石榴花，出苗齐，花苗壮，园田栽植盆景龙爪石榴花树苗，大部销往东北地区。

何杏元 借鉴曹庄种植花卉经验，利用暖窖种植瓜叶菊、多头打朵菊花，繁育芦荟等，所产花卉销往曹庄花卉市场。

（二）蔬菜生产

中北斜村蔬菜种植历史悠久，解放前主要种植大白菜、菠菜、茄子、辣椒、土豆、西葫芦、南瓜等，除自食外，绝大部分销往天津市区。

20 世纪 50 年代，合作化时期，蔬菜、粮食生产逐渐纳入计划，大力改善生产条件，农业生产得到发展。1954 年，3 个村互助组（中北斜、西北斜、东北斜）有园田 192.6 亩，旱田 1557 亩。60—70 年代，村生产队开展平坟开荒、填沟渠等。

村民姜佩琴母子务农归来（摄于 1983 年 崔殿虎提供）

1983 年，村实行家庭联产承包责任制。村民在园田建大棚、简易温室，生产上采用新技术，所产蔬菜品质好、产量高，吸引外地客商到园田地头收购，品种为早春大棚茄子、莴笋、圆白菜、辣椒、黄瓜等。

土暖窖 因暖窖面积小、成本高，主要用作培育蔬菜秧苗。垒土墙，在墙上覆盖大块稻草苫子建生暖窖，垒制取暖火道，村民在菜畦内铺设地暖设备，窖内可烧煤升温。育苗后，可种植早春蔬菜，所种蔬菜比大棚收获早。

塑料大棚 一般在晚秋蔬菜收获后建造。塑料大棚多为长方形，0.5 ~ 0.8 亩为宜，便于蔬菜栽培管理和收获等项作业。大棚均为竹结构，主要材料是竹篙尖、竹片，棚上覆盖塑料，上方绷铁丝，两侧再与地锚拴牢（大棚两侧埋入铁丝弯成圈称地锚），将大棚塑料绷紧。竹篙尖、竹片长均为 4 米，竹篙截成立柱，按株行距埋入棚内，与横梁绑牢固定，竹片与大棚一侧竹篙横梁相搭，另一侧插入地面，围成半弧。一般立冬前搭大棚骨架，早春再苫盖塑料膜，施足底肥，待棚内温度适宜，将菜苗定植。村大棚以栽植茄子为主，有的在定植茄子前，先栽早春圆白菜，收获后再定植茄子，还有赶种一茬生长期短的蔬菜，如油菜、小白菜等。也有将塑料大棚栽植黄瓜、辣椒、西红柿等蔬菜，利用棚柱套种瓜类、豆类爬蔓蔬菜，立体种植，提高产量（大棚种植黄瓜，棚柱不套种爬蔓作物）。

简易温室　与塑料大棚相似，也是竹结构，有立柱、横梁，上覆盖塑料。区别是，在靠北侧周边围立稻草苫子，遮挡风寒，这种简易温室，地温高，气温均衡，大部分定植春季黄瓜、辣椒、西红柿、瓜类等，所种蔬菜比大棚收获早。

村民塑料大棚种植蔬菜（摄于 2000 年　陈世田提供）

小窝笼　为长条形，笼长约 50 米，高 1.2 米，两畦宽约 2.4 米，在中间菜畦埂沿着笼长埋立柱，上搭竹篙作横梁，所用材料为 4 米竹片围成弓形，搭横梁上方，竹片插入畦埂边缘，上覆盖塑料，再盖稻草苫子保温，早晨掀，傍晚盖，常用于冬季韭菜种植。一般在春节前割头刀韭菜，如肥料充足，冬季早春可收获 2 ~ 3 茬，也可栽种茄子、辣椒等。后发展为在小窝笼内栽植莴笋、芹菜、圆白菜、油菜等早春蔬菜。也有在小窝笼连续种植两茬周期短的早春蔬菜，如香菜、茴香、小白菜等。为节省资金，有的村民采用废自行车钢圈调弯焊接而成小拱棚，无支柱，可随时移动，当时为先进的小拱棚设施。

村民陈世田夫妇温室种植（摄于 2000 年　陈世田提供）

1995 年，村多茬蔬菜累计种植面积 951 亩，总产量 304.5 万公斤，总产值 212.8 万元。其中，冬季小拱棚韭菜在全乡闻名，产量高、抗寒、上市早，亩收入达 6000 元以上。

1996 年，村有保护地面积 366 亩，其中大棚 285 亩，中小棚 76 亩，温室 5 亩，占园田总面积的 61%。

1998 年，蔬菜保护地扩大到 381 亩，其中大棚 295 亩，中小棚 80 亩，温室 6 亩。至 2000 年，村蔬菜多茬种植面积 682 亩，其中温室大棚种植面积 300 亩，蔬菜总产量 100 万余公斤。

2002 年，村民园田蔬菜保护地，多茬种植面积 569 亩。2003 年，村民土地收回，集体经营，村民不再从事农业生产。

（三）蔬菜品种

50 年代前，人们种植蔬菜，以自食为主，剩余部分再出售，品种以大白菜、萝卜、西葫芦、土豆等为主。土改后，增加种植韭菜、茄子、辣椒等。

60 年代，天津近郊提出“以菜为纲”，采取为菜农提供返销粮及补贴政策，村民种植蔬菜并将产品上交蔬菜公司。域内蔬菜种植得到发展，蔬菜生产成为农业收入的组成部分，开始多品种蔬菜种植。

70 年代，地膜覆盖和大棚种植技术被引进，大棚主要栽植茄子、辣椒、黄瓜、西红柿等蔬菜。1978 年，国家调整市场蔬菜价格，组织各级科技人员引进试种新品种，下乡传播农业技术，蔬菜新品不断引种上市，增加芹菜、香菜、茴香、油菜、莴笋、菜豆、菜花、油麦菜、冬韭等。

80 年代，农村实行家庭联产承包责任制，村民自主种植蔬菜，采用保护地栽培，在原蔬菜种植基础上，引进生菜、苋菜、木耳菜、空心菜、苦瓜、瓠瓜、丝瓜、西芹等南方蔬菜。蔬菜品种及种植面积和产量大幅增加。早春、夏秋及越冬蔬菜均有种植。

90 年代，村实施“菜篮子”工程，推行农业有偿服务。叶菜类有大白菜、芹菜、菠菜、圆白菜等，根菜类有春水萝卜、胡萝卜、白萝卜、旱萝卜、莴笋、芥菜、土豆等，茄果类有茄子、黄瓜、辣椒、豆角、西红柿、西葫芦、冬瓜等。

1996 年中北斜村上市蔬菜情况表

表 5–6

品种	产量（万公斤）	产值（万元）
茄子	95	77.1
辣椒	12	11.5
西红柿	20	19.3
黄瓜	38.5	36.5
圆白菜	28.5	18.5
油菜	16	17
芹菜	30	21

续表 5–6

品种	产量（万公斤）	产值（万元）
豆角	15	17
冬瓜	10.5	15
莴笋	14	17
菠菜	36	21.7
大白菜	70	18.5
菜花	6	7.2

（四）蔬菜销售

解放前至 50 年代，蔬菜种植无计划，菜农卖菜困难，大部分推独轮车去市内出售，没有运输工具的只能肩挑蔬菜去市里卖。蔬菜收获多的农户依靠货船运输，船主赵生平将周边村民的蔬菜运送到市内小西关或东浮桥蔬菜批发市场出售。

1961 年，村撤销管理区，实行队为基础。国家实行蔬菜产销挂钩政策，蔬菜种植、销售全部纳入国家计划，市区将蔬菜上市量下达至公社，由公社将指标分配各生产大队，大队均按指标落实全年生产任务，具体指标再分到各生产小队，种植相应蔬菜。

60 年代，生产队用马车运送上市蔬菜，将菜运到小园村南卡口，由蔬菜公司评价格，再拨发到市各副食店及销菜点。

70 年代开始，村开展“农业学大寨”运动，充分发挥菜田队优势，使蔬菜提早、均衡上市，尽力满足城市居民对蔬菜的需求。1972 年，受春、秋两季旱灾影响，全年蔬菜减产，大白菜绝收，村外购蔬菜以确保市民蔬菜供应，完成上级下达的蔬菜上市任务。

80 年代初，蔬菜销售实行“大统小活”（定品种、定任务、定上市时间为“大统”，如茄子、豆角、大白菜、菜花、圆白菜、韭菜实行统购，其他小作物放开为“小活”，如茴香、油菜、香菜）。实行统购统销的品种，由各户上报计划分批上市。

1991 年，除大白菜以外全部放开，村民可以自由买卖蔬菜。村民将小部分蔬菜运到市区零售，大部分运到曹庄子蔬菜批发市场批发销售，蔬菜批发占蔬菜销售量的 80% 左右。

1992 年，所有蔬菜取消指令性计划，菜农摆脱统购统销束缚，自由销售。蔬菜收获后，村民除运到曹庄市场批发，还可去王顶堤批发市场出售；有村民为能卖个好价钱，开车到离家较远的何庄子批发市场出售。蔬菜旺季，北京、山东、河北各客商开大货车到村地头收购蔬菜，老津杨公路祁庄至李楼路段，形成路边批发市场，主要收购春季大棚油菜、圆白菜、莴笋、茄子、芹菜等蔬菜。对苦瓜、西红柿等种植面积小、产量低的蔬菜，村民一般在曹庄子大桥、村北老津杨路口等处摆摊零售。

据统计，1999 年，全村农业总收入 561 万元，村民人均收入 3435 元。

第四节　农业科技

一、科技组

1969 年，村成立科技组，负责人赵文忠，成员陈世田、李玉才、赵月堂。村划出 4 亩园田和 40 亩大田作为科技组试验田。村派陈世田到石家庄学习自交系玉米繁育，并引进亲本，回村后科技组自繁殖 40 余亩玉米新品种。

60 年代，生产队种植玉米品种为黄马牙、白马牙，稀苗大陇，产量低，亩产不超过 150 公斤。科技组培育杂交玉米新品种白单 4 号、胜利 105 号、烟三六号（春夏两用），分到各生产小队种植，产量提高，亩产 350 公斤以上。

1973 年，村成立微生物农药试验室，成员有陈世田、杜家祥、祁连秀。试验室将生物农药赤霉素“九二零”用在 10 余种绿叶类蔬菜上，都有明显增产作用，增幅 30% ~ 50%，试验“白僵菌”在防治玉米钻心虫、黏虫方面效果好。

中北斜村科技组实践情况表

表 5–7

参试人员	试验项目	实验时间	效果
赵文忠 陈世田 李玉才 赵月堂	村科技组：玉米、高粱杂交制种。春茬白单4号、胜利105号；麦茬：烟三六号，每年杂交育种8000余公斤	1969—1972年	玉米白单4号、胜利105号（春播）、烟三六号（春夏两用）、高粱3197A（春播）以上杂交品种比农家种增产一倍以上。高产品质好

续表 5-7

参试人员	试验项目	实验时间	效果
陈世田 杜家祥 祁连秀	村生物试验室：试验生物农药“九二零”、“白僵菌”（防玉米钻心虫、黏虫）	1973—1974年	“九二零”对十余种蔬菜都有明显增产作用，幅度为30%～50%，“白僵菌”可代替六六粉

二、农技推广

1978 年，陈世田到“九一九”乡蔬菜试验站任副站长，何宝元、郝汝祥随同工作。他们将农业种植新技术、蔬菜新籽种信息及时传授给村民，带动村农业发展。陈世田在蔬菜试验站培育出的优质蔬菜品种有杂交培育成“绿丰双季豆”、“津西青椒 1 号”、早春圆白菜“甘蓝 45-2”、“板叶香油麦菜”、早春西红柿等，分别获得西青区、天津市级农业科技成果奖和科技进步奖。

蔬菜试验站所育籽种早熟、抗逆性强，在天津农村广泛种植，受到种植户好评。

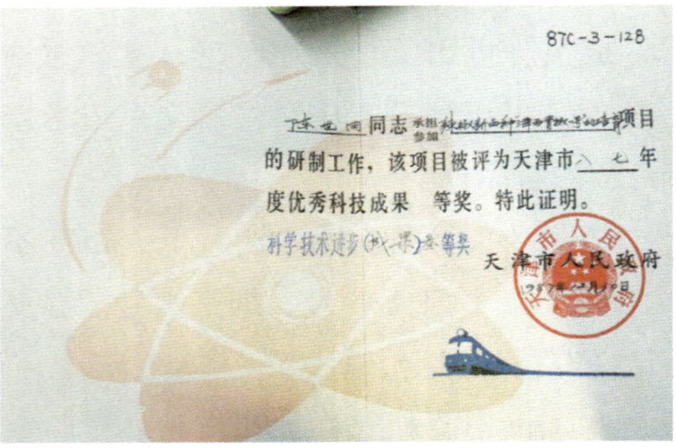

1987 年天津市陈世田研制项目获优秀科技成果三等奖（陈世田提供）

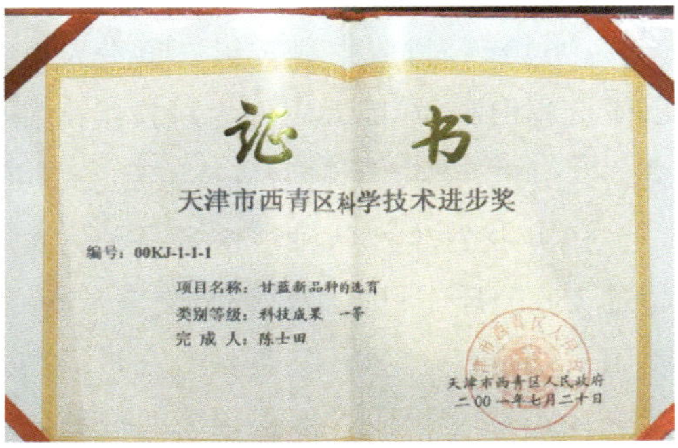

2001 年陈世田研制项目获天津市西青区科技成果一等奖（陈世田提供）

陈世田（左）与蔬菜技师陈广平（右）（摄于 1983 年　陈世田提供）

何宝元（左）王佩禄（中）陈世田（右）田间研讨蔬菜种植（《天津日报》记者陈则云摄于 1984 年　陈世田提供）

中北斜村蔬菜试验站农业技术人员实践情况表

表 5–8

姓名	研制项目	时间	成果
陈世田	组建蔬菜试验站，锦州双季豆	1978年	双季豆*152，产量增加20%，亩产1750 ~ 2000公斤，杂交后定向选育成“绿丰”架豆新品种
何宝元	西红柿早熟、中熟品比试验	1981年	强力米寿、北京70号、顺义大粉、矮丰3号、北京10号，试验证明早熟品质好，成为当家品种
陈世田	育成辣椒新品种“津西青椒1号”	1987年	“津西青椒1号”高产优质，露地保护地均增产50%以上，获天津市科技成果三等奖
陈世田	“绿丰”杂交新品种，用优选双季豆152–2杂交育种	1991年6月	用优选双季豆*152–2杂交后经5年定向单株选育而成，1991年通过天津市科技成果鉴定
陈世田	“45–2”圆白菜新品种、“迎金”自交不亲和系、“北早”自交不亲和系杂交一代	2001年7月	甘蓝“45–2”新品种冬性强、整齐度高、包球紧实、早熟、抗逆性强，在天津及全国多个省市广泛种植，受到种植户好评。2001年获西青区科技进步奖一等奖
陈世田	“板叶香油麦菜”新品种	2006年8月	“板叶香油麦菜”高产、抗病、整齐一致、品质脆爽、有香米气味、生熟均是佳品、火锅必备菜品。2006年获西青区科技进步奖三等奖

1980 年，在乡蔬菜试验站引导下，村完善、推广地膜覆盖技术，在农作物上普遍应用，全村 380 亩保护地都采用地膜覆盖。

2002 年，全村地膜覆盖 515 亩，地膜用量 10 吨，塑料薄膜用量 25 吨，使早春各种蔬菜提早上市 7 ~ 15 天，增产幅度为 30% ~ 50%，有些品种提高一倍以上。以前露地生产蔬菜每亩纯收入平均不足 2000 元，经地膜覆盖技术，大棚每亩增加至4000元以上，小棚增加至3000元以上，温室增加至6000元以上，经济效益大幅提高。

第五节　养殖业

一、大牲畜

解放前，村内大牲畜主要有牛、马、驴、骡等，多为当地传统品种，均为役畜，为农户自养。

1958 年，村实行农业合作化后，大牲畜入社，变为集体饲养，这一时期大牲畜数量渐增。

1963 年，中北斜生产大队有大牲畜 40 头，其中牛 2 头、马 5 匹、驴 32 头、骡子 1 头。其中，能使役骡子 1 头、马 5 匹、牛 2 头、驴 21 头。

1963 年中北斜村各生产队实有牲畜情况表

表 5-9

队名	骡子（头）	马（匹）	牛（头）	驴（头）
一队	1	2	1	8
二队	0	1	1	8
三队	0	1	0	8
四队	0	1	0	8
合计	1	5	2	32

70 年代初，村以大牲畜为主要劳役畜，转入大队管理，统一派饲养员饲养，由专人给牲畜打草。

80 年代，村实行家庭联产承包责任制，由于种植面积不大，村民多自家养殖驴为劳役畜，可节省饲料，养殖骡马等大牲畜农户较少。

二、畜禽养殖

（一）猪

集体养猪　1958 年，农业合作社、高级社时期，村在村南生产河北侧建立养猪场，场长郭景忠。养猪场占地面积6000余平方米，两排猪舍，年存栏猪100余头，品种为长白猪。有产仔母猪4 ~ 5头，种猪2头，猪场规模较小，于1959年下半年解散。

70年代中期，村集体在村南拔丝厂东侧建养猪场，占地面积6 ~ 7亩，建3排猪舍，存栏多时有150多头，其中产猪仔的母猪8头、公猪3头，以产仔猪为主。猪仔长到10多公斤时，再分配给村民饲养，不收现钱，年终从工分里扣回，每头猪仔价格7 ~ 8元。养猪场由兽医刘建强负责，饲养员有杨克珍、赵月芬。70年代末，因拔丝厂扩建，养猪场解散。

村民养猪 60年代，村民响应上级关于“一亩地一头猪”号召，在政策鼓励下，每户都养1 ~ 2头猪，育肥后出售，饲养的时间一般为10个月至1年。收购标准为65公斤，按猪的肥瘦评等级，肥猪价格高。分为特等、一等、二等、等外，价格每斤0.65 ~ 0.47元，养一年最高能卖到100多元，一般卖到60 ~ 70元。有的农户养母猪繁殖仔猪，小猪出生后，饲养30 ~ 40天，可卖猪仔。猪饲料来源：村生产队出车去市里拉浆子水、豆腐渣、面筋水，用马齿苋（别名长寿菜）、灰灰菜、银杏菜、白菜帮、菜叶等掺豆腐渣、浆子水喂猪，临近出售时再为猪加餐粮食等细料。肥猪出售，除按价格收购外，还可领到一定量的粮食（猪饲料）如玉米、高粱。80年代，肥猪出售后，改为给一定量的小麦，养猪成为村民一项经济来源。计划经济时期，集体或个人饲养肥猪，除自食外，其他运送小稍直口食品收购站评价后销售。

90年代，村民各家种植大棚蔬菜，养猪户较少。村里出现养殖专业户，村民邱汝敬年养猪30多头，年出栏20多头；陈克起年养猪40多头，年出栏20多头；郭友纯年养猪30多头，年出栏20多头。所育肥猪自由销售，经济效益较高。

（二）羊

解放初期，村养羊户较少。1958年，农业合作化时期，村在村南生产河北侧建羊场，占地7 ~ 8亩地，搭建简易羊圈，养绵羊400多只，设有场长和管理员2人，合作社派4 ~ 5名青少年饲养放羊，放牧地点为南洼荒地。1960年初，羊场解散。

60 ~ 70年代，全村有几户养羊，养殖规模小，一般养1 ~ 2只，多的养4 ~ 5只，品种为绵羊和山羊。周边种植园田不便放羊，都是圈养。饲料为作物秸秆、杂草、树叶等，冬季仅给羔羊添加精料，出售羔羊靠自由交易。80—90年代，村实行家庭联产承包责任制，各家忙于种菜，村无养羊户。

（三）禽类

1958年，农业合作化时期，村在村南生产河北侧，建养鸡场，场长为牛汉珍。

养鸡场占地 4 ～ 5 亩，搭建简易鸡舍，全部为散养，养鸡 1000 余只。管理人员、饲养人员有 4 ～ 5 人，养鸡场于 1959 年下半年解散。

改革开放前，村内养殖家禽主要有鸡、鸭、鹅等，多为村民零星散养，产蛋主要由自家食用。

80—90 年代，村内出现几家养鸡专业户，利用自家闲置房屋，封闭式笼养蛋鸡。郝汝敬养殖蛋鸡 600 多只，祁连增养殖蛋鸡 400 多只，崔燕华养殖蛋鸡 200 多只，生产鲜蛋均自由销售。

第六节 林木绿化

解放前，村在路边、运河两侧、坟地四周植树，树木品种主要有柳树、榆树、杨树等。

解放后，村响应国家“绿化祖国”号召，掀起群众植树造林运动。树木面积、品种逐渐增加，但仍以杨树、榆树居多。

70 年代，随着大规模农田基本建设，村大力开展植树造林，在宅旁、路旁、水旁栽植榆树、柳树、椿树、紫树槐等树种。

1980 年，村栽植树木 1500 棵，品种为杨树、柳树、榆树及灌木等。南洼生产河堤、大干渠河坡及沟边栽植 2 万余株灌木紫穗槐，村民常以紫穗槐枝条编织背筐、篮子等。榆树因易发病虫害，逐渐被淘汰，更新为泡桐、杨树、柳树。

2000 年，党员、团员参加全镇植树造林活动，地点在外环线西侧。

2006 年，村工业园道路两侧（海光路、红彤路、紫阳道）栽植树木 1500 余棵，品种有杨树、法国梧桐、

党员团员义务植树活动（摄于 2003 年　村委会提供）

溪悦园小区树木绿化（摄于 2018 年　村委会提供）

梧桐、国槐、金银木、碧桃、海棠等。春、夏、秋、冬四季分别栽植不同树木，品种有银杏树、法国梧桐、海棠树、红叶椿、雪松等。

2018 年，村投资对溪悦园小区增设绿化，中北斜家园绿化面积为 1.03 万平方米，栽植树木 1.2 万棵。树种为法国梧桐、栾树、构树、银杏、国槐、椿树、太阳李树、女贞球树、白蜡树、桃树、花石榴、西府海棠、紫叶李、木槿、金枝梅、金银木、榆叶梅、连翘、丁香、大叶黄杨等 20 余种。栽植草皮、花卉植物 9030 平方米，品种有绿叶草坪、一串红、月季、麦冬、委陵菜、二月兰、马兰、大花萱草、金娃娃萱草、兰芒草、狼尾草等 10 余种。溪悦园小区中北斜家园绿化率为 43.26%。

平房改造后，老村宅保留百年树龄槐树 2 棵，槐树植于溪悦园李楼小区 11 号楼前；溪悦园小区中北斜家园 19 号楼东侧（原东北斜老村宅）保留百年树龄槐树 1 棵。3 棵百年槐树被林业部门列入保护树木名录。

第七节　农业税

一、税制

解放初期，农业税征收按比例税制，依率计征，依法减免，增产不征税。

1954 年，村成立初级社，由合作社缴纳税金。截至 2005 年，由村集体负责缴纳税金。

人民公社化时期，重新进行查田定产工作，地亩数、常产、税率、等级 4 项内容确定下来，成为“四固定”，税率为 13.5%，另征收 15% 的农业附加税。纳税亩数除国家占地有正式审批手续外概不削减，常产按小米计，再按每年区财政下发的单价折成现金征收代金。

二、缴纳税金

1995 年中北斜村农业税纳税基数表

表 5-10

稻田		旱田		园田		合计	
亩数	常产	亩数（亩）	常产（公斤）	亩数（亩）	常产（公斤）	亩数（亩）	常产（公斤）
—	—	318.5	8458.5	397	64320	715.5	7278.5

1995 年中北斜村农业税收情况表

表 5-11

常产（公斤）	税率（%）	依率计征米数（公斤）	农业税附加米税数（元）	实际征收	
				米数（公斤）	税额（元）
72778.5	13.5	9824.5	1473.5	11298	11500.23

2006 年 1 月 1 日，国家实行免征农业税，结束农民种地上税的历史。

第六章　工商业

新中国成立前，村副业不多。20 世纪 50 年代初，始有合作社、磨坊、国营供销社、国营粮店等。村办企业起步于 60 年代，发展于 70—80 年代，80 年代进入快车道，村办企业数量持续增加，规模持续扩大。2002 年，村建工业园区，引进中外企业 50 余家，村工业园初具规模，成为村集体经济收入的主要来源。

2010 年后，村集体调整产业结构布局，大力发展商业服务业，形成工业、商业并驾齐驱的发展格局，为村经济发展提供新的经济支撑。

第一节　工　业

一、副业

（一）个体副业

解放前，村没有工业，仅有部分农户打药草、搓麻绳、纺羊毛等。村民刘连星以纺羊毛、收毛线为生活来源，还有村民以打药材为主要生活来源。土地改革后，农民分得土地，个体手工业者多弃工务农。合作化、人民公社化后，农民参加集体劳动，不再从事手工业。

80 年代初，农村实行体制改革后，出现剩余劳力，国家鼓励私营企业。1987 年，村民郭景全在村南建个体企业——中北泡沫制品厂，主要生产泡沫包装制品，用于电器产品及生活日用品包装。1999 年，中北泡沫制品厂归村集体经营。2003 年 3 月，按镇政府要求，对村办企业进行改制。中北泡沫制品厂改名为天津市西青区中发泡沫制品厂，由村民个人承包，每年上缴村承包费 5 万元，产品销往天津相关企业，年产值近 200 万元。

2018 年，村有中发泡沫制品厂、兴发道路有限公司 2 家私营企业。

（二）集体副业

解放后，中北斜村工副业逐渐发展。20 世纪 50 年代合作化时期，中北斜村、西北斜、东北斜、雷庄、四新五村联社，在中北斜村南建电木厂、硫酸厂、硝厂、电镀厂。副业厂管理人员及职工都从各村抽调，各厂经营时间较短，60 年代初相继关停。

二、工副业

（一）拔丝厂

60年代，国家实行“队为基础，三级所有”，村里有自主权，村办企业开始发展。1969年，中北斜村在村南建拔丝厂，占地面积30余亩，建筑面积2000余平方米。村两委班子成员齐心协力共同筹建拔丝厂，大胆选用城里下乡的原工业技术人员蓝斌担任技术骨干，从各生产队选派人员。为节省资金，到市物资回收公司买拆解的机械零件，自行攒合股机、拔丝机、拔杆机等。村拔丝厂最初只有拔丝、合股两项业务，逐步发展到化铝、铝锭压杆、拔铝丝、铝丝合股、包装成品一条龙生产线。产品销往贵州贵阳、同仁，河北石家庄，辽宁，天津等多地，以销往贵阳为主。原河北省水利厅干部刘发云拖家到村落户，村班子选用刘发云、李玉林、郭景元为业务员。村拔丝厂职工从各生产小队抽调剩余劳动力。1973年，企业职工人数达110多人。

1969—1973年，村拔丝厂收入连年递增：1969年，收入3.8万元；1970年，收入6.4万元；1971年，收入14.5万元；1972年，收入37.4万元；1973年，收入50万元；1985年，收入63.9万元。

80年代开始，随着市场变化，村办企业效益不佳。80年代末期，企业效益普遍滑坡，村拔丝厂不再经营。

（二）水泥制品厂

1988年7月，村在原拔丝厂院内建水泥制品厂，与天津二市政合作，厂长李玉林，产品为公路边侧石和下水道井盖，由村出场地、人员，天津二市政投资、出设备、负责销路，水泥制品厂解决20多名劳动力就业问题，经营至1990年。

（三）抛光厂

1989年1月，村在原拔丝厂西车间建抛光厂，厂长何宝秋、杜宗义，主要业务是为天津餐具厂加工抛光餐具，解决村部分劳力就业问题，经营至1990年。

（四）沥青砼厂

1989年2月，村在西洼建沥青砼厂，主要生产沥青混凝土，村出土地、提供水电，由天津二市政负责设备投资、产品销路，解决村部分劳动力就业，时任厂长李玉林、邱汝荣。

2003年3月，村办企业中北斜沥青砼厂进行改制，改名为天津市西青区兴发道路有限公司，由村民个人承包，厂长邱汝荣，每年上缴村承包费7万元。

（五）力车胎厂

1994 年 3 月，在村南贾家坟东侧大干渠西边建力车胎厂，村投资 150 万元，有机器 10 台，主要产品为力车内胎。产品销往华北市场，解决村民 50 ~ 60 人就业，厂长郭景全、辛凤全（东北斜村）。

三、工业园区

（一）园区建设

2003 年，村利用外环线以内企业外迁及二汽与一汽重组有利时机，投资兴建工业园区。是年 2 月，村在南洼建设工业园区标准厂房，占地 240 余亩，完成工业园一

村工业园区全景（李树起摄于 2004 年）

天津津河电工有限公司

村工业园区海光路

村工业园区紫阳道

村工业园区红彤路

村工业园区红霞路

期 26 幢厂房建设，建筑面积 6.71 万余平方米。工业园给排水、供电、供暖、道路等各项设施齐全。

2004 年 12 月，中北斜村在村南郝家台东侧建设工业园二期工程，占地面积 120 余亩，建标准厂房 9 幢，建筑面积 4.92 平方米（包括综合楼、物业服务部、中继泵站）。

2006 年 6 月，在津河电工企业预留空地处建两层 1.8 万平方米厂房。

工业园区配套建设 4 条道路，全长 3140 延米，均为柏油路。其中，海光路长 1500 米，主路宽 12 米；紫阳道长 750 米，主路宽 10 米；红彤路长 580 米，主路宽 10 米；红霞路长 580 米，主路宽 10 米。新建一排干桥，结构为 1.5 米水泥管单排管桥 1 座，长 10 米、宽 16 米；新建二排干桥结构为 1.5 米水泥管单排管桥 1 座，长 15 米、宽 16 米。

（二）园区企业

2017 年，村工业园已初具规模，占地 360 亩，累计投入资金 1.83 亿元，建厂房 35 幢，建筑面积 12 万余平方米，引进中外企业 59 家。

2018 年，按照上级政府部署，治理“小散乱污”企业，淘汰落后产能企业，对园区进行企业更新，保留企业 24 家。

部分园区企业简介：

天津希利汽车部品有限公司，成立于 2004 年，注册资本 760 万美元，为中日合资企业，主要从事汽车车身零部件制造、冲压模具设计制作以及汽车部件的焊接等。截至 2018 年 12 月，公司有员工 115 名。企业建立安全生产管理网络，制定安全生产规章制度、安全操作规程等，明确安全责任、目标，建立部门、班组、岗位安全隐患排查机制，加强安全设备设施日常维护保养，保证设备安全、稳定运行。

天津津河电工有限公司，系日本古河电气工业株式会社、天津一汽夏利汽车股份有限公司和古河 AS 株式会社于 1996 年 3 月合资兴建的中外合资企业。公司是日本古河电气工业株式会社在中国华北地区投资的重要生产基地。公司主要生产销售汽车自动空调线束、安全气囊旋转连接器、线束、插接件、保险盒等汽车电装部品，年销售额达 2 亿元人民币。

天津日马精密锻压有限公司，2003 年 6 月 3 日进驻中北工业园南园，面积 4800 平方米，主要承揽各种与汽车部件有关的加工制造业务，年销售额 6800 万元，职工 105 人。注册资金 300 万元，企业性质为中日合资。

2018 年中北斜村域内企业一览表

表 6–1

序号	企业名称	主要业务	成立时间
1	天津市里奥科技有限公司	机加工	2013年
2	明轩（天津）包装制品有限公司	包装纸业制造	2018年
3	天津凯通达模具有限公司	模具生产	2013年
4	天津市加源电力设备技术有限公司	开关柜生产	2004年
5	天津市艺程工贸有限公司	注塑加工	2003年
6	天津利通物流有限公司中北分公司	仓储、物流	2011年
7	天津万德风能源科技有限公司	机加工	2018年
8	中国邮政储蓄银行股份有限公司天津分行	仓储	2007年
9	天津丰田物流有限公司	仓储、物流	1996年
10	天津日马精密锻压有限公司	汽车零部件生产	2003年

续表 6-1

序号	企业名称	主要业务	成立时间
11	天津市中马骏腾精密机械制造有限公司	缝纫机单品生产	2004年
12	天津希利汽车部品有限公司	汽车部件生产	2004年
13	天津华唐缝纫机制造有限公司	缝纫机整机生产	2014年
14	天津鹏驰宝骏汽车销售有限公司西青分公司	五菱汽车销售	2017年
15	天津市激光技术研究所	激光切割	2002年
16	天津市天泓饮用水有限公司	饮用水灌装	2015年
17	天津市西青区造圣紫檀艺术馆	红木加工	2009年
18	中粮可口可乐饮料（天津）有限公司	仓储	2014年
19	天津市西青区鑫靓典汽车美容中心	洗车、汽车保养	2014年
20	天津津河电工有限公司	线束、保险盒	1996年
21	天津丽都花园酒店管理有限公司	餐饮住宿	2013年
22	天津创驰玻璃销售有限公司	玻璃加工	2015年
23	天津进化云创企业管理有限公司	企业管理服务	2015年
24	天津市欣音电加热技术有限公司	不锈钢厨具加工	1999年

（三）企业纳税

2008—2018 年中北斜村工业园驻村企业纳税表

表 6-2　　单位：万元

年度	税金	年度	税金	年度	税金	年度	税金
2008	2792.38	2011	4180.41	2014	4895.6	2017	3078.36
2009	3885.67	2012	4955.79	2015	3478.7	2018	2902.38
2010	3640.25	2013	6073.8	2016	3053.66		

第二节　商　业

一、个体商业

解放前，村民邱文敏在村内老宅经营杂货铺，其子邱崇山接手父业，在村北临街南房开小铺，1957年结束经营。村民郭志仁在市内东浮桥二合成从事蔬菜批发行业，主要接收西郊南运河沿线村庄及南郊区菜农运送的蔬菜，经营到60年代公私合营结束。

郭鸿建个体摊位（2017年）

解放初期，村民郝菜在村内开水铺，到南运河挑水，采用回风灶烧开卖水，经营到1958年结束。东北斜村民王振江（人称果子王），在中北斜村牛宝树东房炸果子，1957年结束经营。大稍直口供销社安排专人在王桐珍东房开设肉铺，1958年结束经营。

何长福个体摊位（2017年）

“文化大革命”期间，村内无个体商业。

改革开放后，修配业发展迅速，村民陈克义、李桂森两家在老津杨公路两侧经营电气焊加工、补换汽车轮胎等业务，便利过往车辆；村民郭景昆在老津杨公路北侧经营烘炉加工业务。

赵普江个体摊位（2017年）

80年代，国家实行经济体制改革，个体商业得到恢复和发展，村民郝桂、郭有发、郭有恒、赵普连、郝汝农、牛星亮、赵合明、杨世菊开小商铺，郝汝光、牛星强、崔殿虎、解永江等开饭馆及早点部。

90 年代，村内出现个体超市，何宝国在老津杨公路南侧，利用自家闲置房经营超市。因村 2009 年平房改造拆迁，结束经营。

2015 年，西北斜村新建溪华苑菜市场商业区，有中北斜村民在菜市场租赁摊位经商。

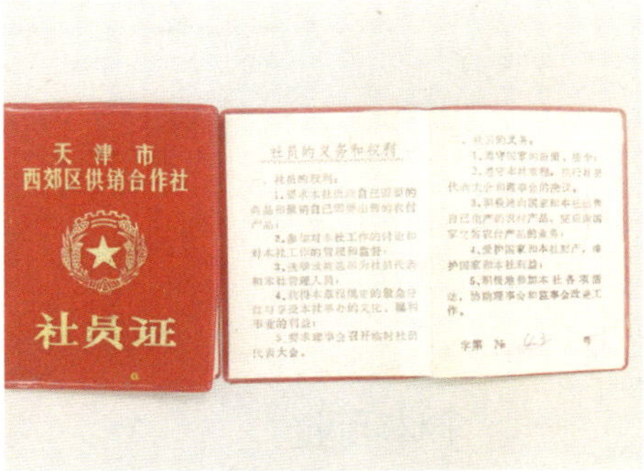

王乃儒社员股权证（2017 年邱增荣提供）

二、集体商业

（一）驻村商业

供销社　1950 年 2 月，天津县供销合作总社在中北斜邱家大院南院建立供销社。供销社支援农业生产，普及豆饼等农家肥，推广使用化肥；开展农村副业生产，组织农民搓麻绳，纳鞋底，打苇箔、草帘，纺羊毛等。1953 年，在供销合作总社指导下，发动村民入股。每户发红本股权证，全村 114 户共有 167.5 股，股金 592.5 元。

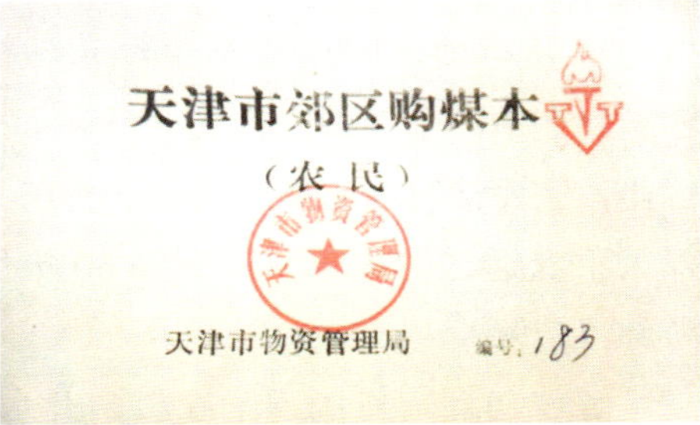

60—70 年代购煤本（郝跃庭提供）

60 年代，上级政府在村西侧、北斜大街旁投资建盖平房砖木结构供销社（称百货部），村内邱家大院供销社迁至北斜大街新建供销社，村民购买商品都凭购货本供应。

70 年代，区商业部门投资，占用中北斜村土地，在老津杨公路北侧中北斜辖区，新建中北斜供销社，原村西供销社迁往老津杨路供销社。

60—70 年代粮食本（郝跃庭提供）

80 年代末，商业体制改革，老津杨公路北侧供销社后院，改为废旧物资回收站，供销社商业门脸改为洗浴中心，均为租赁，为商业部门创收。至 2009 年，村平房改造，供销社结束经营。

粮店 1953 年，国家粮食局投资在中北斜村西侧北斜大街旁建立粮店，村民凭粮食本到粮店购买国家对菜农返销粮和食用油。1959—1961 年，一度取消粮食分配和供应，实行“供给制”。1986 年，粮店迁往西北斜老津杨公路南侧，村民买口粮凭粮食本购买。

70 年代中期，区供销社占用中北斜村土地，在村北投资修建生猪临时收购站点，方便周边村民出售生猪。

（二）集体商业

70 年代初期，中北斜村在村南拔丝厂西侧，设立烘炉加工点，钉马掌、打农具，为农业服务。70 年代中期，烘炉加工点迁往村北老津杨公路南侧。

70 年代中期，在村南拔丝厂西侧建磨坊，为村民免费加工米面。80 年代初，磨坊迁往村西大仓库西侧，由个体户承包。

三、商业店铺

1999 年，中北斜村有私营企业和个体经营企业。

进入 21 世纪，村经济迅猛发展，利用园区闲散空地建门脸房出租，出现个体经营饭店，方便周边居民，也增加个体农户收入。

2004 年开始，村集体建设商业门脸对外出租，增加村集体收入。

2012 年 4 月，建设中北大道南侧商业街。沿街商铺 3 层局部 4 层，建筑面积

金瀚轩食府（2016 年）

中北大道南商业门脸（2018 年）

7381 平方米，占地面积 1853 平方米。引进丽都假日酒店、吉胜克、懿百味等住宿、餐饮、医药为一体的众多商业品牌。

1999—2010 年中北斜村第三产业情况表

表 6-3

年度	企业个数（个）			从业人数（人）			营业收入（万元）	利税（万元）
	小计	私营	个体	小计	私营	个体		
1999	28	0	28	111	0	111	1049	206
2000	29	0	29	111	0	111	1070	230
2004	25	1	24	122	44	78	2620	556
2010	57	14	43	192	86	106	11500	980

第七章　交通　邮电

古来，村域道路多为土路，交通极为不便。解放前，村北侧南运河大堤（旧称津德公路）是唯一通往市区和杨柳青的公路。新中国成立后，交通状况得到改善。改革开放后，特别是进入21世纪，道路交通发展迅猛，村域周边修建多条交通干线，道路四通八达，交通运输快速便捷。

20世纪60年代至90年代初，村邮政通信不发达。90年代中后期，邮政电信进一步发展，大部分村民家庭安装了固定电话。进入21世纪，通信网络发展迅速，网络购物普及，村民生活更加方便快捷。

第一节　交　通

一、公路

解放前，老津杨公路（津德公路）前身为南运河大堤，旧称津德公路，由中北斜村内东西向穿过，东起天津西墙子河，西至杨柳青，途经乡境域内21个村庄，里程14公里，是天津西郊一带村民去市区的一条主要通道，路面为土路，且坑洼不平，每逢雨天，更为泥泞，车辆难以通行。

阜锦道（原老津杨公路）途经中北斜路段（李树起2018年摄）

50年代，政府多次维修，填坑补洼。1962年，政府第一次对此路修筑，路面铺上炉灰、渣石，初步解决雨后行车难的问题。

1979年，政府进行二次修缮，铺设柏油路面，在原路基的基础上截弯取直，并降低原路高度，东起李家园铁道洞口（市郊分界处），西至杨柳青南营建路，长度10公里，为柏油路面，名为津杨公路。公路修缮后为沿途村民带来便利，本地和外埠车辆昼夜不

中北大道中北斜路段（原新津杨公路）（李树起摄于 2018 年）

断。158 路公交车经过，从天津小西关至杨柳青。

2018 年，政府对老津杨公路再次修建拓宽，改名为阜锦道。

1996 年 5 月，镇政府投资修建新津杨公路。东起外环线，西至京福公路（104 国道），全长 4800 米。公路从村南穿过，途经 9 个村，道路占地 228 亩，其中占用中北斜村土地 20 余亩。1998 年 8 月，竣工通车。2007 年，镇政府投资拓宽修筑新津杨公路，由原机动车两车道加宽为双向八车道，在机动车道外分别设自行车道和人行便道。2008 年 7 月，全程通车，改名为中北大道。

二、高铁

京沪高速铁路（简称京沪高铁），由南向东北方向从中北斜村西穿过，经天津站直达北京。京沪高铁于 2008 年 4 月开工建设，2011 年 6 月正式通车，全长 1318 公里，纵贯北京、天津、上海三大直辖市和冀鲁皖苏四省，连接津京冀城市群和长江三角洲城市群两大城市群，设计速度为 380 公里 / 小时。从北京南站到上海虹桥机场，最快全程通行时间约 5 小时。

三、桥梁

解放前，南运河沿途 10 公里内没有桥梁，村民去河北园田干活需到雷庄河段乘船摆渡过河。

70 年代初期，中北斜村在南运河架一座简易木桥，只能过往行人及人力小拉车，方便村民到河北园田干活，但不能承载拉货车。80 年代末，该木桥废弃，拉蔬菜车绕道走水利站老桥。

中北斜路段津沪高铁（2017 年）

中北水利站桥（2017 年）

1994 年，区水利局投资，在南运河雷庄村段建一座水泥混凝土井柱结构桥梁——雷庄桥，横跨南运河两岸，载重量 15 吨，可承载拉菜货车，便于人员及车辆过往，雷庄、中北斜两村直接受益。

1995 年，区水利局投资，在南运河中北水利站段新建一座水泥混凝土井柱结构桥梁——中北水利站桥，横跨南运河两岸，载重量 15 吨，解决河北园田运菜问题，中北斜、东北斜两村直接受益。

第二节　运　输

一、货运

中北斜村北靠南运河，历史上，南运河是中北斜村的重要水路运输通道。

解放前，运输工具主要为货船。木制大货船承接货物往返市区，途经三岔口，河流湍急，稍有不慎便会撞到桥墩致船毁货翻。每当行驶到三岔口桥下，需有经验丰富的船工，根据水流、载重、风向，站在船头用“挽子”（杉篙一端是木制横拐、另一端是铁制倒钩篙头）对准桥墩一个支点，身体顶住横拐，使出全身力气将船头调入顺流中，才得顺利通过。据村中老人讲，船工经这次行船，就是穿上新纳的鞋也得裂帮，每当中北斜的货船要经过三岔口时，总有多人等候观看这一惊险场景。

20世纪30年代，中北斜村船主赵生平养船承揽农产品运输。1930—1949年，用自家2条船（大船载重20～30吨，小船载重10余吨）承运西南乡和周边村蔬菜。春夏蔬菜旺季开运，蔬菜淡季停运。1965年，河水逐年减少，夏季枯竭断流，南运河结束行船历史。

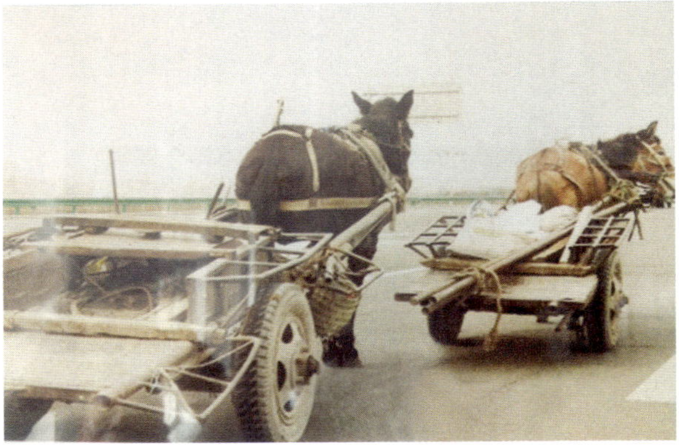

60—70年代的大马车

解放前，村域内陆路运输依靠畜力大车、人力小车、人力挑担等。大车结构为木制，车轮表面镶铁皮，是当时的重要运输工具，只有富裕人家有畜力大车。大部分人家仅有人力小独轮车（俗称大嘴子车），木制上排，一个大木轱辘上排两边各有一挎耳，用以装筐，人站车后，两手扶把依靠肩上襻绳用力向前推车，载重一两百公斤。后出现三分条铁轱辘铁辐条车，车轴安装轴承（也称球架），车轮表面贴胶皮，拉起来省力。后发展到四分条胶皮两轮小车，可装载500公斤。

1956年，农业合作化，随着公路不断延伸，交通运输工具快速发展，农产品及农业生产资料运输由过去以水运为主转为陆运。60年代，生产队陆续购置胶皮轮农用大马车（俗称大车），载重可达一两吨，结构为木制车排、木车辕、钢轴、带轴套钢卷，胶轮胎分为内胎外胎，充足气即可使用。由大牲畜驾辕，小牲口拉套，主要运输上市蔬菜。大马车为生产队主要运输工具，往返市区运输或外地拉苇子、干草、化肥等使用，冬季去市内拉脏土做农肥，用途广泛。一直延续到80年代初，农业运输为拖拉机及小型农业机械所代替，大车逐渐减少直至消失。

1968年，中北斜建村工副业（拔丝厂）。企业生产中，需运输车辆，陈世芳（村副书记）和祁书玉（机械技师）两次去往河北邢台，买到2辆报废汽车（丰田、福特）。汽车运回村后，祁书玉负责组装修理。

70年代初期，村购进嘎斯汽车1辆、140汽车1辆、日产汽车1辆、双排汽车1辆。70年代中期，购进40型大拖拉机1辆、20型小拖拉机4辆、手扶拖拉机1辆、75型链轨式拖拉机1辆。村成立农机组，根据企业和农业生产需要统一调配车辆。村购置的汽车、拖拉机主要承担拉运企业产品、上市蔬菜等运输任务，给村民房基地垫土，拉运砖瓦建房材料等，75型链轨式拖拉机用于南洼农田耕地、村民轧房基地。

进入 80 年代，随着村民需要，多数村民家中购置三轮机动车（后三）、农用三轮车等，提高了运送蔬菜能力。

1984 年中北斜村部分村民自购运输车辆分类统计表

表 7–1　　　　单位：辆

类别	大货车	小客车	小货车	后三	二轮	农三	轻骑	其他	手扶拖拉机	大拖拖拉机	小拖拖拉机	合计
数量	11	3	9	21	23	5	6	1	1	3	4	91

20 世纪 70 年代，村培养的第一批汽车驾驶员有陈世芳、栾家祥、郭景林、郝汝敬、郭景海。村培养的第一批拖拉机驾驶员有张绍立、何宝海、潘凤春、郝汝光、牛星田、邱汝检、邱增巨、郝汝西、祁连武、郭景芹、赵月国、赵月刚、杜家明等。80—90 年代，汽车驾驶员逐渐增多，村设车辆管理负责人，负责管理驾驶员培训学习、车辆年检工作。车辆管理负责人分别为刘建强、祁连武、郝汝利。2000—2018 年，车辆管理负责人分别为祁元刚、赵普洋、牛星强。

二、客运

解放前，村民外出靠步行，通往市区和杨柳青的路只有南运河大堤土路（津德公路）。1979 年，国家修筑柏油路面，更名为津杨公路。中北斜村口设公交站，158 路公交车从村北穿过，后增设便民 8 号中巴车，公交 672 路。

90 年代，公路上出现黄大发、夏利等出租汽车，俗称“的士”。

1996 年 5 月，新津杨公路开通，从中北斜村南穿过，设便民 6 号中巴车。

2007 年，镇政府投资拓宽新津杨公路段，更名为中北大道。增设多条公交线路：672 路从天津站至杨柳青；31 路从天津西站至中北公交站；841 路从大众家园至中北公交站；851 路从天津中心公园至中北公交站；909 路从中北公交站至北仓马庄公交站等。中北斜村南口设有公交车站。随着交通业快速发展，村民外出可乘坐

21 世纪村民家庭轿车

公交，远行可乘坐高铁、地铁。

进入 21 世纪，多数村民家庭购买私家车，出行更加快捷方便，汽车品牌以夏利、丰田、大众为多。

2018 年，全村 534 户拥有各类汽车 327 辆。

2018 年中北斜村村民私家车统计表

表 7–2　　　　单位：辆

名称	数量	名称	数量	名称	数量	名称	数量	名称	数量
奥迪	12	传祺	3	海马	1	雷克萨斯	2	五菱	5
宝骏	2	大众	57	红旗	1	马自达	4	夏利	37
宝马	7	帝豪	1	华泰	1	迈特威	1	雪佛兰	4
现代	8	东风	7	皇冠	1	名爵	4	雪铁龙	1
北汽	3	标志	1	吉利	11	奇瑞	1	一汽佳兴	1
奔驰	5	日产	8	江淮	2	启辰	1	长安CS35	1
奔腾	1	东风小康	1	捷豹	1	起亚	8	小卡	1
本田	14	东南菱悦	1	科鲁兹	1	锐志	1	半挂车	1
比亚迪	1	丰田	37	长城	14	英菲尼迪	1		
别克	6	福克斯	1	中华V3	1	威乐	14		
长安	9	福特	2	众泰	2	威志	12		

第三节　邮　电

一、邮递

（一）邮政

解放初期，中北斜乡境域内无邮政局（简称邮局），来往信件由杨柳青邮局邮递员将信送到村公所，再由村派人转送到收信人家中。包裹邮寄直接到杨柳青邮局办

21 世纪村快递智能柜

60 年代的手摇电话

理，领取包裹时，需持邮寄单到邮局领取。汇款需本人到邮局去办理或用保价信封装款，汇款金额不能超过 30 元。

1958 年 3 月，西郊区杨柳青邮政局在中北斜村设邮政所，坐落在村东（原牛汉章院）。村里设立邮政信箱，村民直接将信件放到邮箱，每天由邮递员投送。1964 年，村内邮政所撤销，邮箱安放于供销社外墙，供销社负责代售邮票。

进入 21 世纪，邮政投递信件仍延续。保险、理财及业务公函信件较多，对于高考通知单等重要邮件，邮递员会将邮件送到考生家中。

（二）快递

2010 年以后，快递业务迅速发展。村民日常消费可通过手机订购全国各地商品，快递公司直接将货送到家，方便快捷。

2018 年，村民还迁后，溪悦园小区内设置快递智能柜，通过手机获取验证码可自行领取快递邮件。

二、通信

（一）电话

50 年代，村民对外联系只能用通信方式，路程稍远对方两三天才能接到信件；较远路程或碰到雨雪天气，对方可能十天半个月甚至一个月才收到信件。60 年代初，中北斜大队有一部座机手摇式电话，要通过公社交换台中转站，接通对方电话后方可通话，村民有急事借用集体电话联系，有时需要等上 1 ～ 2 小时。

1987 年，村磁石交换台改成自动式，由圆盘拨动号码，乡政府以西 14 个村为 28 局（中北斜村为 28 局）。

90年代初期，村集体安装3部自动化程控电话，采用数字按键，无须中转即可直接与对方通话。村民家庭安装程控电话10余部。随着村民生活水平提高和信息需求，家庭电话安装逐年增多。2004年，中北斜村电话入户率达60%以上。

（二）其他通信方式

50—60年代，发电报虽然速度快，但收费高，除急事外村民一般很少发电报，以写书信为主。

70—80年代，随着电话、传真机普及应用，电报已不被人们所使用。

90年代中期，数字传呼机（俗称Bp机）出现在普通人们生活中，成为一种时尚。品牌有摩托罗拉、西门子、爱立信等，其功能只能显示电话号码。汉显传呼机由于能显示简单文字留言，逐步替代数字传呼机。

21世纪村民使用的智能手机

进入21世纪，智能手机功能更加齐全，可以发短信、视频聊天等，取代了电报、传呼机。

第八章　村党组织

1948年9月，村成立第一个中共党小组，带领党员秘密开展工作。

新中国成立后，中北斜村党组织在不同历史时期积极发挥党的战斗堡垒作用，特别是在中共十一届三中全会后，党组织建设得到进一步加强。

进入21世纪，村党组织先后开展“三个代表”重要思想、科学发展观、群众路线、“两学一做”等学习教育，制定完善党支部各项规章制度，加强党员队伍建设，形成风清气正的良好局面。

第一节　组织沿革

一、党小组

1945年10月，中北斜村隶属天津县第三分区，在区委领导下，秘密进行党组织建设。

1948年9月，中北斜村成立党小组，陈世玺为第一任村党小组书记，刘世河任委员，党员有赵来友、薛桂林、宋金玉，党小组带领党员秘密开展党的地下工作。1949年9月，村党组织还在半公开阶段，宋金玉担任村党小组书记。

1949年9月，中共地下党区小队安排陈世玺去沧州八地委党校学习。培训后，陈世玺跟随部队参加抗美援朝。

陈世玺（前排右2）参加地委培训照片（摄于1949年　陈世玺提供）

二、村党支部

新中国成立后，在上级党委领导下，村设基层党组织，党、政、团、妇联、民兵、治保等各配套组织齐全。

1950年10月，村党组

织公开，刘世河担任村党支部书记。村成立村公所，王弼臣任村长，各配套组织健全，配备村专职干部，村各项工作顺利开展。

1953 年 6 月 25 日，西郊区进行划乡建乡，境域内 22 个村划分为 6 个小乡，中北斜村隶属中北斜小乡。小乡党支部书记为半脱产干部。中北斜小乡（又称五村联社）包括东北斜、西北斜、中北斜、雷庄子、四新。

1953—1958 年，中北斜乡先后选派窦云章、郭志敏、冯文光为党支部书记、姚俊行、郭志敏任职副书记。

中北斜乡（五村联社时期）党支部书记、副书记一览表

表 8-1

书记	任职时间	副书记	任职时间
窦云章	1953年7月至1955年12月	姚俊桁	1954年至1955年12月
郭志敏	1956年1月至1957年6月	姚俊桁	1956年1月至1957年7月
冯文光	1957年7月至1958年3月	郭志敏	1957年8月至1958年3月

1958 年 4 月，实行人民公社化，公社设党委，村设党支部。境域内 6 个乡合并为 3 个乡，中北斜乡未变动，中北斜村隶属中北斜乡，郭志敏任中北斜村党支部书记。

1958 年 10 月，中北斜乡改为“红旗公社”，下设管理区，中北斜村隶属中北斜管理区。公社建立党委，村设党支部，郭志敏任村党支部书记，兼任管理区副书记。

1961 年 8 月，中北斜人民公社成立，中北斜村隶属中北斜人民公社，撤销公社管理区，建立生产大队，村建立党支部，郝汝义担任村党支部书记，郭志敏任副书记，郝林为支部委员。1963 年 1 月，西郊区委再次调整人民公社规模，原中北斜人民公社分解为 3 个小型公社，中北斜村隶属中北斜公社。

1964 年 1 月，中北斜公社和李楼公社合并，称李楼公社，中北斜村隶属李楼公社。郭志敏担任村党支部书记，郝林任副书记，郝汝义、刘世河、陈书香任支部委员。

1966 年 5 月，“文化大革命”开始，是年 8 月，郝汝亮担任村党支部书记，郭景山任副书记，郭志敏、陈世芳、陈书香、王桐珍、李佳兰任支部委员。

1968 年 3 月，村成立革委会，实行一元化领导，统管村党政工作，村级革委会取代村级党支部，郭志敏担任村革委会主任，郭景山、陈世芳任副书记，王桐珍、陈书香、李佳兰任支部委员。

1971 年 2 月，郭志敏担任村党支部书记，陈世芳、何秀刚任副书记，郭景山、陈书香、王桐珍、李佳兰任支部委员。

1975 年 12 月，郭志敏担任村党支部书记，刘尊利、何秀刚任副书记，陈书香任支部委员。

1976 年，“文化大革命”结束，村级党组织建设与发展逐步走向常态，党组织生活不正常状态逐步扭转。

1977 年 12 月，郭景全担任村党支部书记，郭景山、何秀刚任副书记，郝林、冯国起、陈世梅任支部委员。

1984 年 5 月，郭景山担任村党支部书记，崔建球任支部委员。

1989 年 1 月，刘尊利担任村党支部书记，李玉林、崔建球任支部委员。

1990 年 4 月，杜富海担任村党支部书记，刘尊利任支部委员。

1992 年 8 月，郭景全担任村党支部书记，隋月红、李玉明任支部委员。

1999 年 8 月，王海龙担任村党支部书记。2000 年 3 月，镇党委组织村党支部正式举行第四届换届，王海龙担任村党支部书记，隋月红、崔建球任支部委员。

三、村党总支

2003 年 3 月，根据中北斜村党组织发展状况，村党支部申请建立中北斜村党总支部委员会，经中北镇党委审核批准中北斜村党支部升格为中北斜村党总支。

2003 年 3 月，村党组织第五届换届，王海龙担任村党总支书记，崔建球任副书记，郭景海任支部委员。

2006 年 3 月，村党组织第六届换届，王海龙担任村党总支书记，崔建球任副书记，郭景海任支部委员。

2008 年 11 月，村党组织第七届换届，王海龙担任村党总支书记，崔建球任副书记，刘惠霞任支部委员。

2012 年 7 月，村党组织第八届换届，王海龙担任村党总支书记，崔建球任副书记，刘惠霞任支部委员。

2015 年 1 月，村党组织第九届换届，王海龙担任村党总支书记，刘惠霞任副书记，陈长智任支部委员。

2018 年 5 月，村党组织第十届换届，王海龙担任村党总支书记，刘惠霞任副书记，陈长智、邱增焜、赵普洋任支部委员。

2018 年 12 月，中北斜村党总支下设 2 个党支部，4 个党小组，有党员 59 人。

1948—2018 年中北斜村历任党支部（总支）书记、副书记、委员名表

表 8–2

时间	书记	副书记	委员
1948年9月至1949年9月	陈世玺		刘世河
1949年9月至1950年10月	宋金玉		
1950年10月至1953年7月	刘世河		
1953年7月至1955年12月	窦云章		
1954年至1955年12月		姚俊桁	
1956年1月至1957年6月	郭志敏		
		姚俊桁	
1957年7月至1958年3月	冯文光		
		郭志敏	
1958年4月至1960年12月	郭志敏		
1961—1963年	郝汝义		
		郭志敏	
			郝林
1964年1月至1966年8月	郭志敏		
		郝林	
			郝汝义
			刘世河
			陈书香
1966年8月至1968年2月	郝汝亮		
		郭景山	
			郭志敏
			陈世芳
			陈书香
			王桐珍
			李佳兰
1968年3月至1971年2月	郭志敏		
		郭景山	
		陈世芳	
			王桐珍
			陈书香
			李佳兰

续表 8–2

时间	书记	副书记	委员
1971年2月至1975年11月	郭志敏		
		陈世芳	
		何秀刚	
			郭景山
			陈书香
			王桐珍
			李佳兰
1975年12月至1977年11月	郭志敏		
		刘尊利	
		何秀刚	
			陈书香
1977年12月至1984年4月	郭景全		
		郭景山	
		何秀刚	
			郝林
			冯国起
			陈世梅
1984年5月至1989年1月	郭景山		
			崔建球
1989年1月至1990年3月	刘尊利		
			李玉林
			崔建球
1990年4月至1992年7月	杜富海		
			刘尊利
1992年8月至1999年8月	郭景全		
			隋月红
			李玉明
第四届 1999年8月至2003年1月	王海龙		
			隋月红
			崔建球
第五届 2003年1月至2006年3月	王海龙		
		崔建球	
			郭景海

续表 8-2

时间	书记	副书记	委员
第六届 2006年3月至2008年11月	王海龙		
		崔建球	
			郭景海
第七届 2008年11月至2012年7月	王海龙		
		崔建球	
			刘惠霞
第八届 2012年7月至2015年1月	王海龙		
		崔建球	
			刘惠霞
第九届 2015年1月至2017年12月	王海龙		
		刘惠霞	
			陈长智
第十届 2018年5月至今	王海龙		
		刘惠霞	
			邱增焜
			陈长智
			赵普洋

2018 年中北斜村党总支成员一览表

表 8-3

姓名	性别	出生时间	学历	入党日期	职务	负责工作
王海龙	男	1964-05	本科	1997-12-15	村党总支书记兼村主任	负责全村党组织工作
刘惠霞	女	1969-07	大专	2004-06-15	村党总支副书记	党建、纪检、工会、妇联等工作
邱增焜	男	1976-01	大专	1996-07-06	村党总支委员	分管工程建设、综合治理、民政等工作
陈长智	男	1988-11	本科	2010-12-10	村党总支委员	分管监督委员会、共青团、宣传文化、印章档案、综合文化中心等工作
赵普洋	男	1983-11	大专	2002-05-15	村党总支委员	分管工业园区、锦悦新城小区、治安、环保、安全、工业园费用收取等工作

第二节　党务工作

中北斜村自 1948 年建立党组织以来，按照上级党委要求，结合村实际开展了一系列活动，在党组织工作、宣传工作、纪检工作等方面做了大量工作，壮大巩固基层党组织，提高党员整体素质，纯洁党员队伍。

一、新中国初期村党务工作

1949 年初，天津解放后，党组织即领导农民建立政权，开展土地改革，废除封建土地制度，实现耕者有其田，促进农业生产发展。

1950 年抗美援朝期间，党组织动员青年参加志愿军，家家订立爱国公约，积极响应毛主席“增加生产，厉行节约”的号召。

1956 年合作化高潮中，党支部贯彻党中央过渡时期总路线，动员农民组织起来互助合作，成立互助组，引导农民走社会主义道路。共产党员起到模范作用，党员成为村中骨干力量。

1958 年，实行人民公社化。1962 年，人民公社走向稳定发展道路。1964—1966 年，相继开展“四清”运动，中共天津市委派出“四清”工作队进村。中北斜村党员干部参加“四清”运动。“文化大革命”初期，村党支部受到冲击，停止组织活动。1970 年，党支部得以恢复。1976 年 10 月，“文化大革命”结束，党组织核心领导作用重新恢复，党的方针政策得以贯彻落实。

二、改革开放后村党务工作

1978 年 12 月，中共十一届三中全会后，村党支部在乡、区党委领导下，贯彻党的实事求是思想路线，全面落实党的各项政策。1980 年，中共中央发出《关于进一步加强和完善农村生产责任制的几个问题》重要指示后，村党支部尊重群众意愿，结合村、各生产队、各户实际情况，1983 年，建立集体统一经营和农民家庭分散经营相结合的农村经济体制。

三、党员队伍

村党组织认真做好发展党员工作，在各个时期对发展新党员严格把关，确保党员质量。

1949—2018 年，中北斜村党组织发展党员 81 人。

1949—2018 年中北斜村发展党员情况表

表 8–4 单位：人

年度	发展党员	人数	年度	发展党员	人数	年度	发展党员	人数	年度	发展党员	人数
解放前		5	1966	8	33	1984	2	41	2002	5	62
1949		5	1967		33	1985		41	2003		62
1950	3	8	1968		33	1986		41	2004	5	67
1951		8	1969		33	1987	1	42	2005	2	69
1952		8	1970		33	1988		42	2006		69
1953		8	1971		33	1989	1	43	2007		69
1954		8	1972		33	1990		43	2008	1	70
1955	1	9	1973		33	1991	3	46	2009	2	72
1956	3	12	1974	4	37	1992		46	2010	2	74
1957	1	13	1975		37	1993	1	47	2011	1	75
1958	7	20	1976	1	38	1994	1	48	2012	2	77
1959		20	1977		38	1995	1	49	2013	1	78
1960	1	21	1978		38	1996	1	50	2014	1	79
1961		21	1979		38	1997	5	55	2015		79
1962	2	23	1980	1	39	1998	1	56	2016	1	80
1963	2	25	1981		39	1999		56	2017	1	81
1964		25	1982		39	2000	1	57	2018		81
1965		25	1983		39	2001		57			

注：部分党员由部队转来。

在上级党委领导下中北斜村党组织不断壮大，至 2018 年，全村有党员 59 名。其中男 47 名、女 12 名，35 岁以下 14 名，35 ~ 60 岁 21 名，60 岁以上 24 名；初中以下学历 36 名，高中、中专学历 9 名，大专以上学历 14 名。

2018 年中北斜村党员一览表

表 8–5

序号	姓名	性别	出生日期	文化程度	入党时间
1	侯毓正	男	1929–10–17	小学	1974–08–06
2	何秀刚	男	1929–11–11	小学	1958–12–06
3	杜家祥	男	1935–08–26	初中	2013–12–15
4	刘桂荣	女	1936–06–13	小学	1974–08–06
5	潘凤来	男	1936–08–18	高小	1957–07–06
6	赵来全	男	1936–10–30	高小	1956–09–06
7	李毓林	男	1937–07–12	初中	1958–12–08
8	陈世梅	女	1937–10–10	高小	1955–05–08
9	牛汉珍	女	1937–11–19	初中	1958–12–08
10	何宝元	男	1941–09–03	高小	1984–07–01
11	郭景山	男	1943–09–12	高小	1966–07–12
12	张学清	女	1945–05–18	初中	1966–06–08
13	刘建强	男	1945–11–28	初中	1966–05–06
14	陈世田	男	1946–12–10	初中	1966–07–06
15	祁元贵	女	1946–12–23	初中	1966–06–08
16	李会兰	女	1947–09–13	初中	1966–08–01
17	郭景海	男	1949–04–09	初中	2000–07–01
18	刘尊利	男	1950–03–12	初中	1974–08–01
19	李毓明	男	1952–01–13	初中	1991–07–06
20	郭景全	男	1953–10–04	高中	1991–07–06
21	赵月发	男	1953–10–21	初中	1989–09–25
22	陈克起	男	1955–11–03	初中	1976–07–15
23	郭景江	男	1956–06–24	小学	1994–06–08
24	李毓春	男	1956–07–08	大专	1984–07–08
25	崔建球	男	1957–07–02	大专	1984–07–08

续表 8-5

序号	姓名	性别	出生日期	文化程度	入党时间
26	赵月国	男	1957-08-12	初中	2011-03-15
27	牛星强	男	1958-12-06	大专	2002-11-16
28	祁连生	男	1958-12-18	初中	2002-12-01
29	郝汝利	男	1959-01-10	高中	1997-12-08
30	孙玉俊	女	1960-03-16	高中	2007-11-15
31	杜富海	男	1961-12-31	初中	1984-06-08
32	冯建强	男	1962-12-13	初中	2009-12-07
33	王海龙	男	1964-05-05	本科	1997-12-15
34	赵合祥	男	1964-08-23	高中	1997-12-08
35	邱增科	男	1965-08-04	初中	1987-07-01
36	赵月强	男	1967-12-28	高中	1998-09-15
37	刘惠霞	女	1969-07-01	大专	2004-06-15
38	王凤娟	女	1970-12-17	大专	2009-12-07
39	祁忠仁	男	1971-10-29	初中	1993-11-01
40	侯俊亮	男	1973-02-02	高中	1995-07-01
41	赵普全	男	1975-05-08	高中	1997-06-12
42	郝跃新	男	1975-11-26	初中	1996-05-06
43	邱增焜	男	1976-01-09	大专	1996-07-06
44	何文路	男	1978-12-28	初中	2004-07-01
45	刘永胜	男	1980-01-26	高中	2002-05-01
46	陈润伟	男	1981-02-21	初中	2002-05-08
47	俞美	女	1981-10-27	大专	2016-12-15
48	祁元刚	男	1982-03-13	初中	2005-05-15
49	潘宪利	男	1982-09-12	初中	2004-07-01
50	赵普洋	男	1983-11-10	大专	2002-05-15
51	曹磊	男	1984-11-14	本科	2012-11-15

续表 8-5

序号	姓名	性别	出生日期	文化程度	入党时间
52	崔志刚	男	1985-07-01	初中	2004-09-15
53	王昆	男	1985-10-12	中专	2005-10-25
54	何文亮	男	1986-06-10	初中	2004-07-08
55	郭有维	女	1986-12-30	本科	2017-12-15
56	李俊达	男	1987-08-12	本科	2010-09-28
57	陈长智	男	1988-11-10	本科	2010-12-10
58	邱增伟	男	1989-04-07	大专	2012-11-10
59	邱增莲	女	1990-03-06	研究生	2014-11-25

注：党员名册按出生年月排序。

2018 年前，中北斜村去世党员共 22 人。

中北斜村已故党员一览表

表 8-6

序号	姓名	性别	入党时间	序号	姓名	性别	入党时间
1	宋金玉	男	解放前	12	郭景宗	男	1958-12
2	刘世河	男	解放前	13	邱汝森	男	1958-12
3	赵来有	男	解放前	14	冯国起	男	1960-06
4	薛桂林	男	解放前	15	赵来英	女	1963-03
5	郭志敏	男	1950-01	16	郝椿	男	1963
6	陈书香	男	1950-02	17	郝汝亮	男	1966-09
7	郝　林	男	1950-05	18	郝枰	男	1966-09
8	王桐珍	女	1956-06	19	何秀峰	男	1974-08
9	郝汝义	男	1956-12	20	隋月红	女	1991-07
10	李筱山	男	1958-12	21	何宝祥	男	1997-12
11	潘有贵	男	1958-12	22	郭有才	男	2007-11

四、思想教育活动

（一）整党

1985 年 3 月，村成立以党支部书记郭景山为组长的整党工作领导小组，坚持不影响经济发展和春季生产的前提，做到整党、生产两不误。村党支部班子成员及党员采取集中教育与干部自学形式，学习有关文件与分析讨论村实际情况相结合。党支部成员在党员会上带头剖析集体及个人存在的差距和不足，总结查找自身思想和行为存在的问题，制定整改措施。

（二）“尽党员义务，做合格党员”大讨论

1997 年 6—8 月，在党员中开展“尽党员义务，做合格党员”大讨论活动。以学习《中国共产党章程》《关于共产党员违法违纪行为的处罚条例》为重点，学习党员干部廉政教育材料、系列党课教育材料，召开党员会，村党支部书记郭景全进行动员，对大讨论活动进行具体安排，提出要求。通过学习讨论查找存在问题，制定完善规章制度。

（三）形势任务教育

2000 年 3—4 月，村集中对党员干部进行形势任务教育。学习西青区委印发的《关于目前形势任务政策教育资料》，村党支部书记王海龙组织党员召开动员会，引导党员、干部正确分析形势，迎接“入世”挑战，树立全面上水平信心；对照镇党委下达的目标任务，结合村实际提出全面上水平的发展思路。在总结阶段，召开支部会、党员会、村民代表会，对讨论内容进行归纳，制定各项工作全面上水平的发展目标、具体做法和措施。

（四）“三个代表”重要思想学习教育

2001 年 8—10 月，以党支部、村委会班子成员为重点，在全体党员中开展“三个代表”学习教育活动，分为学习培训、对照检查、整改提高三个阶段。“两委”班子召开生活会，查摆班子集体和个人思想行为存在问题，并认真加以解决。制定党员教育管理制度、党日活动制度、三会一课制度、民主监督制度。

（五）保持共产党员先进性教育活动

2005 年 12 月至 2006 年 3 月，在全体党员中开展保持共产党员先进性教育活动。组织党员召开党员先进性教育动员会。在分析评议阶段，征求党员意见，人人分析，个个自查，开展批评与自我批评。征求对班子成员和经济发展及管理方面意见，制定整改实施方案，着力解决群众最关心重点问题，解决党组织和党员队伍中存在的突出问题。

（六）学习实践科学发展观

2009 年 9 月至 2010 年 1 月，在全村党员中开展第三批“深入学习实践科学发展观”活动。党组织书记作动员，党员采取自学与集中学习相结合形式，学习中央和市委规定必读书目，观看现代远程教育专题片。先后进行两次问卷征求意见，针对存在问题制定整改措施，逐项整改落实。

（七）廉政风险防范

2013 年 3—10 月，开展廉政风险防范工作。按照动员部署、查找梳理、完善机制三个阶段，制订实施计划，确定村两委成员、财务、村务经济管理、工程项目管理、基础设施建设管理等关键环节，以党员干部及工作人员为主要管理对象。对涉及重大事项决策、重要人员使用、重大项目安排和大额资金使用，人、财、物等方面具有决策权，构建预警纠错机制、监督考核机制、廉政风险责任追究机制，把廉政风险防范管理作为常项工作。

（八）党的群众路线教育实践活动

2014 年 3—10 月，在党员队伍中开展党的群众路线教育实践活动，分为学习文件、查找问题、整改提高三个阶段。组织党员观看电影《焦裕禄》，发动党员联系户，广泛征求群众意见，开展党员群众谈心活动，召开村两委班子专题生活会，针对查找出的问题，制定整改措施。党员干部签订作风专项整治承诺书。

（九）“两学一做”学习教育

2016 年 5—12 月，村党组织开展“两学一做”（学党章党规、学系列讲话，做合格党员）学习教育活动，分为动员部署、专题学习讨论、创新方式讲党课、召开专题组织生活会和民主生活会、开展民主评议党员、整改落实等 6 个阶段。学习内容有《中国共产党章程》《中国共产党廉洁自律准则》《中国共产党纪律处分条例》《中国

组织收看党员远程教育专题片（2008 年）

共产党党员权利保障条例》《习近平总书记系列重要讲话读本（2016 年版）》以及以习近平同志为核心的党中央治国理政新理念新思想新战略等。征求党员、群众意见，召开专题组织生活会、民主生活会。针对查找的问题，制定整改措施和管理制度。开展“看齐建功做表率”主题实践活动，把党员身份、职责身份亮出来，实行党员示范岗、党员责任区，与党员承诺制相结合，引导党员在本职岗位上当先锋、做表率。接受村民监督，促进党员模范履行职责，把“两学一做”学习教育进一步推向深入。

村党总支开展“万名党员当先锋·建设美丽新西青”主题活动誓师大会

2018 年 10 月组织党员参观宝坻县冯家庄党史馆（李树起摄）

（十）“维护核心、铸就忠诚、担当作为、抓实支部”主题教育

2017 年，村党总支按照镇党委“农村党组织书记抓党建工作责任清单”要求，开展“维护核心、铸就忠诚、担当作为、抓实支部”主题教育。党总支召开专题民主生活会，村书记王海龙代表村班子做自查报告，带头自我批评，班子成员逐一发言，相互开展批评与自我批评。

（十一）贯彻落实中共十九大精神

2018 年，村党总支组织党员集中学习《中国共产党章程》，对党员进行党的知识测试。学习《习近平新时代中国特色社会主义思想学习纲要》《习近平关于“不忘初心、牢记使命”论述摘编》《学习中共十九大会议报告》。组织党员志愿者深入各户宣传中共十九大精神，使村民对中共十九大精神知晓率显著提高。党总支把学习贯彻落实中共十九大精神和学习习近平新时代中国特色社会主义思想放在首位并进入常态化。

2018 年 10 月，村党总支开展“万名党员争先锋，建设美丽新西青”主题活动，组织党员重温入党誓词。

2018 年，开展“不忘初心、牢记使命”主题教育，组织党员到宝坻区冯家庄党史馆参观学习。

第三节 中共党代表

一、镇级党代表

1988—2016 年中北斜村镇级党代表一览表

表 8-7

姓名	性别	届次（镇）	日期
郭景山	男	第四届镇党代表大会	1988-01-20
杜富海	男		
刘桂荣	女		
郭景全	男	第六届镇党代表大会	1994-01-06
隋月红	女		
郭景全	男	第七届镇党代表大会	1997-01-08
隋月红	女		
王海龙	男	第八届镇党代表大会	1999-12-06
王海龙	男	第九届镇党代表大会	2001-12-26
崔建球	男		
王海龙	男	第十届镇党代表大会	2006-10-20
崔建球	男		

续表 8–7

姓名	性别	届次（镇）	日期
刘惠霞	女	第十届镇党代表大会	2006–10–20
陈世田	男		
王海龙	男	第十一届镇党代表大会	2011–8–2
崔建球	男		
刘惠霞	女		
陈世田	男		
王海龙	男	第十二届镇党代表大会	2016–7–12
刘惠霞	女		
曹磊	男		
王凤娟	女		

二、区级党代表

2002—2012 年中北斜村区级党代表一览表

表 8–8

姓名	性别	届次（区）	时间
王海龙	男	西青区第八届党代会	2002–10
王海龙	男	西青区第九届党代会	2006–10
王海龙	男	西青区第十届党代会	2011–10

第四节　党组织荣誉

中北斜村党支部（党总支）在各个历史发展阶段，始终认真贯彻落实党的路线、方针、政策，各项工作均走在全镇前列，被上级党组织多次评为先进单位。

2000 年，中共西青区委组织部授予中北斜村区级创建“三强”党组织称号。

2003 年，中共西青区委授予中北斜村 2003 年度区级先进党组织称号。

2004 年，中共天津市委组织部、市农工委授予中北斜村 2003—2004 年度天津市村级红旗党组织称号。

2006 年，中共天津市委组织部、市农工委授予中北斜村 2004—2005 年度市级党建三联创活动“五个好”党组织称号。

2006 年，中共天津市委组织部、市农工委授予中北斜村 2006 年度市级农村党建三级联创“五个好”党组织称号。

2006 年，中共西青区委授予中北斜村 2006 年度区级先进党组织称号。

2008 年，中共天津市委组织部、市农工委授予中北斜村 2006—2007 年度天津市农村三级联创“五个好”红旗村党组织称号。

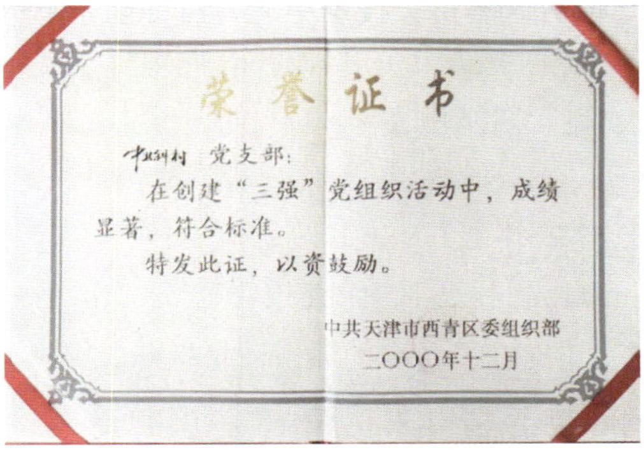
荣誉证书
中北斜村 党支部：
在创建“三强”党组织活动中，成绩显著，符合标准。
特发此证，以资鼓励。
中共天津市西青区委组织部
二〇〇〇年十二月

2000 年，村党支部被评为区级“三强”党组织

荣誉证书
西青区中北镇中北斜村党支部
被评为2003—2004年度天津市
村级红旗党组织
特发此证，以资鼓励。
中共天津市委组织部
中共天津市委农村工作委员会
二〇〇四年三月

村党支部获 2003—2004 年度获天津市村级红旗党组织

荣誉证书
西青区中北镇中北斜村党组织：
在2006—2007年度天津市农村党的建设“三级联创”活动中被评为“五个好”红旗村党组织。
特发此证，以资鼓励。

村党组织在 2006—2007 年度天津市农村党的建设“三级联创”活动中被评为“五个好”红旗村党组织

2011 年获区委奖杯

2014 年获镇党委奖杯

2015 年获党委政府奖杯

2008 年，中共西青区委授予中北斜村 2008 年度区级先进党组织称号。

2012 年，中共天津市西青区委员会授予中北斜村“创先争优”先进基层党组织称号。

第九章　村政组织

解放初期，中北斜村公所开展土地改革运动，发展农业、恢复生产。50年代，村公所引导村民互助合作，成立初级社、高级社、人民公社。60年代，生产大队成立。80年代，实行家庭联产承包责任制。21世纪以来，村委会抢抓机遇，不断调整产业结构，村经济迅猛发展，村民生活水平日益提高。

中北斜村积极探索推行民主选举、民主决策、民主管理、民主监督。2000年，第四届村委会换届后，村民自治工作逐渐规范，严格落实“六步决策法”。

第一节 组织沿革

一、村公所

1949年，中北斜村首次建立村级行政组织，成立村公所。王弼臣为村长，陈世平为副村长。相关群团组织成立，负责人分别为妇女主任张学敏、公安员周岐山、民兵队长何秀云、调解委员郝林、青年团书记李会敏。

1954年，中北斜村成立初级社，全村成立3个社，即红兴社、中兴社、林兴社。1956年，由初级社发展到高级社，称为明星社（即五村联社，简称联村社），5个村分为5个队，中北斜村为明星社二队。1958年，人民公社成立，五村联社改为红旗人民公社中北斜管理区，中北斜村分为2个队，即南队、北队。

1952年村干部合影（牛星满提供）
前排左起：李会敏、张学敏、陈世平
后排左起：周岐山、王弼臣、刘世河、何秀云、郝林

初级社时期，王弼臣、刘世河负责村行政事务。高级社时期，陈世平、何秀刚分别负责中北斜村明星社二队生产及行政事务，红旗人民公社管理

区时期，郭志敏任中北斜管理区主任。

二、生产大队

1961 年 5 月，联村队分配形式取消，以村为单位成立生产大队。村民推选生产大队长统管村级生产及行政（工作）事务，郝林、郭志敏分别担任大队长、副大队长，同时分为 4 个生产小队，由大队统一领导，各小队民主推选生产队长，抓本小队全盘工作，再组成队委会协助生产队长搞好农业生产。

1966 年，“文化大革命”开始，生产大队改为管委会。

1967 年，受“文化大革命”影响，中北斜村改名为革命村，一年后恢复原村名。

1968 年，大队管委会改为革命委员会（简称革委会），郭志敏担任革委会主任，革委会实行党政合一的“一元化”领导，负责全村党政、财政及生产等事务。

1971 年，村成立生产大队，何秀刚任大队长。

三、村委会

1983 年 6 月 18 日，“九一九”人民公社改为“九一九”乡，取消生产大队建制，废除革委会“一元化”领导体制，中北斜村成立村民委员会（简称村委会）和联合社。1983 年 10 月，郭景山任村委会主任，何秀刚任联合社社长。

1985 年 1 月，何秀刚任村委会主任。1988 年，郝汝利任村委会主任。1989 年，邱汝荣任村委会主任。1990 年 3 月，郭景全任村委会主任。1992 年 10 月，郭景江任村委会主任。1997 年 3 月，经市政府批准，撤销中北斜乡建制，设立中北镇，中北斜村隶属中北镇。1999 年 8 月，王海龙任村委会主任。

2000 年开始，中北斜村根据《中华人民共和国村民委员会组织法》和《天津市村民委员会自治章程》有关规定，经全体村民投票，选举产生第四届村民委员会，王海龙任村委会主任，郭景海任村委会副主任，郭有才任村委会委员。

2003 年 5 月，中北斜村进行第五届村委会换届，经选民投票选举，王海龙任村委会主任，郭景海任村委会副主任，崔建球任村委会委员。

2006 年 3 月，中北斜村进行第六届村委会换届，经选民投票选举，王海龙任村委会主任，郭景海任村委会副主任，崔建球任村委会委员。

2009 年 3 月，中北斜村进行第七届村委会换届，经选民投票选举，王海龙任村委会主任，牛星强、邱增焜任村委会委员。

2012 年 3 月，逢中北斜村第八届村委会换届，由于村平房改造拆迁，按市区关于换届选举有关规定，平房改造拆迁村村委会换届可以暂缓到村民还迁后进行。经全体党员、村民代表充分讨论，举手表决，一致同意暂缓中北斜村第八届村委会换届（村委会成员连任）。

2015 年 1 月，中北斜村进行第九届村委会换届，经选民投票选举，王海龙任村委会主任，牛星强任村委会副主任，邱增焜任村委会委员。

2018 年 6 月，中北斜村进行第十届村委会换届，经选民投票选举，王海龙任村委会主任，邱增焜任村委会副主任，赵普洋任村委会委员。

中北斜村第十届村委会成员一览表

表 9–1

姓名	性别	出生年月	学历	入党时间	职务	职责分工
王海龙	男	1964–05	本科	1997–12	村委会主任	主抓全盘工作兼综治办主任、工业园管委会主任
邱增焜	男	1976–01	大专	1996–07	村委会副主任	分管工程建设、溪悦园小区、综合治理、调解、红白理事、民政计生、民兵预备役、车务车辆、流动人口等工作
赵普洋	男	1983–11	大专	2002–05	村委会委员	分管工业园区、园区供热站、锦悦新城小区、安全生产、特种设备、四清一绿、环境保护、治安巡逻、食品安全、违章建筑、工业园各项费用催缴等方面工作

1949—2018 年中北斜村基层组织历届政权任职表

表 9–2

时间	名称	正职	副职	委员	职务
1949年9月至1953年7月	村公所	王弼臣			村长
			陈世平		副村长
1953—1955年	初级社	王弼臣			村长
			刘世河		副村长
1956—1957年	高级社 明星社二队	陈世平			村长
			何秀刚		副村长
1958—1960年	管理区	郭志敏			主任
1961年至1966年8月	生产大队	郝林			大队长
1966年9月至1968年2月		郭志敏			大队长

续表 9-2

时间	名称	正职	副职	委员	职务
1968年3月至1971年	革命委员会	郭志敏			革委会主任
1971年至1983年9月	生产大队	何秀刚			大队长
1983年10月至1985年	村民委员会（村联合社）	郭景山			村主任
		何秀刚			联合社社长
			郝汝光		联合社副社长
			邱汝荣		联合社副社长
				刘桂荣	村委员
				崔建球	村委员
1986—1987年	村民委员会	何秀刚			村主任
			刘桂荣		村副主任
			崔建球		村副主任
1987年至1989年1月	村民委员会	郝汝利			村主任
			崔建球		村副主任
1989年2月至1990年3月	村民委员会	邱汝荣			村主任
			李毓林		村副主任
			何宝明		村副主任
1990年3月至1992年10月	村民委员会	郭景全			村主任
1992年10月至1999年8月	村民委员会	郭景江			村主任
第四届 1999年8月至2003年3月	村民委员会	王海龙			村主任
			郭景海		村副主任
				郭有才	村委员
第五届 2003年3月至2006年3月	村民委员会	王海龙			村主任
			郭景海		村副主任
				崔建球	村委员
第六届 2006年3月至2009年3月	村民委员会	王海龙			村主任
			郭景海		村副主任
				崔建球	村委员
第七届 2009年3月至2012年1月	村民委员会	王海龙			村主任
				牛星强	村委员
				邱增焜	村委员

续表 9-2

时间	名称	正职	副职	委员	职务
第八届 2012年1月至2015年1月	村民委员会	王海龙			村主任
				牛星强	村委员
				邱增焜	村委员
第九届 2015年1月至2018年6月	村民委员会	王海龙			村主任
			牛星强		村副主任
				邱增焜	村委员
第十届 2018年6月至今	村民委员会	王海龙			村主任
			邱增焜		村副主任
				赵普洋	村委员

第二节 村务工作

一、村民自治

2002 年，中北斜村委会制定《村规民约》。2005 年，村委会在《村规民约》基础上，根据《天津市村民委员会自治章程》，结合村实际制定《中北斜村村民自治章程》。《中北斜村村民自治章程》不断修改补充完善，共修订完善 5 次。村民自治有章可循，对推进民主决策、实现自我管理，自我服务，促进村两个文明协调发展起到积极作用。

（一）民主选举

2000—2018 年，村按照《天津市村民委员会自治章程》，经全体村民投票，民主选举产生七届村民委员会。

2000 年，村第四届村委会换届后，经选举产生第四届村民代表。平房改造前，按胡同住宅划片，每 15 ~ 20 户选出 1 名村民代表。2015 年村民还迁后，按住宅楼划分，每栋楼选出 3 名村民代表。

附：

第四届（2000—2003年）村民代表名单（25人）

王海彬 刘建强 刘俊青 祁连武 刘长金 刘俊华 杜家平 李会兰
李桂才 李桂森 何秀刚 何宝元 何宝明 何宝祥 张绍立 陈世田
邱汝敬 赵月柱 赵合明 郝汝亮 郝汝程 郭有亮 郭景元 郭景太
崔殿虎

第五届（2003—2006年）村民代表名单（25人）

王海彬 刘建强 刘俊青 祁连武 杜家平 杜家利 李会兰 李桂才
邱增焜 何秀刚 何宝元 何宝明 何宝祥 张绍立 陈世田 赵月发
赵月金 郝汝亮 郝汝程 郝跃成 郝跃来 侯俊亮 郭有亮 郭景元
郭景太

第六届（2006—2009年）村民代表名单（27人）

王海龙 王海江 牛星强 刘建强 刘俊青 刘惠霞 祁元贵 祁连生
孙玉俊 杜家平 杜家利 李会兰 李桂才 邱增焜 何宝元 何宝明
张绍立 陈世田 赵月发 赵月金 郝跃成 郝跃来 侯俊亮 郭友才
郭友亮 郭景元 崔建球

第七届（2009—2012年）村民代表名单（27人）

王海龙 王海江 牛星强 刘建强 刘俊青 刘惠霞 祁元贵 祁连生
孙玉俊 杜家平 杜家利 李会兰 李桂才 邱增焜 何宝元 何宝明
张绍立 陈世田 赵月发 赵月金 郝跃成 郝跃来 侯俊亮 郭友亮
郭有才 郭景元 崔建球

第八届（2012—2015年）村民代表名单（26人）

王海龙 王海江 牛星强 刘建强 刘惠霞 祁元贵 祁连生 孙玉俊
杜家平 杜家利 李会兰 李桂才 邱增焜 何宝元 何宝明 张绍立
陈长智 陈世田 赵月发 赵月国 郝跃来 侯俊亮 郭友亮 郭有才
郭景元 崔建球

第九届（2015—2018年）村民代表名单（29人）

王海龙 王凤娟 王欣焕 王海江 牛星强 刘建强 刘惠霞 祁元贵
祁连生 孙玉俊 杜家平 杜家利 李会兰 李桂才 邱增焜 何宝元
何宝明 张绍立 陈长智 陈世田 赵月发 赵月国 郝跃来 侯俊亮
俞　美 郭有才 郭景元 崔建球 董丽华

第十届（2018 年至今）村民代表名单（27 人）

王海龙　王海江　王凤娟　冯建强　朱学芳　刘同花　刘惠霞　祁元贵
祁连生　孙玉俊　杜华珍　杜家利　李桂才　邱增焜　邱增伟　何宝明
张绍立　陈长智　陈世田　赵普洋　郝汝利　郝跃来　俞　美　郭景元
崔建球　董丹丹　董丽华

（二）民主决策

80 年代，村委会依法建立后，实行民主自治，民主决策权逐步得以恢复。90 年代，组成村民议事会，依据《中华人民共和国村民委员会组织法》制定议事规则，推行村民代表会议决策制度。

2000 年开始，村内重大决策严格按照“六步决策法”实施，涉及全村发展及群众切身利益的事项都实行民主决策。

第一步：拟订预案计划；第二步：征求党员、群众意见；第三步：组织党员、村民代表研究讨论，通过后由党员、村民代表及村务监督委员会签名；第四步：审核把关，上级主管部门和主要领导审核把关；第五步：公开公示，形成决议，及时公开、公示，接受村民监督；第六步：组织实施，实行主要领导责任制，镇分管领导组织相关部门落实决策内容，并加强监督检查。

（三）民主监督

2012 年，按照上级纪检委要求，村班子换届后，建立村务监督委员会，在村党组织领导下，其成员经村民代表会议推选产生并授权，对村里投资项目提出合理化意见、建议，对村两委班子工作进行监督。

村务监督委员会由 5 人组成，设主任、副主任、委员。至 2018 年，中北斜村村务监督委员会两次换届。2012—2015 年，监督委员会主任为崔建球。2015—2018 年，监督委员会主任为陈长智。

2011 年，村集体资金、资产、资源等“三资”由镇“三资办”统一管理。对村集体资金使用实行双层管理，村支出票据需由办事人、村书记、村主任、村务监督委员会主任联合签字方可生效。

2016 年，进一步强化监督，村民代表会议民主决策的事情，由村委会在规定时间内，向全体村民如实公开，接受村民监督。年终开展民主评议活动，组织全体党员、村民代表、监督委员会成员，对村两委班子成员进行民主评议。

二、民主法制建设

（一）社会治安综合治理

解放初期，治安工作由治安员和民兵队长负责，主要负责防奸、防特、防盗、防火等治安保卫工作。村公安员为周岐山，民兵队长为何秀云。

50—60 年代，村级组织设治保主任和调解委员会，治保主任负责村治安保卫，调解委员会负责村内民事纠纷。60—70 年代，把打击刑事犯罪、查处治安案件作为重点，并监督改造“四类分子”（地主、富农、反革命分子、坏分子）。80 年代，重点打击打架斗殴、黄、赌、毒等违法犯罪，扫除社会丑恶现象。

2000 年，村成立社会治安综合治理办公室（简称综治办），村党总支书记王海龙任综治办主任，下设人口管理组、安全防控组、信访维稳组、矛盾调解组、帮教矫正组 5 个小组。

2001 年，村委会与 410 户村民签订“家庭治安责任书”，向各户发放法制宣传材料，增强法律意识，预防违法犯罪。

2002—2003 年，村成立 18 人治安联防队，配备自行车和机动巡逻车，加强村宅、园田及工业园区治安保卫。

2004—2007 年，村治安巡逻队伍增至 22 人，园区增设岗亭 5 个，加大防范力度。

2008 年，村在巡逻队基础上，组建 34 人应急队伍，购进小型消防车、巡逻车等机动装备 3 辆，以备应急抢险。

2009—2018 年，村开展社会治安联合防控，矛盾纠纷调解，流动人口和出租房管理；开展预防青少年违法犯罪、禁毒和反邪教等法制宣传教育，扫除社会丑恶现象。

（二）普法宣传

2010 年“五五普法”期间，村与司法所多次联合举办“法律大讲堂”讲座活动。村聘请派出所警官及天津津联事务所律师等，到村进行普法宣传，讲解《中华人民共和国婚姻法》《中华人民共和国继承法》《中华人民共和国人民调解法》《中华人民共和国劳动法》《中华人民共和国合同法》等，每次参加人数为 70 ~ 80 人。警官、律师在讲座中对相关案例进行剖析。

三、拥军优属

解放初期，中北斜村优抚的主要形式是代种、代耕。60 年代，优抚的主要形式是为相关人员免除义务工、安排力所能及的劳动、扶持家庭副业等。优待标准不低于当地一般村民的生活水平。每逢元旦、春节、八一建军节，上级民政部门开展拥军优属活动，如补钱、补粮，送年画、红五星纸灯，召开退伍军人、军属座谈会等。

中共十一届三中全会后，民政工作逐步进入正常轨道，拥军优属工作健康发展。

1983 年，村两委班子贯彻落实国家拥军优属政策，为现役军人年终一次性发放优抚金待遇每年 500 元，并随着村经济发展逐渐上调；90 年代，现役军人优抚金上调到每年 1800 元；2000 年，上调到每年 8000 元；2008 年，优抚金上调到每年 1 万元，同时享受失地金每年 3600 元；2016 年，优抚金提高到每年 1 万元，同时享受失地金每年 6000 元、口粮补贴每年 2000 元，还享受社会养老保险。

对参加解放战争、抗美援朝的老军人，退伍伤残军人，村每年春节给予慰问金及慰问品。历任村班子积极贯彻落实上级指示精神，对所有退伍军人给予妥善安置，现役军人优抚金逐年提高。

第三节　人大代表

1963—2016 年，中北斜村出席镇级人大代表 11 届，当选镇级人大代表 25 人次。2002—2006 年，村出席区级人大代表 3 届，当选区级人大代表 3 人次。

一、乡（镇）级人大代表

1954—2016 年中北斜村当选镇（乡、公社）人大代表一览表

表 9–3

<table>
<tr><th>姓名</th><th>性别</th><th>届次</th><th>时间</th><th>备注</th></tr>
<tr><td>郭志敏</td><td>男</td><td>第五届公社人大代表</td><td>1963–01</td><td>区档案（乡改为公社）</td></tr>
<tr><td>郝林</td><td>男</td><td>第五届公社人大代表</td><td>1963–01</td><td>区档案（乡改为公社）</td></tr>
<tr><td>郝林</td><td>男</td><td rowspan="5">第六届公社人大代表</td><td rowspan="5">1965–11</td><td rowspan="5">区档案（乡改为公社）</td></tr>
<tr><td>潘友贵</td><td>男</td></tr>
<tr><td>何广泰</td><td>男</td></tr>
<tr><td>祁登科</td><td>男</td></tr>
<tr><td>张秀英</td><td>女</td></tr>
</table>

续表 9-3

姓名	性别	届次	时间	备注
空缺		第七届公社人大代表	—	公社未开第七届人民代表大会，该届人民代表大会空缺
郭景全	男	第八届公社人大代表	1983–04	区档案（1985年）
冯国起	男			
陈世梅	女			
郭景山	男	第九届乡人大代表	1984–03	区档案（1985年）
陈世梅	女			
郭景山	男	第十届乡人大代表	1987–03	区档案（1987年）
杜富海	男			
郭景江	男	第十三届乡人大代表	1996–01	区档案（1998年）
隋月红	女	第十四届镇人大代表	1999–01	镇档案
王海龙	男			
王海龙	男	第十五届镇人大代表	2002–12	镇档案
何宝明	男			
王海龙	男	第十六届镇人大代表	2006–11	镇档案
何宝明	男			
王海龙	男	第十七届镇人大代表	2011–11	镇档案
赵月国	男			
邱增焜	男	第十八届镇人大代表	2016–11	镇档案
董丽华	女			

二、区级人大代表

2002—2006 年中北斜村当选西青区人大代表一览表

表 9-4

姓名	性别	届次	时间
王海龙	男	区第十四届人大代表	2002年10月
王海龙	男	区第十五届人大代表	2006年11月
王海龙	男	区第十六届人大代表	2011年11月

第四节　村务要略

一、农业发展

1949 年 3 月，土地改革时期，中共天津县委、冀中八地委指示发布《关于四十天农村工作的决定》，村成立农会组织，农会成员有王弼臣、李筱泉、郝椿、何秀云、陈书香、郝林。

基层政府在党组织领导下，经历土地改革、农会组织、“40 天运动”，中北斜村第三批完成土地改革（简称土改）工作。

土地改革后，村进入农业合作化时期，农民分得土地，在生产资料私有条件下，出现互助合作的新型生产形式，按互助互利原则，组成互助组，全村成立 6 个互助组。各家的牲畜、农具都供本小组使用，各家都出人工到田间劳动。1954 年，中北斜村成立初级社，分为红兴社（社长何秀刚）、中兴社（社长刘世河）、林兴社（社长郝林），实行劳力、大型农具入社。

1956 年，初级社向高级社过渡，5 个村组成联村社，称明星社，包括东北斜、中北斜、西北斜、雷庄、四新。每村为一个队，中北斜村为明星社二队。高级社实行各尽所能，按劳分配，多劳多得，土地所有权、使用权和收获分配权归集体所有，大牲畜、大农具折价归合作社，基本实现农业生产合作化。

1958 年，人民公社时期，在“鼓足干劲，力争上游，多快好省地建设社会主义”总路线指引下，全区划分为 2 个人民公社（红旗、东风），中北斜村属红旗公社，分属 3 个管理区（李楼、中北斜、大稍口），村属中北斜管理区。分配上实行半供给加基本工资制，村办大食堂，社员劳动、吃饭以敲钟为号，统一上下班时间。吃粮无定量，为每人每月 6 元，基本工资制分五级标准：一级 2 元、二级 3 元、三级 4 元、四级 5 元、五级 6 元，按月发放。

1961 年生产队阶段，津西公社更名为中北斜公社，取消公社管理区和联村核算制，实行“三级所有”队为基础管理体制，村以生产队为核算单位，自负盈亏，按劳分配，取消集体食堂。由于 1961 年“低指标、瓜菜代”的严重教训，国家在政策上不断放宽，允许社员开小片荒地，恢复自留田及允许社员养鸡、猪等，节粮度荒损失得以弥补。

60年代至70年代初，“农业学大寨”，开挖沟渠、改土治碱、配套清淤、改良土壤，开展农田基本建设，提高粮食作物和蔬菜产量，种植面积扩大，收入提高，村民生活温饱。

中共十一届三中全会以后，农村进行体制改革，实行家庭联产承包责任制，极大地调动了村民生产积极性，群众收入提高。

80年代，由集体种植转变为家庭联产承包种植，村委会为村民做好各项农业服务。

1999年下半年开始，村开展修建园田道路、立线杆、架电线、建泵点、修防渗渠等多项工程。村民所种植蔬菜品质、产量明显提高。

2003年，村集体收回土地，统一经营。

二、工商业发展

2000年，村经济发展进入转型阶段，村领导班子深入调研论证，制定适合村发展的新路子——建设工业园区。2003—2009年，村累计投入资金1.83亿元，建成标准厂房35栋，总计13万平方米，引进中外企业59家，村工业园初具规模。

2012年4月，村在中北大道南侧沿街建设配套公建项目，设计为3层楼，建筑面积7381平方米，用于商业租赁。

2013年5月，村在园区海泰北道北侧建高层公寓（1号楼、2号楼），名为锦悦新城，建筑面积6.3万平方米，占地面积18.3亩。1号楼1～3层为商业门脸，用于对外租赁。

三、平房改造

2008年，中北斜村党员、村民代表参加平房改造会议

2009年11月28日，村党总支在村二楼会议室召开党员、村民代表会，通过中北斜村平房改造决议，商讨制定平房改造实施方案。

2009年11月29日，党员、村民代表大会召开，研究讨论确定4种房型（115平方米、

2015 年村民分楼房抓阄现场（李树起摄）

2015 年村民还迁楼房分房信息张榜公布（李树起摄）

95 平方米、76.6 平方米、58 平方米），修改落实村平房改造实施方案。

2009 年 12 月，按镇政府小城镇规划建设要求，村启动平房改造工程。中片 5 个村（中北斜、祁庄、大蒋、小蒋、李楼）组团建设溪悦园还迁小区，地址在中北斜村老宅基地，村民 3 间平房还迁楼房 115 平方米，每间正房一次性奖励 2000 元，按户发租房费，每月 1200 元。

2015 年 11 月，中北斜村首批村民还迁入住溪悦园小区。

四、产权制度改革

2018 年 12 月 13 日，中北斜村按照镇政府部署，作为第一批启动产权制度改革试点村组成产权改革领导小组，制定实施方案。12 月 23 日，制定《中北斜村股份经济合作社章程》。12 月 26 日，中北斜村股份经济合作社成立，选举理事会、监事会成员，推选王海龙为经济合作社理事长。

五、村委会荣誉

中北斜村委会历届领导班子坚决贯彻、落实党和政府的各项路线、方针、政策，认真执行上级党委、政府总体部署和工作安排，带领全体村民艰苦奋斗、努力拼搏、创先争优，各项工作均走在全镇前列，多次获得上级政府的表彰。

2002 年，天津市委、市农工委授予中北斜村 2002 年度宽裕型市级小康村称号。

2002 年，天津市精神文明建设委员会授予中北斜村 2000—2002 年度市级文明村称号。

2004 年，天津市精神文明建设委员会授予中北斜村 2003—2004 年度市级文明村称号。

2005 年，天津市政法委授予中北斜村 2005 年度市级民主法治示范村称号。

2005 年，天津市爱国卫生委员会授予中北斜村 2005 年度市级卫生村称号。

2007 年，西青区精神文明委授予中北斜村 2007 年度区级“十个一”文明村称号。

2007 年，司法部、民政部授予中北斜村 2007 年度全国民主法治示范村称号。

2009 年，中央精神文明建设指导委员会办公室授予中北斜村全国创建文明村镇工作先进村镇称号。

2017 年，天津市精神文明建设委员会授予中北斜村 2015—2017 年度市级文明村镇称号。

2017 年，中央精神文明建设指导委员会授予中北斜村全国文明村镇称号。

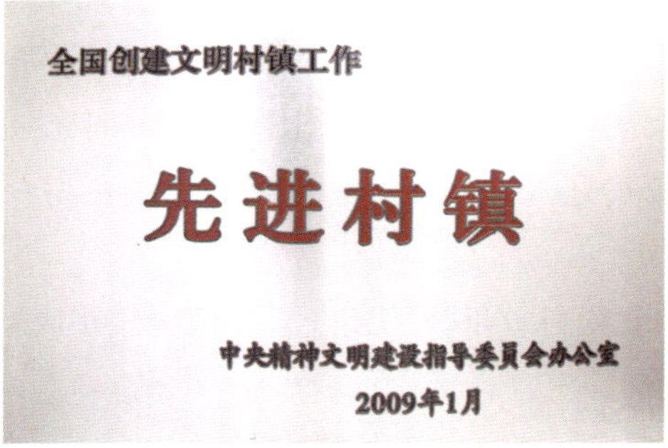

2009 年获全国创建文明村镇工作“先进村镇”称号

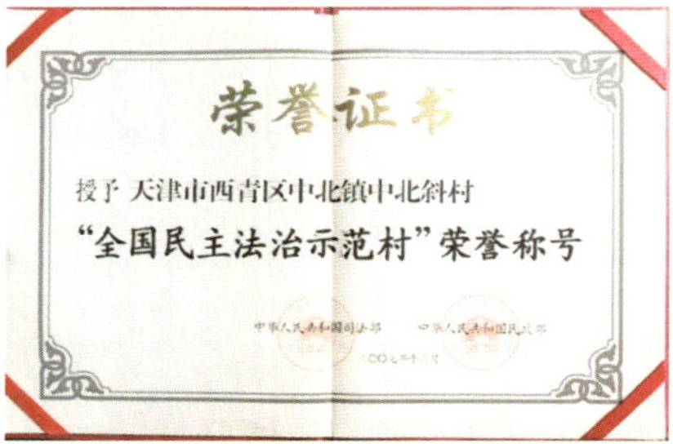

2007 年“全国民主法治示范村”证书

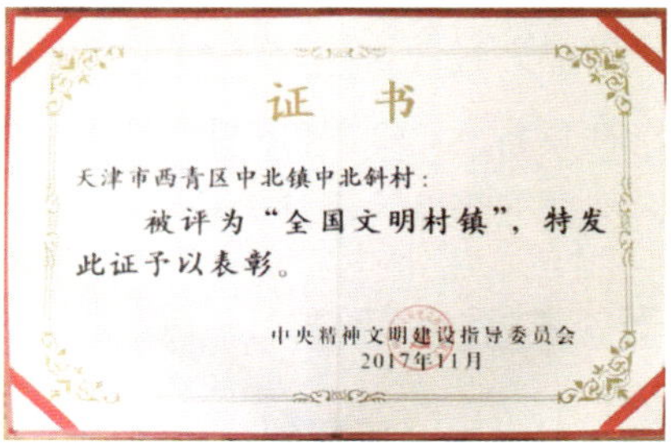

2017 年“全国文明村镇”证书

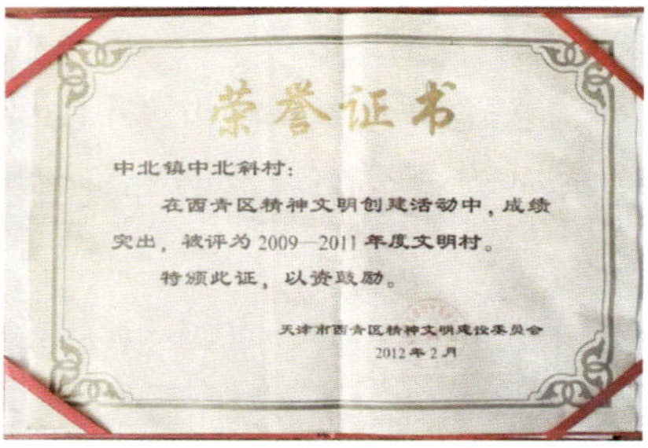

2009—2011 年度区级文明村证书

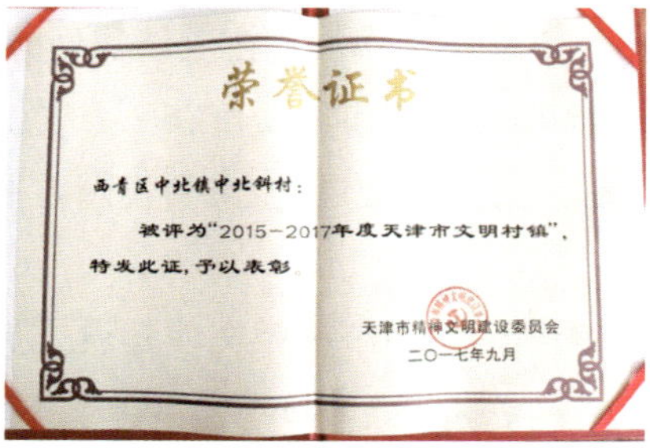

2015—2017 年度市级文明村镇证书

第五节　军　事

驻军

1948年12月30日，东北野战军进驻镇域村庄，驻扎中北斜村解放军有700余人。在中共地下党组织领导下，村民积极支援前线，为部队腾出房屋。

解放军攻打天津城，多户村民献出大门、木板及柴、粮等物资，支援解放军。邱家大院邱钟汶家东院南房成为停放烈士遗体周转站。

1949年1月15日，天津解放，解放军部队驻村休整。

1952年，中国人民志愿军1个加强营进驻4个村，第七连驻中北斜村。解放军建营房后，村域内不再驻军。

（一）义务兵役制

1955年，国家公布《中华人民共和国兵役法（修正草案）》，实行义务兵役制。

1984年《中华人民共和国兵役法》颁布实行，规定以义务兵役制为主体，义务兵与志愿兵相结合，民兵与预备役相结合的兵役制是现行的兵役制度。

（二）民兵

1950年11月，村建立民兵小队，民兵队长何秀云，时有民兵10余人。天津县武装部发给民兵小队老式步枪6支、短枪2支，全部为旧武器。

1960年，村成立民兵连，连部设在邱家大院。1973年，西郊区武装部为民兵连配备武器。

1980年，区武装部将武器统一收回。

1996年，中北镇设民兵营，下设民兵连。中北斜村为民兵十一连，其编制延续至2001年。

第十章　群团组织

中北斜村群团组织，在各时期自觉接受党组织领导，积极完成党组织交给的工作任务，成为党和政府联系群众的桥梁和纽带，在维护劳动者和妇女儿童合法权益等方面起到无可替代的作用。

第一节　工　会

一、工会建设

2003 年 5 月，中北斜村建立工会，王海龙任村工会主席。按镇工会部署，随着村工业园区企业增加，村组成工会联合会。工会制定章程及制度，使企业和职工合法权益得到保障。

2006 年，工会有会员 740 人，其中女性 218 人、外来务工人员 220 人。工会含 30 个分会，每个分会有 1 名职工代表，共 30 人，其中女性 7 人、一线职工 10 人、管理技术人员 9 人、公司领导 4 人。

二、工会工作

村工会积极维护职工合法利益和民主权利，开展各项劳动竞赛和技术比武，组织职工参与企业改革。

2003—2006 年，工会开展学习和实践“三个代表”重要思想教育活动，在职工中广泛开展“致富思源，富而思进”大讨论；开展树立三种意识、营造三种环境活动（大局意识、责任意识、科学意识，文明心理环境、整洁生活环境、公德人文环境）；组织职工学习贯彻中共十六大精神。

2008 年，村工会组织企业员工支援灾区，为四川汶川地震灾区捐款。

2009 年，中北斜村工会开展“保增长、渡难关、上水平”及“三级联创”活动。2010 年，工会以“关爱女性、关注健康”为主题，举办女职工健康保健知识讲座，开展妇女病普查普治；同时开展创建“职工之家”活动；开展企业工资集体协商，推行集体合同签订，与村园区 41 家企业签订园区集体合同，简称“1+3”（集体合同附带工资集体协议、劳动保护专项协议和妇女职工权益保护专项协议）。

2018 年中北斜村工会职工代表大会召开

2012 年，村工会开展职工书屋活动，建立图书角，完善职工书屋管理，进一步提升职工书屋整体水平。

2014—2016 年，村工会指导企业开展“1+3”集体协商合同续签工作，企业续签率达 100%。

2018 年中北斜村域内企业工会一览表

表 10–1

序号	企业名称	工会负责人	工会成员（人）	成立时间
1	天津市里奥科技有限公司	尹文江	20	2013年
2	明轩（天津）包装制品有限公司	刘超	25	2018年
3	天津凯通达模具有限公司	孙乐文	30	2013年
4	天津市加源电力设备技术有限公司	尹健义	20	2004年
5	天津市艺程工贸有限公司	邢有贵	20	2003年
6	天津利通物流有限公司中北分公司	金铁	80	2011年
7	天津万德风能源科技有限公司	邓伟	8	2018年
8	中国邮政储蓄银行股份有限公司天津分行	赵建勇	7	2007年
9	天津丰田物流有限公司	常瑞华	70	1996年
10	天津日马精密锻压有限公司	杜辰	56	2003年
11	天津市中马骏腾精密机械制造有限公司	张钧	160	2004年
12	天津希利汽车部品有限公司	陈文浩	130	2004年

续表 10–1

序号	企业名称	工会负责人	工会成员（人）	成立时间
13	天津华唐缝纫机制造有限公司	董敏恒	40	2014年
14	天津鹏驰宝骏汽车销售有限公司西青分公司	胡小民	50	2017年
15	天津市激光技术研究所	杨玉新	50	2002年
16	天津市天泓饮用水有限公司	韩志宏	16	2015年
17	天津市西青区造圣紫檀艺术馆	杨铁	6	2009年
18	中粮可口可乐饮料（天津）有限公司	王颖	160	2014年
19	天津市西青区鑫靓典汽车美容中心	张磊	32	2014年
20	天津津河电工有限公司	刘科	440	1996年
21	天津丽都花园酒店管理有限公司	吴国宝	12	2013年
22	天津创驰玻璃销售有限公司	朱庆峰	5	2015年
23	天津进化云创企业管理有限公司	杨万天	20	2015年
24	天津市欣音电加热技术有限公司	高春立	8	1999年

三、荣誉

村建立工会以来，获国家、市、区多项荣誉及表彰。

2009 年，村工会在“三级联创”活动中，被西青区总工会评为先进村（园区）工会。

2010 年，西青区总工会授予中北斜村工会“模范职工之家”称号。

2011 年，村工会在“三级联创”活动中，被西青区总工会评为先进企业工会。

2011 年，中华全国总工会授予中北斜村工会全国工会职工书屋示范点达标单位称号。

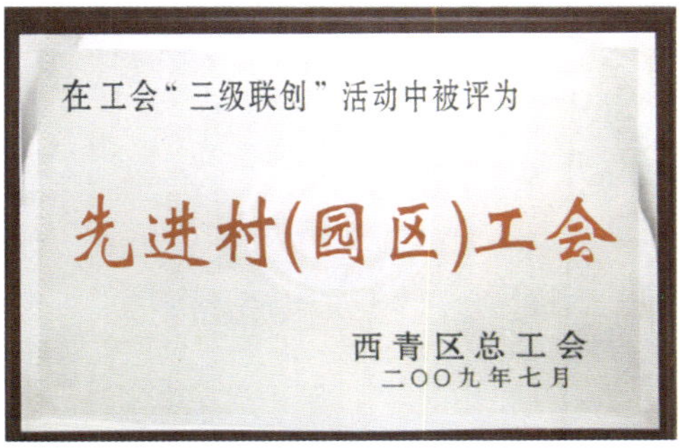

2009 年村工会获评先进村（园区）工会

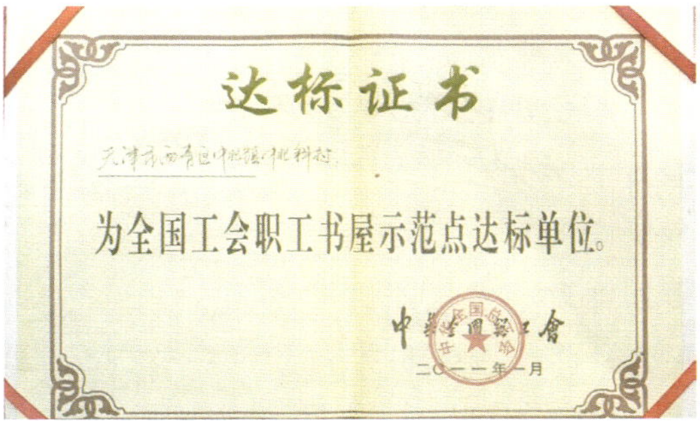

2011 年中北斜村被授予“全国工会职工书屋示范点达标单位”称号

第二节　共青团

一、组织沿革

1949年1月，天津解放后，中北斜村成立青年团组织（中国新民主主义青年团）。1957年5月，改为中国共产主义青年团。

50—60年代，在乡团总支（乡团委）领导下，村团组织围绕党的中心工作，开展共青团活动。

1967年，“文化大革命”期间，共青团组织瘫痪。

1976年，团组织活动恢复正常。

80年代至2018年，在上级团委和基层党组织领导下，村团支部积极开展共青团工作。

二、团支部活动

村历届团支部团结带领全村团员青年积极参加各项活动。60年代后，团支部组织青年积极报名参军，参加水利建设，深翻土地、积肥造肥活动。在历次党的活动中，广大团员青年都发挥主力军作用。

70年代，团支部先后组织开展新长征突击手活动和义务植树活动，开展向雷锋同志学习、向“五保户”“困难户”“军烈属”送温暖活动；开展入党积极分子学党章、入团积极分子学团章、学习毛主席著作活动；做好团员纳新工作；将优秀团员推荐到入党积极分子队伍。

2004年村组织团员义务劳动

1978年，中共十一届

2012 年村团支部获“西青区五四红旗团支部”称号

2016 年村团支部获“西青区五四红旗团支部”称号

三中全会召开以后，团支部紧紧围绕以经济建设为中心开展工作，积极号召广大青年多掌握一门技术，适应市场经济建设需要，参加农业栽培、养殖、手工制作等学习班，培养农村青年服务社会的本领和技能。

90 年代，村团支部紧紧围绕爱国主义这条主线，对青少年加强爱国主义教育，树立远大理想。1997—1999 年，落实镇团委部署的“知西青、爱家乡、建功业”主题活动，组织青年为灾区爱心募捐；开展“四心六爱”、崇尚科学、反对邪教活动。

2000 年，村团支部组织团员青年开展“青年在岗位上发光，青春奉献祖国”主题实践活动，开展争创新时期一代新人、为现代化贡献力量活动。

2002 年，村建立活动阵地，为团组织提供综合活动室、乒乓球室、台球室、篮球场、健身场等文体活动场所。

2003 年，村团支部组织广大团员青年抗击“非典”，组成青年志愿者队伍，对街道、胡同、院落等消毒灭菌，向村户发放宣传材料。

2004 年，村团支部开展“青年在岗位上闪光，青春奉献祖国”主题实践活动，组织团员为困难户、残疾人做好事，开展义务植树、清理垃圾等活动。

2002 年、2012 年、2016 年，村团支部 3 次被共青团西青区委员会授予“西青区五四红旗团支部”称号。2004 年，村团支部被共青团西青区委员会授予“青年文明号”称号。

2005 年，团支部组织青年志愿者参加中北镇团委在天津热带植物观光园举办的“绿色旅游，文明示范”活动，展示中北斜村青年风采，得到广大游客的好评。2011 年，团支部参加镇团委主办的“青春立功‘十二五’”第三届主题辩论赛，获一等奖。2000—2016 年，村团支部组织团员青年多次参加镇举办的全民运动会、万人健步走、青年歌手比赛和区、镇举办的知识竞赛，均获得好成绩。

三、历任团支部书记名录

1949—2018 年中北斜村历任团支部书记名单

李会敏　邱汝森　赵来全（赵来全任五村联社乡团总支副书记）李会生
郝汝龙　李佳兰　刘建强　郭景全　陈克义　祁元来　崔建球　何杏志
邱增焜　赵普洋　祁元刚　陈长智

说明：按任职时间顺序横向排列。

第三节　妇　联

一、组织建设

1949 年 1 月，天津解放后，境内划为天津县第五区，中北斜村建立民主妇女联合会（简称妇联）。

1952 年，村妇女组织积极配合党的中心工作，发动妇女，宣传男女平等、婚姻自由，提倡男女同工同酬，带领妇女参加互助组等，起到党的助手作用。

中共十一届三中全会以后，妇联工作中心转移到经济建设上，组织妇女参加镇举办的各类培训班。村聘请老师传授手工编织、绢花制作等技术，使妇女有一技之长，提高自身本领。

1982 年，国家实行计划生育基本国策，推行一对夫妻生育一个子女。村妇联积

2018 年妇女手工丝网花制作活动

2018 年妇女串珠技艺培训

极配合村基层组织引导宣传计划生育，每年定期为育龄妇女体检。村连续 10 年获评区、镇级计划生育先进单位。

2015 年 10 月，国家全面放开二孩政策。村妇联组织做好宣传工作，定期为育龄妇女做好服务及咨询工作，保障育龄妇女生育权益。

二、妇联活动

2000—2006 年，村投资建设文化活动中心，内设图书阅览室、文艺活动室、健身室、半边天家园活动阵地等，室外场地设 20 多套健身器械。村妇联组织妇女开展文化体育活动，丰富妇女文化业余生活。

村妇联利用活动阵地，组织妇女手工编织培训，吸纳全镇妇女爱好者参加，并举办手工编织作品展。村民谢淑华、郭有纯手工制作精巧，作品布艺老虎、丝网花、小老虎鞋、老虎褡裢等栩栩如生，深受大家喜爱。

2017—2018 年，村妇联开展“庆三八巧手串出幸福生活”活动，组织 50 多名妇女，举办串珠技艺培训班，多次邀请专业老师到村教授技艺。

2008 年 4 月 10 日，全国妇联党组书记、副主席、书记处第一书记黄晴宜到村调研妇联工作。

三、荣誉

2007—2014 年，中北斜村妇联工作获多项荣誉及表彰：

2007 年，天津市妇女联合会授予中北斜村妇联“2003—2006 年度天津市妇联系统先进集体标兵”称号。

2007 年，中国计划生育协会授予中北斜村计划生育协会“全国计生协工作先进单位”称号。

2007 年村妇联获评“2003—2006 年度天津市妇联系统先进集体标兵”

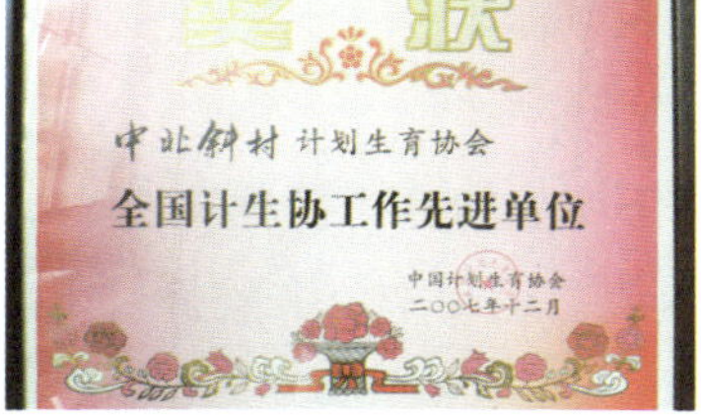

2007 年中北斜村计划生育协会获“全国计生协工作先进单位”奖状

2011 年村妇联获“全国妇联基层组织建设示范村”称号

2010 年，天津市妇女联合会授予中北斜村妇联“妇女基层组织建设示范村”称号。

2011 年，中华全国妇女联合会授予中北斜村妇联“全国妇联基层组织建设示范村”称号。

2013 年，天津市妇女联合会授予中北斜村妇联“示范半边天家园”称号。

2014 年，天津市西青区妇女联合会授予中北斜村妇联“农村妇女岗位建功先进集体”称号。

四、历任妇联主任名录

1949—2018 年中北斜村历任妇联主任名单

张学敏　王桐珍　陈世梅　李会兰　刘桂荣　隋月红　孙玉俊　刘惠霞

说明：按任职时间顺序排列。

第四节　协　会

一、农民协会

1949 年，中北斜村成立农民协会。农民协会（简称农会）是解放初期土地改革时成立的农民群众组织。通过土地改革，推倒压在农民头上的封建主义大山，广大贫雇农分得土地，在土地改革时期，农会起到一定作用，土改后农会完成历史使命。

村农民协会主任为王弼臣、刘世河，农会成员有李筱泉、陈书香、郝林、何秀云、郝椿。

二、贫下中农协会

1964 年，中北斜村成立贫下中农协会（简称贫协）。贫协是 1965—1966 年，“四清”运动期间的群众团体，“四清”运动中，在监督村干部和生产管理方面曾起到重要作用。1978 年 12 月，中共十一届三中全会召开，社会主义经济建设进入改革开放新时期，贫下中农协会退出历史舞台。

中北斜村贫协主任为陈书香，贫协成员有何秀峰、李筱泉、郝椿、刘尊芹。

第十一章　社会事业

民国时期，村内创办民立六十八小学。1929 年，改为公立三十七小学。50 年代，村开办扫盲班，使成年人普遍脱盲。随着教育水平提高，截至 2018 年，村大专以上学历和在读大学生有 103 人，村各项助学制度完善，文化体育活动丰富多彩；医疗保障制度完善，村民文化品位及身体素质显著提升。

第一节　教　育

一、学前教育

新中国成立前后，幼儿主要接受家庭教育，绝大部分村民为文盲，不能教幼儿识字，只教孩子认识简单图画、为孩子讲小故事等。

1958 年，人民公社时期，村“三化两院”（生活食堂化、婴幼儿抚育托儿化、洗衣缝纫集体化，幸福院、妇产院），成立托儿所，接收村 3 岁以上婴幼儿，村民王乃儒担任老师（称保育员），地点在陈家大院东房。

70 年代初，村设立学前班（又称育红班），为上小学打基础。地点在村民赵文志房后小学，配备教室 1 间，添置儿童桌椅、教具等文体用品，村选派具有中等以上文化程度的老师任教。

1987 年，学前班由乡教委直接领导，村幼儿教育纳入正轨。

90 年代开始，几户村民自办幼儿园，招收 3 岁以上孩子。有的幼儿园聘任幼教

2007 年中北斜幼儿园大门（崔殿柱提供）

2007 年中北斜幼儿园院内（崔殿柱提供）

老师。村民郝汝文在自家平房开办私立启蒙幼儿园，招收学龄前孩子，开办 2 个班，2006 年停办。

村民崔殿柱在村西侧村委会平房旧址开办中北斜幼儿园，招收本村及周边村学龄前儿童，聘任幼教老师 4 人，共分 6 个班，入学孩子 100 余人。2009 年，因村平房改造幼儿园停办。

中北斜村幼儿园一览表

表 11–1

单位名称	负责人	教师人数（人）	招收学生（人）	开办时间
中北斜村托儿所	王乃儒	2	10 ~ 15	1958—1960
中北斜幼儿园	崔殿柱	6	30 ~ 100	2003—2009
中北斜启蒙幼儿园	郝汝文	2	10 ~ 20	1994—2006

2012 年 5 月，中北斜村建立婴幼儿早期发展指导中心，占地面积 144 平方米，中心面向全镇 0 ~ 3 岁婴幼儿家庭开放。

二、中小学教育

（一）私塾

清代之前，村教育沿袭私塾方式，讲究孔孟之道，尊孔敬儒，教育求知者，学而优则仕。

清末，中北斜村郝濬卿在家开办私塾，即私人办学，私塾不讲学制，只分长期和短期，学生不受年龄限制，家中条件较好的农户可供孩子长年念书，条件一般念短期（冬三月），启蒙教学内容有《三字经》《百家姓》《千字文》《弟子规》，逐步深入学习“四书”（《大学》《中庸》《论语》《孟子》）等，极少数人能读到“五经”（《诗经》《尚书》《礼记》《周易》《春秋》）。除以上课程，还有珠算、写字（毛笔大小楷）。据 90 岁的李华清口述，村有郝桀、赵文学、何秀云、何广升等上过私塾。

（二）小学

清朝末年，中北斜村秀才邱作山有功名后不忘家乡，开展教育事业。民国初年，邱作山在自家西院建学堂，设教室 1 间，学生 30 余人，进行小复式教学（1 ~ 4 年），名为民立六十八小学。校董王兰壁（东北斜村）、陈仲琴（中北斜村）、刘兆有（西北斜村）资助建村南小学。

1929 年，校名改为公立三十七小学，学校由邱家大院迁址到村南小学。由邱钟洵任教，分小复式和大复式教学。学校仅有邱钟洵 1 人教学，学生 50 多人，有 1 ~ 6 年级，入学儿童涉及周边五六个村。

50 年代中北斜小学原址外景（摄于 1957 年 9 月　郝汝兰提供）
前排：祁连云
中排左起：李会兰、祁连秀、郝汝兰、赵月敏、李会荣、赵月桂、李玉杏
后排：周展（南开大学学生）

1939 年，村发大水，学校冲垮被淹，小学迁到邱家大院。当年在村南小学原址重新修建，西侧增加教室建筑面积。

1946 年，学校改名国民小学，解放后改为公办。1951 年，学校改名为完全小学。1953 年，改名为北斜小学。

70 年代，村小学校址由村南迁往村北赵文志房后平房，更名为北斜中心小学分校。

60 年代北斜小学教室内景

改革开放前，中北斜村小学生全部在北斜小学上学。80 年代，北斜中心小学分校校址由村北迁往北斜中心小学平房，地点在老津杨公路南（西北斜村地界）。

2008 年，镇政府投资在津杨公路南侧（原邢汪庄地界）建中北小学，村适龄儿童分片到中北小学上学。2018 年，中北斜村小学在校生有 62 人。

中北斜小学各年代校名更替和学校负责人情况表

表 11–2

校名	负责人	任职年限
民立六十八小学	邱作山	民国初年至1929年
公立三十七小学、国民小学、完全小学、北斜小学	邱钟洵	1921—1953

续表 11-2

校名	负责人	任职年限
中北斜联校	徐吉楷（主任）	1953—1955
李楼联校	张学勇（主任）	1956—1957
北斜小学	张金标（校长）	1958—1959
李楼联校	张长梦（主任）	1960—1965
北斜小学	徐秀文（主任）	1966—1968
中北斜联校（1978年改为北斜中心小学）	顾世澄（主任）	1969—1980
北斜中心小学	傅东民（主任）	1981—1987
北斜中心小学	刘运起（副校长）	1988—1991
北斜中心小学	刘运起（副校长）	1992—1995

新中国成立前，中北斜村小学教师有郝濬卿（私塾先生）、邱作山、邱钟洵、李德馨、祁连熙。

新中国成立后至 70 年代，中北斜村小学任教老师有邱汝栻（女）、武学英、曹春生、李雅芬（女）、张佑增、崔振飞、张长孟、陈国栋、韩炳炎（女）、窦淑珍（女）、祁连蕊（女）、崔吉修、赵月亭、祁连洁（女）、国福庆、吴来荣（女）、王敏君（女）、朱广发、张金标、付东民、曹希瑞（女）、安邦贯、李志兰（女）、邱汝棣、张志善、张忠环、王佩玉（女）、顾世澄、滕进良、王亮和、董淑敏（女）、王纪贞（女）、王学芹（女）、张学勇、高宝芬（女）、段同礼、徐茂霞（女）、徐秀文（女）、高慧（女）、付杰、李子琴（女）、周岐芬（女）、周世观（女）、徐吉楷、刘芹（女）、王佩华（女）、何宝芹（女）、魏树仁、李云清（女）、安玉林、孙凤林、洪振海、唐建华、刘家云、何杏光、潘凤琴、牛再敏、祁元朋、姚玉芳、王秀芳、赵月敏、韩学简、杨宝亭、刘尊兰。

（三）中学

新中国成立前，中北斜村受过中等以上文化教育的仅有几人。

1957 年 8 月，政府在西北斜村南建中北斜中学，村内和乡境内 20 多个村庄小学毕业生可就近上中学。中北斜村村民文化水平不断提高，接受中等教育的人数逐年增加。

1974 年，北斜中学开设高中班，成为区属完全中学。村部分初中毕业生在此就读高中。

1991年，北斜中学高中班撤销，改为区属初中校。

1998年，中北中学新建。2000年，北斜中学与大稍口中学合并，迁址至新校中北中学，村内小学毕业学生全部到中北中学上中学。

三、大中专教育

随着国家对文化教育的普及，村民接受教育观念不断提高。2004—2018年，村两委班子制定实施一系列支教政策，激励村民子女接受高等教育。

2004年，村对高中、中专、大专、本科在校生给予支教补贴金，每人每年2400元；因上学农转非在校生每年享受1.2万元补贴金，直至大学毕业。2008年，村对小学、初中在校生给予支教补贴，每人每年2400元。2011—2016年，村对小学、初中、中专、高中、大专、本科在校生提高支教待遇，每人每年给予支教补贴款3600元；对未满18周岁的高中及以上学历在校生提前享受失地金待遇，每人每月500元。2017年开始，对小学至本科在校生上调支教补贴款，每人每年7200元。

据2018年统计，村全日制大专以上学历人员有147人，其中硕士研究生5人、大学本科72人、专科70人。

截至2018年中北斜村部分全日制大学生统计表

表11-3

序号	姓名	性别	出生日期	学历	毕业院校
1	崔淞	女	1969-07-05	大学本科	天津师范大学
2	邱增烇	男	1972-12-19	大学本科	华东理工学院
3	郭有金	男	1976-01-16	大学本科	天津师范大学
4	何长俊	女	1981-12-12	大学本科	天津大学
5	陈润萍	女	1982-09-13	大学本科	天津二轻工业学院
6	赵晰	女	1982-11-26	硕士研究生	天津师范大学
7	潘晓松	男	1984-01-20	大学本科	天津工程师范学院
8	郝建云	男	1984-02-13	大学本科	天津科技大学
9	潘小涛	男	1984-03-10	大学本科	天津大学
10	邱增丽	女	1986-06-23	大学本科	天津城市建设学院
11	王若纯	男	1986-10-28	大学本科	南京信息工程大学

续表 11-3

序号	姓名	性别	出生日期	学历	毕业院校
12	郝艳艳	女	1986-11-14	大学本科	天津工业大学
13	赵彤	男	1986-11-30	大学本科	合肥工业大学
14	郭有维	女	1986-12-30	大学本科	天津中医药大学
15	郭宏鑫	女	1987-08-09	大学本科	天津理工大学
16	张颖	女	1987-10-25	硕士研究生	哈尔滨工业大学
17	潘雯	女	1988-01-02	大学本科	南京信息工程大学
18	崔越	男	1988-02-14	大学本科	山西太原工程学院
19	王洪君	女	1988-04-26	大学本科	加拿大滑铁卢大学
20	陈长智	男	1988-11-10	大学本科	海南师范大学
21	白兰	女	1988-12-22	大学本科	天津农学院
22	郝跃称	女	1989-05-22	大学本科	天津师范大学
23	邱元坤	女	1989-07-26	大学本科	天津医科大学
24	杜竹	女	1989-08-24	大学本科	天津城建大学
25	郝建东	男	1990-02-04	大学本科	天津科技大学
26	邱增莲	女	1990-03-06	硕士研究生	北京林业大学
27	赵普楠	男	1990-10-05	硕士研究生	法国瓦岱勒国际酒店与旅游管理学院
28	牛富瑞	男	1991-11-17	大学本科	天津城建大学
29	赵普浩	男	1991-12-01	大学本科	河南城建学院
30	郭有志	男	1992-03-14	硕士研究生	天津师范大学
31	何长有	男	1992-04-14	大学本科	天津财经大学
32	牛福欣	女	1992-07-18	大学本科	湖南师范大学
33	杜欢	女	1992-08-01	大学本科	天津职业技术师范大学
34	李皓	女	1992-10-07	大学本科	天津工业大学
35	任珊	女	1994-04-29	大学本科	天津医科大学
36	何霖	男	1994-05-10	大学本科	天津医科大学
37	李洋	男	1994-07-15	大学本科	天津财经大学

续表 11–3

序号	姓名	性别	出生日期	学历	毕业院校
38	陈润民	男	1994–09–24	大学本科	天津城建学院
39	邱元塬	女	1994–11–08	大学本科	青岛大学
40	潘丽娟	女	1995–01–08	大学本科	武汉理工大学
41	何文彩	男	1995–03–23	大学本科	牡丹江师范学院
42	何长伟	男	1995–04–22	大学本科	天津中医药大学
43	郝梦娅	女	1995–10–27	大学本科	天津外国语大学
44	祁雪晴	女	1995–12–15	大学本科	美国加州大学
45	郝金蕊	女	1996–03–01	大学本科	天津师范大学
46	郝建颖	女	1996–03–05	大学本科	天津师范大学
47	李梦涵	女	1996–03–28	大学本科	河北师范大学
48	赵金铭	女	1997–04–22	大学本科	天津财经大学
49	陈崇岭	男	1997–11–20	大学本科	上海理工大学
50	王莹	女	1998–03–20	大学本科	沈阳城市学院
51	崔曦文	女	1999–04–22	大学本科	加拿大麦克马斯特大学
52	崔帅	男	1983–12–29	大学专科	天津现代职业学院
53	何长雨	男	1985–07–11	大学专科	天津机电学院
54	杨萍	女	1986–12–24	大学专科	天津交通职业学院
55	何长燕	女	1987–07–15	大学专科	山东交通职业学院
56	杜达宁	男	1987–11–11	大学专科	天津轻工职业学院
57	郝天琪	女	1990–06–23	大学专科	吉林大学
58	何长鑫	男	1990–11–06	大学专科	天津中德职业技术学院
59	牛志道	男	1991–06–30	大学专科	铁道警官专科学院
60	何欢	女	1994–04–07	大学专科	佳木斯大学
61	陈皓	男	1994–10–05	大学专科	天津交通职业学院
62	郭富超	男	1995–02–20	大学专科	天津市职业大学
63	郝春艳	女	1995–02–20	大学专科	天津国土资源职业学院

续表 11-3

序号	姓名	性别	出生日期	学历	毕业院校
64	侯爱鑫	女	1995-09-06	大学专科	天津铁道职业技术学院
65	赵金悦	女	1995-09-15	大学专科	天津农学院
66	刘亚男	女	1995-10-18	大学专科	天津轻工职业技术学院
67	解思琪	女	1996-08-07	大学专科	天津机电职业技术学院
68	郭宏杨	女	1996-11-13	大学专科	天津广播电视大学
69	牛富达	男	1997-02-10	大学专科	天津广播电视大学南开分校
70	郝跃顺	男	1997-03-24	大学专科	天津城市建设管理职业技术学院
71	赵青洋	男	1997-05-22	大学专科	天津公安警官职业学院
72	郭富森	男	1997-08-20	大学专科	天津城市建设管理职业技术学院
73	陈婧	女	1997-09-16	大学专科	天津现代职业技术学院
74	崔盛盾	男	1997-10-29	大学专科	天津轻工职业技术学院
75	郝建睿	女	1997-11-15	大学专科	天津商务职业学院
76	邱元城	男	1998-01-29	大学专科	天津商务职业学院
77	潘丽文	女	1998-06-26	大学专科	天津公安警官职业学院
78	赵金浩	男	1999-07-15	大学专科	天津市公用技师学院

四、成人教育

（一）扫盲班

1950 年，村开办夜校，开展扫盲工作，利用小学教室，请小学老师任教师（义务），教学时间在农闲冬季，时称“冬学”，教学对象多为村干部、积极分子和男女青年，教育内容以识字、算术为主，村民入学率达 70% 以上。

1953 年，村建立扫盲识字班，与村党、团、妇联组织密切配合，动员村民报名参加学习，学员年龄为 15 ～ 50 岁，地点在村南小学。当时全国推广“祁建华速成识字法”学习拼音字母，识字量在 1500 个字以上，达到小学 3 年级水平。全村近 200 人摘掉文盲帽子，扫盲性质的夜校、识字班持续到 1956 年，小学老师段同礼、崔振飞担任夜校教师。

（二）成人文化教育

2008年，村成立成人文化学校，投资3万余元添置各种教学设备，做到六有：有固定教室（110平方米）、有桌椅百套、有黑板、有专业教师、有培训计划、有教学设备（液晶大屏幕、电视、影碟机、录像机、电脑、摄像照相器材、音响设备等），为成人文化教育提供有利条件。

村班子引导村民接受成人教育，举办各类培训班。鼓励村班子成员及在职人员报考党校、广播电视大学等教育机构，提高基层管理人员的文化素质。

2018年，村接受成人教育并取得大专及以上学历人员25人，其中大学本科4人、大学专科21人。

（三）技术培训

2008年以后，村班子积极引导村民参加镇人才工程建设培训。内容包括党政管理和基本理论，企业管理、营销基础理论学习，农业种植户实用技术，第三产业基础理论培训及各种专业技能。2016年，村积极落实“中北镇百万技能人才培训”计划，多名村民报名参加叉车司机、电气焊维修电工、面点师、手工编织等培训，掌握专业技能。

截至2018年，20余人获绿色证书，5人获统计从业资格证书，9人获初级专业技术职称，9名村级干部获岗位培训证，干部管理水平和岗位技术水平明显提高。

第二节　文　化

一、场所设施

解放初期，村文化活动无正式场所，村民举办大型活动，如扭秧歌、跑旱船等都到村西大场排练（何福田大场）。村成立剧团后，村民在村北牛汉杰家大院排练。1968年，建村东大队部，村民有了活动场所。

1974年，村建大礼堂（邱家大院南院），购进40寸投影电视机1台，晚上村民可到村大礼堂收看电视节目，村民赵月起负责播放。

1999年，在村西建平房村委会，腾出村委会大院，为村民排练大秧歌舞，开展

2006 年村文体活动中心内景

2018 年溪悦园党群服务活动中心

群众文体活动提供场地。

2006 年 2 月，村南建 2 层文体活动中心（中北大道北侧），为村民提供室内活动场地。活动中心建筑面积 750 平方米，设农家书屋、电子阅览室、乒乓球室、台球室、党员活动室、文体活动室、残疾人康复站等，残疾人康复器材有 10 余套。

健身广场占地面积 3200 平方米，安装健身器械 27 套，设有篮球场、羽毛球场、双杠、儿童滑梯等。仿古花园丰乐园占地面积 2800 平方米，园内设有仿古木制凉亭（丰乐亭）、汉白玉拱桥等，为村民提供休闲娱乐场所。

2011 年 9 月，在村园区建三层楼综合服务中心，建筑面积 1800 平方米。平房改造期间，村组织的各项文体活动在园区开展。室内设文体活动室、农家书屋、电子阅览室、乒乓球室、台球室、党员活动室、残疾人康复室和健身器械等。

2018 年，溪悦园还迁小区 4000 平方米党群服务中心启用，其中 2 楼、3 楼的文体活动设施向村民开放。

二、文化活动

解放初期，村文教委员、团支部、妇联联合组成文体活动组织，开展文体活动。文体活动联合组成员为村文教委员陈世平、青年团书记李会敏、妇女主任张学敏。

（一）村剧团

1952 年，村成立剧团名为“胜利剧团”，演员多是秧歌队员，有 30 余人。团长为李筱泉，副团长为李华亭、郭景宗，队员有李华清、杜宗义、祁书林、邱钟灏、何广泰、赵文炳、周岐山、郝榨、李会生、赵月堂、牛汉琪、杜宗贤、刘建国、郝汝义、陈世梅、刘秀兰、牛汉辰、刘桂荣、祁连杰、刘茂珍、牛汉珍、赵月明、侯玉英、郝汝礼妻等。乐队人员有邱钟涛、邱汝棣、祁连华、祁连毕、郝汝仁、郝棻、郝椿、郝梁、赵师彬等。

村聘请天津市评剧院旦角演员莲小君、小生演员王宝昆到村指导。演出剧目有：歌剧《兄妹开荒》《大丰收》《纺棉花》《焗大缸》，话剧《丢驴吃药》《败子回头》《应征前夕》《砸卦摊》，评剧《捉妖记》《小女婿》。

胜利剧团经常应邀到外演出。1952 年，剧团应邀到古佛寺、炒米店演出歌剧、话剧等剧目，受到当地村民欢迎。

（二）文化队伍

1951 年，村成立秧歌队，有 40 余人。逢重大节日，人们敲锣打鼓，腰系红绸，在街头巷尾扭秧歌、要驴、跑旱船，增添喜庆气氛。

1956 年 1 月，村秧歌队参加天津市举办的“庆祝社会主义改造胜利”联欢活动，在天津民园体育馆表演，获“天津市农民文艺汇演”纪念奖，并在《天津日报》刊登。

中北斜村秧歌队和胜利剧团于 1960 年解散。

1968 年，村成立文艺宣传队。队员有郝汝星、郭友恒、郝汝田、祁连山、郝汝敬、祁连河、祁连海、郭景巨、陈润深、郝汝农、祁连江、郝汝兰、郝汝文、刘尊兰、崔吉敏、崔吉兰、何宝玉、祁连秀、杜家俊、王海英、赵月芬、何宝俊等。演员多才多艺，有的是乐器伴奏队员，在整台演出中交叉扮演角色。文艺宣传队业余时间在小学校大院排练。所演节目有民族歌曲、快板书、赛诗、民族舞蹈、器乐独奏、样板戏片段、器乐合奏等。村文艺宣传队曾参加公社文艺节目巡演，节目常作压轴戏。1969 年，村文艺宣传队去杨柳青舟桥部队演出，宣传部队英雄事迹。村文艺宣传队于 1971 年解散。

村文艺宣传队部分演员（崔吉敏提供）
前排左起：杜家俊、崔吉兰、刘尊兰、祁连秀
中排左起：赵月芬、郝汝文、何宝俊
后排左起：何宝玉、崔吉敏

1997 年，村民自发组成秧歌队，名为“众发秧歌队”，组织人员有邱汝荣、郭友恒、郝汝亮、邱汝敬。秧歌队员由 30 多人发展至 60 余人。晚上在村南大街排练大秧歌舞，添加跑驴、抬轿、拉旱船等滑稽表演项目。

进入 21 世纪，村各项文体活动蓬勃

1999 年村秧歌队抬轿、拉旱船表演（李树起摄）

2006 年村百人太极扇队排练（李树起摄）

2006 年村百人秧歌队排练（李树起摄）

2007 年村舞龙队参加花会展演（李树起摄）

2012 年村合唱队赛前排练（李树起摄）

2014 年村合唱队参加中北镇第六届群众歌曲大赛（李树起摄）

开展，在原有秧歌队、锣鼓队基础上，组建各类文体活动队伍。

2000 年，秧歌队改名为中北斜村秧歌队，村集体出资购买服装、道具、锣鼓、镲等器具，聘请老师排练广场舞、现代秧歌舞等。

2006 年开始，村先后组成百人太极扇队、男子舞龙队、百人合唱队，请专业老师到村指导。文体队伍由最初100余人发展到200多人。

2000—2016年，村文体活动队伍到村指导老师有：

百人秧歌队指导老师徐乃华（区文化馆）、王宝洁（镇文化站），百人太极扇队指导老师王瑞树（曹庄），男子舞龙队指导老师李老师（杨柳青人，姓名不详）。

百人合唱队指导老师有蔡醒华、徐乃华、李鸿年、梁杰（区文化馆）、赵文年（民美通艺术团）、王宝洁（镇文化站）。

2011年，中北斜村被评为西青区“百支群文社团（艺术团队）”，村男子舞龙队舞龙项目被天津市命名为“天津民间特色文化项目”。

（三）露天电影

60—70年代，区、镇放映队到村巡回放映露天电影。每当晚上演电影，人们都尽早吃晚饭自带小板凳到放映场地，男女老少一同观看电影。起初放映场地在村西供销社门口，后转到村东操场和村北老津杨公路南侧空地。

放映露天电影有宽、窄两种银幕，挂起宽银幕意味着放映武打片或战争片。放映正片前，先放映一段新闻纪录短片，如《祖国新貌》《农业科教片》等，以等候尚未到场的观影人员。

村曾经放映的电影有《龙须沟》《杨乃武与小白菜》《国庆十点钟》《青松岭》《南征北战》《甜蜜的事业》《渡江侦察记》《永不消逝的电波》《瞧这一家子》《地雷战》《地道战》《董存瑞》等。

80年代后，电视机在村民家庭中普及，露天电影渐渐消失，人们闲暇时到杨柳青镇或市里电影院购票看电影。

进入21世纪，镇域内永旺影城开放营业，村民能就近看电影。

60—70年代的露天电影

（四）剧团演出

2004 年 6 月，村聘请河北省评剧团到村演出《秦香莲》《杨三姐告状》《花为媒》《茶瓶计》。

2006 年 6 月，村聘请天津时代艺术团到村演出文艺节目，演员有京剧名家康万生、李莉，歌手牛豹、岳军等。

（五）书画作品

中北斜村书画爱好者有郝汝雨、刘志明、郝汝才、屈秀兰、魏国珍、丰晓娟等，其书画作品均参加区、镇书画展。

村民丰晓娟绘画作品（一）（2017 年提供）

村民郝汝雨绘画作品（2017 年提供）

村民魏国珍绘画作品（一）
（2017 年提供）

村民魏国珍绘画作品（二）
（2017 年提供）

村民丰晓娟绘画作品（二）
（2017 年提供）

村民刘志明书法作品（一）（2017 年提供）

村民屈秀兰书法作品（2017 年提供）

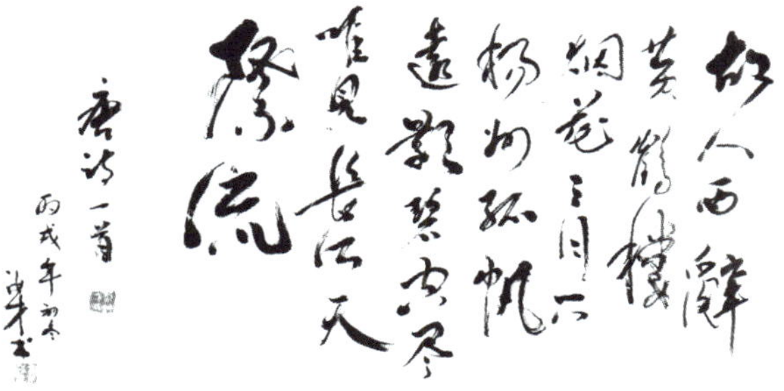

村民郝汝才书法作品（2017 年提供）

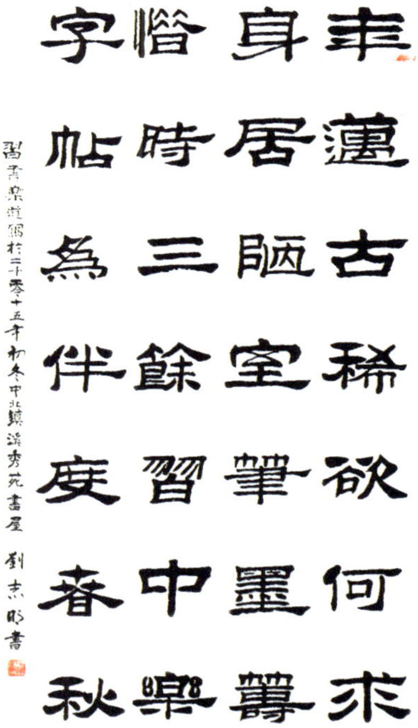

村民刘志明书法作品（二）
（2017 年提供）

三、赛事活动

进入 21 世纪，村加强精神文明建设，提供场地设施，组织开展文体活动，村文艺爱好者、文体活动队伍常参加区镇比赛，获得多项荣誉。

2000 年，西青区举办“爱我中华赞西青歌手大赛”，村民邱增盈获区级青年歌手一等奖。

2004 年，西青区举办区第二届歌手比赛，村民郭友纯获区级歌手比赛三等奖。

2006 年，西青区举办第三届歌手大赛，村民郝跃康、郝汝文获区级歌手比赛三等奖。

2006 年 2 月，村秧歌队编创印度舞、百人太极功夫扇，参加西青大舞台展演，节目在天津电视一台播出。

2006 年 6 月，村百人秧歌队参加天津市春节民间花会广场舞擂台赛，获广场舞十大擂主称号。

2006 年 9 月 30 日，村百人秧歌队代表西青区到天津体育馆参加第三届中华（天津）民间艺术精品博览会开幕式。

2007 年 3 月，村秧歌队在市体育馆参加天津市第 26 届妇女三八健康杯体育活动通讯赛启动仪式，表演的新秧歌舞《好运来》荣获一等奖。

2010 年，村百人秧歌队参加区主办西青区元宵节秧歌花会展演，获最佳表演奖。

2011 年 6 月，村百人合唱队在西青区文化中心剧场参加由区妇联、区老干部局、区文广局共同举办的“巾帼放歌，颂歌献给党”歌曲演唱会。

2011 年 8 月、2012 年 8 月，村百人合唱队两次参加西青大舞台和杨柳青民俗广场演出，合唱曲目《同一首歌》《阳光路上》《江山》，颂歌联唱《江山》《党的旗帜高高飘扬》等。

2006 年村百人秧歌队参加天津市首届民间花会广场舞擂台赛（李树起摄）

2006 年村百人秧歌队参加第三届中华（天津）民间艺术精品世博会人员合影（李树起摄）

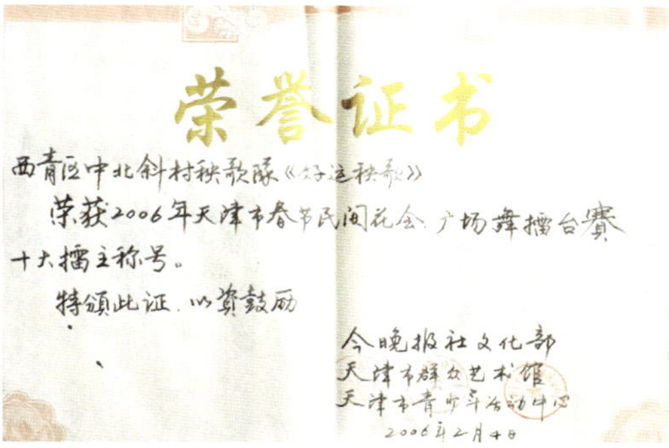
荣誉证书

西青区中北斜村秧歌队《好运秧歌》

荣获2006年天津市春节民间花会广场舞擂台赛十大擂主称号。

特颁此证，以资鼓励

今晚报社文化部
天津市群众艺术馆
天津市青少年活动中心
2006年2月4日

村秧歌队《好运秧歌》获 2006 年天津市春节民间花会广场舞擂台赛十大擂主称号

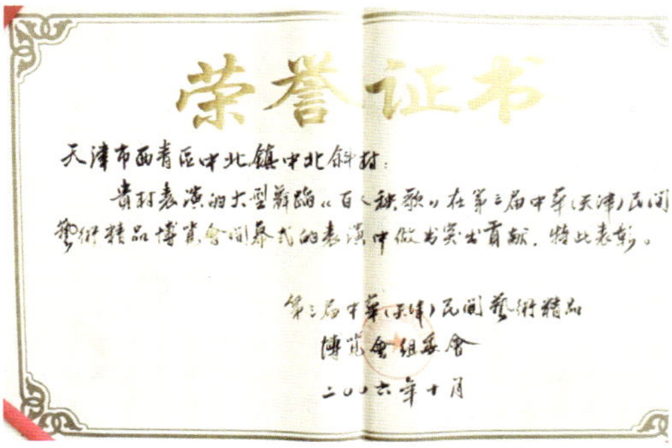
荣誉证书

天津市西青区中北镇中北斜村：

贵村表演的大型舞蹈《百人秧歌》在第三届中华（天津）民间艺术精品博览会闭幕式的表演中做出突出贡献，特此表彰。

第三届中华（天津）民间艺术精品博览会组委会
二〇〇六年十月

村表演的《百人秧歌》在天津民间艺术精品博览会获荣誉证书（村委会提供）

2012 年 9 月，镇举办第四届群众文化艺术节歌曲大赛，村百人合唱队获一等奖。

2016 年 2 月，村百人合唱队在西青文化馆参加西青区迎新春群众文化优秀节目展演，村合唱队演唱的《南泥湾》得到领导及观众好评并获奖。

2016 年 2 月，村舞龙队参加中北镇第九届“正月正”花会展演，在永旺广场举办活动，天津电视台进行现场直播。

2017 年 9 月，村百人合唱队代表天津市涉农区县，在津湾广场参加反法西斯抗战胜利 70 周年汇报演出。

第三节　体　育

一、体育设施

50 年代中期，天津一中无偿为村提供体育器械，有平衡木、单杠、双杠、篮球架、乒乓球案子、球拍、乒乓球、篮球等。乒乓球室设在邱家大院西房，篮球场、单双杠、平衡木等器械均设在村东操场。

2006 年 2 月，村投资建设文体活动中心和健身场地等设施，由于村平房改造，于 2011 年拆除。是年 9 月，村文体活动中心迁往园区新建三层社区综合服务中心。

2018 年，溪悦园四层楼党群服务中心对外开放，二楼、三楼为文体活动场所，室内文体娱乐设施齐全。

党群中心棋牌室

党群中心舞蹈室

党群中心儿童活动室

党群中心台球室

党群中心健身室

党群中心乒乓球室

二、体育活动

50年代末期，在村党支部领导下，共青团组织带领青年开展体育活动，组成篮球队、乒乓球队。篮球队以邱汝检、何宝元、李玉才、牛汉章、张学勇、韩文亮、洪振海、王亮和等为主力；乒乓球队以李会生、祁连山、郝汝龙、郝汝星、郝汝田、郝汝年为骨干。体育队伍常与马庄球队开展联谊赛，并和天津一中师生进行体育交流。

60—70年代，村民自发组成摔跤队，队员有20多人。郭友恒、郝汝亮、郝汝田、

2018 年小区广场健身活动

2018 年小区健身场晨练

郝汝琪、郭景巨、崔吉善、赵月柱、郭友明、陈润深、祁元友、崔吉禄、冯洪新、阴荣广、杨路、吴志杰、岳延奇、李桂彬、祁连成、陈克义、邱汝敬、何宝明、郝跃庭等。农闲时，男青年穿上摔跤衣服（称跤衣）练习摔跤，有时练到半夜结束，经常与邻村举办友谊赛，切磋技艺。队员们在村内郭有恒家大院、村南崔家大院练习。

2006 年，村在文体活动中心组织开展篮球、乒乓球、台球等活动。

2015 年，溪悦园小区内修建体育健身场，村民在体育场地跳健身舞蹈、打太极、练武术等。村民自发组成老年骑行队，开展骑行锻炼。

三、体育赛事

80 年代，在乡体协领导下，村成立体育协会，组织村民开展多项体育活动。全乡组建 6 个联谊会，中北斜体育协会组织村民参加六大联谊协会组织的各项体育赛事。

2002 开始，村连续多年组织体育选手参加镇举办的全民运动会，每次派出青年

2012 年村民参加镇党委举办的万人健步走

2014 年镇十三届运动会女子拔河比赛（李树起摄）

运动员参加开幕式和比赛，均取得好成绩，为村争光。

2004年，村获镇第八届全民运动会优秀组织奖。

2006年，村获镇第九届运动会道德风尚奖。

2010年，在镇第十一届运动会中，村男子拔河队获比赛第二名，侯俊亮获个人趣味比赛（摸石头过河）第一名。

2014年，镇举办第十三届运动会，村在女子拔河项目中获第一名。

2009—2014年，每年9月，中北斜村组织村民参加镇党委举办的万人健步走活动，每次有200余人参加。

第四节　医疗卫生

一、卫生所

新中国成立前，村域内没有医疗单位，缺医少药，村民遇有病患，一般常见病服用些民间土方，如遇有流行性传染病发生，则束手无策。

1950年，上级医疗部门在村建立卫生诊疗所，设在邱家大院。诊疗室大夫为刘长胜、李红彬、周世得。

1957年，由上级政府出资，村出土地，在村西大道旁建立卫生所，治疗妇科、内科、儿科等病症。卫生所大夫有刘长盛、赵月亮、肖中和等。

60年代末，卫生所由中北斜村迁往“九一九”公社卫生院，地点在老津杨公路北侧水利站对面。

1968年，村设红医站，由生产大队选派保健员（赤脚医生）参加区卫生局培训，掌握一般常见病诊疗。红医站设在村东大队部旁的2间平房内。70年代中期，红医站随村委会迁往村北，在小学南房西侧2间平房。何宝祥任村红医站大夫。刘长盛从卫生院退休后，任职村红医站大夫。陈克荣、李会兰、李桂树先后在村红医站任村医。

1981年，区政府整顿村级医疗站，村卫生保健员经考试合格转为乡医并发证书（称红医站大夫）。随着农业生产责任制进一步完善，红医站由集体形式逐步转向个体形式卫生医疗站。

二、疫苗接种

解放前，村妇幼保健无人过问。村民如患脑膜炎、小儿麻痹症（婴儿瘫）、天花、肺结核、妇科病等，很难治愈。

新中国成立后，国家注重疫苗接种预防工作，村民患小儿麻痹后遗症者偶有几人。随着预防疫苗介入，小儿麻痹症患者大为减少。

60 年代开始，对 0 ～ 7 岁儿童进行定期检查及免疫接种，接种“四苗”（卡介苗、脊髓灰质炎疫苗、百白破三联疫苗、麻疹疫苗），以及流行性脑膜炎、乙脑、乙肝、牛痘等疫苗，儿童发病率逐年明显下降。

1981 年 3 月，国家取消在全国范围内接种牛痘。

2003 年，村配合镇卫生医疗部门为 0 ～ 7 岁儿童建立健康卡，定期查体及免疫接种。

三、传染病防治

（一）霍乱

1963—1964 年，村对村民进行霍乱疫苗接种。

1964 年 8 月中北斜村霍乱疫苗接种情况表

表 11-4　　单位：人

村民人数	已注射		未注射								
	人数	占比（%）	6岁以下	80岁以上	高血压	心脏病	孕妇	哺乳	肺病	其他	合计
729	663	91	13	15	3	2	14	2	3	14	66

（二）腮腺炎

腮腺炎（俗称痄子），是儿童和青少年常见的呼吸道传染病，主要表现为脸颊一侧或两侧以耳垂为中心，向前、后、下部肿大发热，有触痛。1976 年，村内发生流行性腮腺炎。

（三）传染性非典型肺炎（简称“非典”）

2003 年，“非典”突袭而至。村组成抗“非典”领导小组，成立村预防“非典”办公室，并设立宣传组、巡逻组，组成 16 人防疫消毒队伍，每天 2 次对街道喷洒消毒药液。在村主要街道设置预防“非典”检查站，外来人口入村登记。

村投资2万余元，购买过氧乙酸消毒液24桶（240公斤），喷雾器7个，防护服18套和防护镜、口罩、橡胶手套等防护用品。购进消毒剂500袋，发放到每户。购进中药合剂1500袋，发放到每户（包括暂住外来人口）。每户发放一支体温表，方便村民自测体温。建预防“非典”临时观察室5间，购进病床及相应用具。

2003年7月，村“非典”警报解除。

四、爱国卫生运动

（一）饮水卫生

新中国成立前后，村民饮用南运河水，因河水浑浊受污染，肠道疾病和钩虫病发病率高。

1957年，兴起爱国卫生运动，村组成饮水消毒队伍，大力宣传饮水卫生常识，无偿提供饮水消毒药品，挨户在水缸中投放消毒药（由硫酸铝和漂白粉配制而成）有效控制钩虫病和肠道传染病发生。

1958年，村建沉淀池，引南运河水至沉淀池过滤，池水加入消毒剂，减少危害。60年代中期，村民饮用由雷庄村引至该村的浅井水，水塔池中加消毒剂，向村里供水。

1978年，村打机井、建水塔、铺管道，自来水通到各户，村民都用上洁净卫生的深井自来水。

2016年，村民还迁后搬入新居，饮用洁净自来水。

（二）环境卫生

1958年2月，组织村民开展除“四害”（苍蝇、蚊子、老鼠、麻雀）活动，组织人员喷药消毒、灭蝇挖蛹。后麻雀不再列为四害之一，由臭虫代替。

1958年秋、冬季，村结合爱国卫生运动，组织村民夜战挑土，填平村西脏水坑（邱岳山房西），减少蚊蝇滋生。

60—70年代，广泛开展灭鼠卫生防疫工作，以村、户自行灭鼠为主，采用鼠夹、药物消灭老鼠，预防鼠疫；村组成积肥小组，铲除路边杂草，集中到村南固定粪场堆沤、高温发酵，减少病菌传播；村成立卫生消毒站，以红医站大夫为主，配备卫生消毒员，定期对粪堆、厕所消毒灭菌。

2004年，创建国家级卫生镇、天津市市级卫生村。村成立创卫领导小组，组成保洁队伍，配备人力保洁车3辆，添置清扫工具，村为各户配备胶皮桶，胡同放置封闭垃圾箱，保洁员每早清理。

2007 年村党员义务劳动清理村内积雪

2011 年村党员义务劳动清理园区卫生

党支部每季度组织党员、村民代表义务劳动，清理街道杂草、垃圾，清除卫生死角。

2006 年，中北斜村被天津市爱国卫生委员会评为“市级卫生村”。

五、健康普查

（一）妇幼保健

解放前，妇女分娩是一大难关，当时均系旧法接生，卫生条件和技术条件极差，有的产妇、婴儿死于产后热、四六风。如遇难产，产妇及婴儿十有八九丧生。婴儿出生多，而健康成长者少，产妇患妇科病多。

新中国成立后，推广新法接生，培训接生员。村接生员张业荣（崔大娘），从解放初期至 70 年代，义务为该村及周边村孕妇检查、接生，不分昼夜，随叫随到。80 年代初，村派红医站大夫陈克荣参加新法接生培训。90 年代，育龄妇女怀孕在村计生办登记，再到乡卫生院建卡，定期孕检，到医院分娩。

从 80 年代开始至 2018 年，国家实行计划生育政策的 30 多年中，村每年都为育龄妇女免费做 B 超和健康体检。

（二）老年人查体

自 2006 年开始，每年为退休人员免费查体，主要检查项目有血流变、血压、B 超、X 光透视等。2014—2018 年，村积极配合中北卫生院，对村民进行大肠癌免费筛查。

2018 年，中北卫生院在溪悦园党群服务中心一楼设立中北卫生服务站，为社区居民查体，一般病症可就近就医。

2006 年村为退休人员免费体检

第十二章　精神文明建设

90 年代末，村党支部坚持精神文明和物质文明一起抓，先后开展小康村、文明村、卫生村、民主法治示范村、全国文明城区和卫生城区等创建活动。通过开展“三讲三爱”“社会主义思想教育”“培育践行社会主义核心价值观”“创先争优”等活动，对村民进行思想道德教育和社会主义核心价值观教育。学雷锋志愿者服务队和党员志愿者服务队伍，在村域内长期开展活动。培育健康向上的文化氛围，文明新风层出不穷。

截至 2018 年，村获区级以上集体奖项 44 个，其中国家级荣誉 7 项，2017 年获得全国文明村镇称号。村民家庭、个人获镇级以上荣誉 50 项，其中文明家庭 6 户，五好家庭 6 户，文明个体工商户 4 户，文明科技示范户 4 户，文明公民 7 名，“好儿媳、好姑嫂”等 5 名，以及公益事业热心人 3 人，自强自立带头人 1 人，全国劳动模范 2 人、市级劳动模范 2 人、五一劳动奖章 1 人，精神文明创建先进工作者 1 人等。

第一节　文明创建

一、小康村建设

2000 年，村开展小康村建设，成立小康村建设领导小组，坚持物质文明和精神文明一起抓，大力发展集体经济。健全完善农业设施，不断提高生产能力，增加农民收入，村民物质生活水平不断提高。

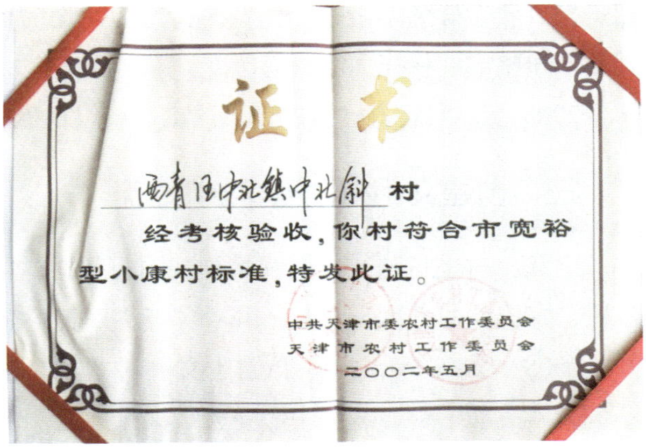

2002 年中北斜村获天津市宽裕型小康村称号

在小康村建设中，中北斜村加强精神文明建设，充分发挥广播站、公开栏、大屏幕等阵地广泛宣传。村利用文体活动中心、老年人活动室等场地，开展经常性文体活动。团支部、妇联、工会等群众组织充分发挥作用，组织体育竞赛、棋类比赛、技能大赛等。广泛开展文明户、文明村民、岗位能手、好公婆、好妯娌等评选活动。村支持教育事业，自村民入幼儿园开始至大学毕业，村里均给予支教补贴。组织村民参加技能培训班，多名村民获得农业种植、电工技能、烹饪、护理专业技能等技术证书。计划生育工作全面达标，连续多年被评为区、镇先进单位。村庄环境得到有效改善，完成村内道路硬化、上下水管网入户、公厕治理，清理私搭乱建，治理河沟坑塘等成效显著。

村发展公益事业，设卫生站，村民小病不出村、大病不误诊；老有所养，病有所医，孤老户均能享受五保待遇。综合治理委员会、计划生育协会、红白理事会、调解委员会、治安巡逻队等各项组织健全，发挥职能作用。

2002 年，中北斜村跨入天津市宽裕型小康村行列。

二、卫生村创建

2004 年，村开展创建市级卫生村镇活动（简称“创卫”）。健全村级创卫组织，形成爱国卫生组织网络，入户发送创卫活动倡议书，在村内街道绘制大型固定创卫标语，利用宣传橱窗、悬挂创卫标语开展多种形式宣传活动，形成全民参与的良好氛围。

创卫过程中，村内垃圾无害化处理率达 80% 以上，村民生活污水处理率达 30% 以上。加强饮水管理，定期对机井泵站蓄水池进行消毒，杜绝饮用水污染。村内街道达到净化、绿化、美化、亮化，无乱堆乱放，无乱贴乱画，街道里巷摆放垃圾桶，每日清净，无随地乱倒垃圾；有垃圾储运设备及垃圾装卸地，设专人清除村内垃圾，运往垃圾站。公厕布局合理，清理及时，夏天定时喷洒消毒，公厕管理合格率达 90% 以上。穿村公路无私搭乱建乱盖，村无违章建棚亭、无乱摆乱卖、无占路经营现象。防病虫害、灭鼠灭蝇、消毒杀菌，设专人定期对公厕、胡同消毒灭菌，做到足量喷洒、投放。做好冬季清雪工作，坚持环境治理综合防治。开展创卫以来，平房旧村治理得干净整洁，村庄面貌大有改变。

2005 年，中北斜村被评为天津市“市级卫生村”。

三、创建文明村“五个一”工程

中北斜村坚持物质文明和精神文明一起抓，以抓好宣传为先导，利用广播站、宣传栏，宣传党的方针、政策；开展“五讲四美三热爱”宣传教育活动。

2005—2006 年，村开展创建文明村“五个一”工程，即一个超前的建设规划、一个文体活动中心、一个中心花园、一个综合服务站、一套规范的垃圾清运设施。中北斜村率先达到“五个一”标准。

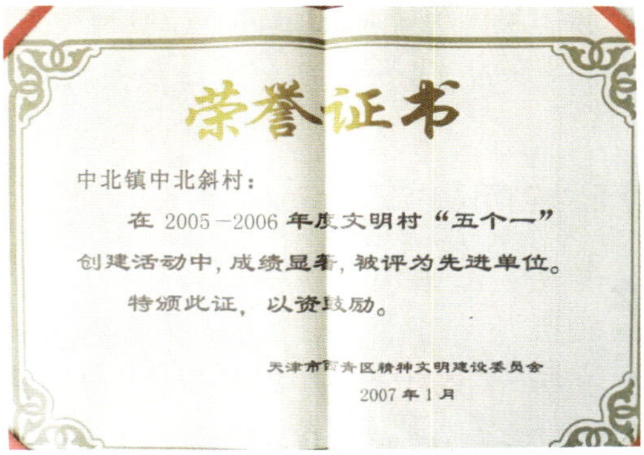

中北斜村获西青区2005—2006年度文明村“五个一”创建活动荣誉证书

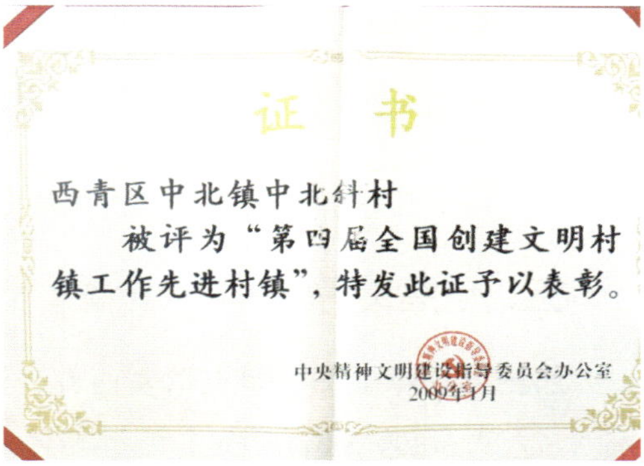

2009年中北斜村被评为“第四届全国创建文明村镇工作先进村镇”

2007年，中北斜村获西青区2005—2006年度文明村“五个一”称号。

2009年，中北斜村被中央精神文明建设指导委员会办公室评为“第四届全国创建文明村镇工作先进村镇”称号。

四、民主法治村创建

2000年，村启动“四五普法”工作，成立普法工作领导小组，围绕“四个民主、两个公开”推进依法治村。重大事项经党员、村民代表讨论通过，采取“六步决策法”。增强党员群众学法、懂法、守法意识，为村经济发展、社会和谐稳定提供保障。

2003年，村开展法律进万家活动。党员、村民代表以包户、包片形式向各户发送法制宣传材料，与村民签订家庭公约、家庭治安责任书。

2003年，村开展“争创法治文明村”活动，村350户参评文明家庭、遵纪守法户，选评出文明家庭户140户，遵纪守法户210户。

2003年中北斜村文明家庭户、遵纪守法户汇总表

表12-1 **单位：人、户**

全村总人口数	1242	其中农业人口	1155	非农业人口	87
全村总户数	411	其中农业户数	391	非农业户数	20
参评户数	350	其中遵纪守法户	210	文明家庭户	140

2005年，村加强制度建设，开展民主法制村创建。相继建立健全多项管理制度，编制《中北斜村组织制度汇编》，制定《中北斜村规民约》《中北斜村民自治章程》。

聘请法律专家到村开展“普法大讲堂”活动，增强村民法治观念和法律意识。

2005 年，天津市政法委员会授予中北斜村“2005 年度市级民主法治示范村”称号。

2007 年，中北斜村被司法部、民政部授予“全国民主法治示范村”。

五、创建文明城区

2015 年，中北斜村贯彻落实西青区创建文明城区工作会议精神，大力营造宣传氛围，人人参与，家喻户晓。

开展“创建文明城区”活动以来，中北斜村不断加强小区环境建设，完善各类公共基础设施及无障碍设施，规范主干道路名称、公共图形标志，确保无违章搭建，无违规占道经营，无乱张贴、乱涂写、乱设广告牌和单位铭牌现象。不断优化民生工作，确保村民饮用水卫生达标。积极建设安全稳定的社会环境，公共场所等安装监控系统。保障公共消防设施达标，有突发事件应急处理机制。加强社会治安维护，预防多发性侵财犯罪。加强小区内绿化建设，建成绿化覆盖率达 35% 以上，形成长效管理机制。强化生活垃圾管理，垃圾定点投放清运及时，无散放溢漏现象，居住区垃圾分类收集率达 50% 以上。加强环境管理与环境质量监测，加强对村工业园区企业污染的防治，主要污染物排放稳定达标 90% 以上。

2017 年中北斜村全国文明村镇挂牌仪式

村组成 27 人的社区党员志愿者队伍，开展主题宣传，进行社会主义核心价值观、法治安全和《天津市文明行为促进条例》等宣讲，向村民发放宣传品 4000 余张，张贴制作宣传图画 80 余幅，引导村民自觉遵守各项制度，摒弃不文明行为。党员志愿者定期开展志愿服务活动，开展小区卫生大清理活动。2017 年，中北斜村被中央文明委授予“全国文明村镇”称号。

第二节　文明新风

一、模范典型

（一）尊老敬老

中北斜村始终秉承尊老敬老的传统美德，关怀退休人员。随着村经济发展，逐渐提高退休人员待遇，村民退休金由1983年每人每月十几元逐渐上调至2018年的1500元。退休村民三大节日慰问金上调到4500元。

多年来，村民尊老、敬老蔚然成风，涌现出一批尊老、敬老先进典型。

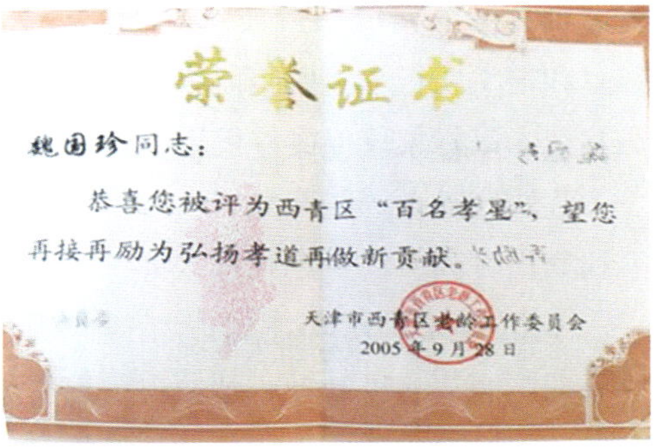

魏国珍敬老孝星荣誉证（2018年李毓春提供）

魏国珍，1957年出生，自结婚以来，多年如一日照顾公婆和患有脑膜炎后遗症的小叔。公公年岁较大，常年有病住院。她每天既要伺候病人，又要照顾婆婆和小叔，从无怨言，还设法让老人开心。公公去世后，婆婆住进医院，患脑血管瘤，手术花费十几万元。经医生精心治疗和家人照顾，婆婆身体很快恢复。老人逢人就夸：我能活到今天就是因为有一个好儿媳妇。魏国珍认为，孝敬老人是中华民族的传统美德，作为儿女就应让老人快乐度过一生，这是做儿女的责任。2003年，魏国珍被西青区老龄工作委员会评为"百名孝星"。

（二）模范人物简介

1950—2018年，中北斜村村民家庭个人获得镇级以上各类荣誉50项。1950年获县级丙级模范1人，1983年获乡级五好家庭3户，1999年获镇级文明家庭3户，1999年获镇级文明村民、文明青年、文明个体工商户标兵6人，1999年获镇级文明科技示范户、文明个体工商户7户，2003年获市级文明家庭1户，2003年获市级农口优秀思想政治工作者1人，2004年获市级劳动模范1人，2005年获市级五一劳动奖章1人，2005年获市级文明公民1人，2005年获区级敬老孝星1人，2006年获市级幸福和谐家庭标兵户 1 户，2006 年获镇级文明家庭 1 户，2006 年获镇级自强自立带头人 1 人，2006 年获镇级“好儿媳好姑嫂”“好姑嫂好公婆”5 人，2006 年获镇级公益事业热心人 3 人，2006 年获镇级文明公民、优秀青年 7 人，2006 年获市级劳动模范 1 人，2007 年获全国文明家庭 1 户，2008 年获国家级中华孝亲敬老之星 1 户，2010年全国劳动模范1人，2013年获镇级精神文明创建先进工作者、优秀志愿者2人。

二、文明家风

家风家训是中国传统文化和传统教育的重要组成部分，好的家风家训是一代又一代人健康成长的保证，是推动社会进步的正能量。多年来，中北斜村注重弘扬优良家风家训传承的宣传和引领，在“学先贤、悟家训、传家风”理念下，倡导敬老爱幼、邻里和谐文明行为，践行好家训，弘扬好家风，推动全社会形成注重家庭、家教、家风共识。以好家风促进好民风，铸就言传身教典范，让家风引领社会好风气。

住宅区院内、街头路口、院墙、草坪、甬路，随处可见家风家训宣传标识。这些家训家规时刻引领少年儿童，将人生观、价值观深入心中。

中北斜村 2018 年 12 月，在党群服务中心报告大厅，举办“传承好家风，弘扬好家训”诵读演讲活动，评选出一等奖 3 名、二等奖 6 名、三等奖 9 名。通过宣传教育活动，村深化家庭文明建设，弘扬中华民族传统美德，使家风家训在生活中传递蔓延，形成家家弘扬美德的良好氛围。

中北斜村“传承好家风 弘扬好家训”经典诵读活动参赛人员合影（2018 年）

三、募捐志愿服务

（一）募捐

中北斜村人祖祖辈辈淳厚朴实，在国家地区遭受洪涝、地震等大的自然灾害中，积极向灾区捐款捐物，奉献爱心。

1963 年 8 月，河北省连降大暴雨，界内各村安置灾民，村各户腾出房间给灾区群众居住，中北斜村接待安置的是静海县万家码头、管铺头受灾村民，洪水退后迁回。

1996 年，河北省遭受严重自然灾害，村班子组织村民为灾区募捐，捐赠衣物被褥 1640 件。

1998 年，长江流域及东北松花江一带相继发生特大洪水灾害，村两委班子组织村民为灾区募捐，募集全新衣物 1010 件，捐款 2353 元。

2000 年 9 月，村两委班子组织党员、群众向甘肃、承德灾区募捐，捐赠衣物 2206 件，捐款 1710 元。

2003 年 1 月，村两委班子组织党员、群众向甘肃、承德灾区募捐，捐赠衣物 1347 件。

2005 年 1 月，村两委班子响应上级号召，组织党员、群众向印度洋地震引发海啸灾区募捐。

2008 年 5 月，村两委班子组织党员、群众和园区企业向“5・12”四川汶川地震灾区捐款 36 万元。

2010 年 4 月，村两委班子组织党员、群众和园区企业向青海玉树灾区捐款 9 万余元，其中村民捐款 2 万余元。

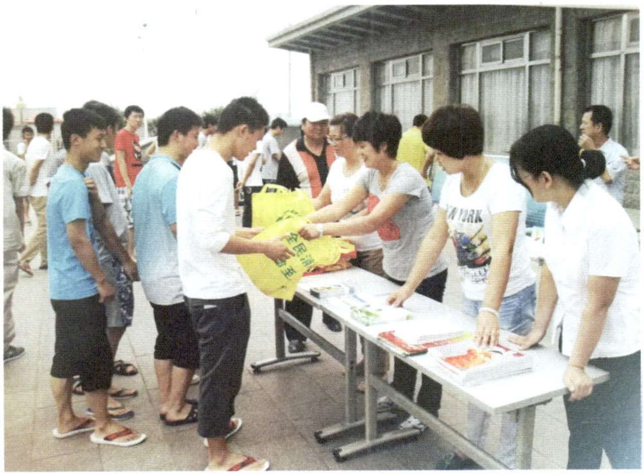

2012 年村志愿者开展公益宣传活动

（二）志愿服务

2010 年，村成立志愿者服务队伍，有宣传服务队、维稳服务队、清洁服务队。由党员、团员组成，志愿者热心各项公益事业，学雷锋，做好事。清整小区卫生、治

2017 年村志愿者入户宣传（村委会提供）

2017 年村志愿者卫生清整活动（村委会提供）

安巡逻、为困难群众送温暖服务。

2015 年开始，党员志愿者结合“创建文明城区”活动，进行入户宣传，向村民发放宣传品 2000 余张，张贴宣传图画 80 余幅。每周六定期开展清理卫生大扫除活动，对小区道路、草坪、活动器械进行打扫清整。

2018 年，村志愿者开展《天津市文明行为促进条例》宣传活动。2 月，志愿者向村民发放文明条例宣传单 3000 多张。4 月，宣传志愿者入户发放宣传创文材料和入户调查问卷 500 余份。保障居民知晓率和参与率，社区居民和睦相处，形成美丽社区和谐共建。

四、荣誉

（一）村集体荣誉

进入 21 世纪，中北斜村精神文明建设成果显著，集体获得多项荣誉称号。其中，国家级荣誉 3 项，市级荣誉 15 项，区级荣誉 26 项。2000—2013 年，村多次获得市、区级文明村称号。

2000—2017 年中北斜村获得国家级荣誉表

表 12-2

序号	时间	国家级荣誉	授予单位
1	2007	2007年度全国民主法治示范村称号	司法部、民政部
2	2009	2009年度第四届全国创建文明村镇工作先进村镇	中央文明办
3	2017	2017年全国文明村镇	中央文明委

2000—2017 年中北斜村获得市级荣誉表

表 12–3

序号	时间	市级荣誉	授予单位
1	2000	2000年度市级治安先进集体	市公安局
2	2002	2000—2002年度市级文明村	市文明精神委员会
3	2002	2002年度市级治安先进集体	市公安局
4	2002	2002年度市宽裕型小康村	市委、市农工委
5	2002	2001—2002年度市级文明村称号	市精神文明委
6	2005	2005年度市级民主法治示范村	市委政法委
7	2004	2003—2004年度市级文明村	市文明精神委员会
8	2005	2005年度市级治安先进集体	市公安局
9	2005	2005年度市级卫生村	市爱委会
10	2008	2007—2008年度市级文明村镇	市文明精神委员会
11	2012	2012年度市级村务民主管理公开示范村	市村务公开协调组
12	2015	2015年度市级平安示范村	市社会治安综治委
13	2016	2016年度市级安全社区	市安委会
14	2017	2015—2017年度市级文明村镇	市精神文明委

2000—2017 年中北斜村获得区级荣誉表

表 12–4

序号	时间	区级荣誉	授予单位
1	2002	2001—2002年度区级社会治安先进集体	区委、区政府
2	2002	2002年度区级严村整治先进集体	区严打小组
3	2002	2002年度区级殡葬管理工作先进集体	区政府
4	2003	2003年度区级治安保卫先进集体	公安局
5	2004	2004年区级社会治安综合治理先进集体	区委、区政府
6	2004	2004年度区级殡葬管理工作先进集体	区政府
7	2004	2002—2004年度区级文明村	区精神文明委
8	2005	2005年度区级普法依法治理基层先进单位	区委、区政府
9	2005	2005年度区级殡葬管理工作先进集体	区委、区政府
10	2005	2005年度区级精神文明创建活动文明村	区精神文明委

续表 12-4

序号	时间	区级荣誉	授予单位
11	2005	2005年度区级卫生先进集体	区委、区政府
12	2006	2005—2006年度区级社会治安综合治理先进单位	区委、区政府
13	2006	2006年度区级文明村“五个一”创建活动先进单位	区精神文明委
14	2006	2005—2006年度区级文明村	区精神文明委
15	2006	2006年度区级殡葬管理工作先进集体	区政府
16	2006	2005—2006年度区级精神文明村	区精神文明委
17	2007	2007年度区级“十个一文明村”	区精神文明委
18	2008	2007年度区级殡葬管理工作先进集体	区政府
19	2008	2008年度区级先进党组织	区委
20	2008	2007—2008年度区级文明村	区文明办
21	2009	2007—2008年度区级社会治安综治先进单位	区委、区政府
22	2009	2008年度区级先进治保会	区综治委、公安局
23	2010	2010年度区级普法先进单位	区委、区政府
24	2011	2011年度区级综治先进集体	区委、区政府
25	2013	2013年度区级文明村	区委文明办
26	2016	2016年区级普法先进单位	区委、区政府

（二）村民个人荣誉

1950—2018 年，中北斜村民家庭个人获得镇、区级、市级、国家级荣誉 50 项。

1950—2018 年中北斜村民家庭个人获得荣誉统计表

表 12-5

序号	姓名	时间	荣誉名称	备注
1	邱钟洵	1950	县级丙级模范	县级
2	王桐珍	1983	五好家庭	乡级
3	石玉珍	1983	五好家庭	乡级
4	李华亭	1984	五好家庭	乡级
5	栾家祥	1999	文明家庭	镇级
6	郭友明	1999	文明家庭	镇级

续表 12–5

序号	姓名	时间	荣誉名称	备注
7	冯国起	1999	文明家庭	镇级
8	郝汝利	1999	文明公民	镇级
9	郝汝亮	1999	文明公民	镇级
10	邱增焜	1999	文明青年	镇级
11	郝跃新	1999	文明青年	镇级
12	郭有才	1999	文明青年	镇级
13	宋桂芬	1999	文明个体工商户标兵	镇级
14	陈世田	1999	文明科技示范户	镇级
15	祁连武	1999	文明科技示范户	镇级
16	郝跃来	1999	文明科技示范户	镇级
17	邱汝刚	1999	文明科技示范户	镇级
18	宋桂芬	1999	文明个体工商户	镇级
19	郭友发	1999	文明个体工商户	镇级
20	郭宏建	1999	文明个体工商户	镇级
21	崔建球	2003	文明家庭	市级
22	王海龙	2003	农口优秀思想政治工作者	市级
23	王海龙	2004	劳动模范	市级
24	王海龙	2005	五一劳动奖章	市级
25	崔建球	2005	文明公民	市级
26	魏国珍	2005	敬老孝星	区级
27	王海龙	2006	幸福和谐家庭标兵户	市级
28	郭景海	2006	文明家庭	镇级
29	赵月国	2006	自强自立带头人	镇级
30	孙玉俊	2006	好儿媳好姑嫂	镇级
31	刘玉荣	2006	好儿媳好姑嫂	镇级
32	李会兰	2006	好姑嫂好公婆	镇级
33	张绍平	2006	好儿媳好姑嫂	镇级
34	魏国珍	2006	好儿媳好姑嫂	镇级
35	冯建强	2006	公益事业热心人	镇级

续表 12-5

序号	姓名	时间	荣誉名称	备注
36	陈世田	2006	公益事业热心人	镇级
37	祁连武	2006	公益事业热心人	镇级
38	刘惠霞	2006	文明公民	镇级
39	侯俊亮	2006	文明公民	镇级
40	郝跃新	2006	文明公民	镇级
41	何文亮	2006	文明公民	镇级
42	邱增焜	2006	优秀青年	镇级
43	齐元刚	2006	优秀青年	镇级
44	赵普洋	2006	优秀青年	镇级
45	王海龙	2006	劳动模范	市级
46	王海龙	2007	全国文明家庭	国家级
47	王海龙	2008	中华孝亲敬老之星	国家级
48	王海龙	2010	全国劳动模范	国家级
49	崔建球	2013	精神文明创建先进工作者	镇级
50	冯建强	2013	优秀志愿者	镇级

第十三章　村民生活

解放前，村民生活困苦，靠租种土地、打短工、卖苦力谋生。

解放后，村民生活日渐向好。社会主义建设时期，生产队统一分配，成为村民主要收入来源，生活水平逐步提高，社会安定和谐。改革开放后，村实行家庭联产承包责任制，村民物质生活和精神文化生活发生巨大变化。进入21世纪，家庭主要经济功能由生产单位变为以消费为主，昔日传统村庄成为现代“都市里的村庄”。居住在花园式小区，村民口粮补贴、取暖补贴等多项福利由村集体买单，村民物质生活富足安逸，幸福指数不断提升，消费水平及方式发生历史性转变。村民精神文化生活消费比例不断提升，逐渐与城市相融合。

第一节　家庭收入

一、农业收入

1949年以前，村域内土地低洼盐碱，旱涝成灾，十年九不收。村民大部分租种土地，年终交够租子，还要计划来年的种子、肥料等生产资料，收入所剩无几，生活困苦，收入低微。

1950年，村实行土地改革，农民分到田地，家庭收入逐渐提高，除耕种土地外，一些村民在村周边洼淀、坑塘捕鱼，也有打药材等收入补贴家用。1956年实行农业合作化，这一时期，村进行土地开荒，蔬菜种植面积增加，农民家庭收入主要依靠集体经济。1958年，实行人民公社，社员在生产队参加生产劳动，农民每月可领到几元生活费。村成立大食堂，社员听敲钟声下班，集中到大食堂吃饭。

60年代初至70年代中期，村实行“三级所有、队为基础”的管理体制，夏秋两季按人口定量分给农民基本口粮，其余粮食上缴国家。生产队实行工分计酬，男劳动力每天10分，女劳动力每天7分，年终按工分给社员分红。社员每月可预支几元零用钱，年底分红时结算，村生产队分值高的每工分为0.1 ~ 0.16元，年收入减去全年预支、分菜、分粮折款，一般家庭年收入几十元至百元。遇有生产队分值低，家庭孩子多，平时支出大，年终分红时有几家倒挂户（一年下来欠生产队钱）。

中共十一届三中全会后，农民收入迅速提高，农业生产态势好，农产品以茄子、黄瓜、豆角、西红柿、圆白菜、莴笋、大白菜等蔬菜为主。2000 年，村民种植大棚早春茄子平均每亩收入 6000 ～ 7000 元，大棚蔬菜成为村民收入的主要来源。

二、工资收入

改革开放后，随着农村家庭副业及个体企业、村办企业、乡办企业的发展，部分农民进入乡镇企业上班。村民工资收入逐渐增加，最初月工资几十元，90 年代末，平均月工资收入 1000 余元。

进入 21 世纪，随着社会经济发展，工资收入逐年增长。2018 年，到企业上班的村民职工月工资收入可达 3000 元以上，有技术特长的村民工资更高。

三、租赁收入

90 年代后，随着外来人口增多，部分村民将自家闲置平房出租，沿街平房改装为门脸房，租给外来客商。

2015 年 12 月，村民还迁，一些村民将自家闲置楼房出租，租赁价格按房子大小、位置及租房用途而定。

四、经营收入

改革开放后，一些村民经营个体商业，开办早点部、饭馆，经营食品杂货铺、五金电料等，月收入 1500 ～ 3000 元。

进入 21 世纪，商业发展迅猛，一些村民租赁花卉市场和菜市场摊位搞个体经营，月均收入 3000 ～ 5000 元，多者达万元。

五、福利收入

2018 年，中北斜村村民福利收入有退休金、失地补偿金、节日慰问金、支教金、口粮补贴等。村民退休金每人每月 1500 元，80 周岁以上村民每人每月 1700 元，90 周岁以上每人每月 1900 元；退休村民享受三大节日慰问金 4500 元（端午节 1000 元、中秋节 1500 元、春节 2000 元）；18 周岁至退休前村民，每人每月领取就业补偿金 500 元；年底为村农业人口年底发放每人 2000 元的口粮款；每年为在校大学生、中学生、小学生补贴支教金 7200 元。

第二节　生活及消费

一、主要消费

1949 年前，村内生产条件差，生活消费水平低，村民常以糠菜充饥，多数村民过着“糠菜半年粮”的生活；穿衣服补丁摞补丁；住土坯房；外出靠步行，消费水平低下。

新中国成立后，农业生产条件逐渐改善，农民收入高，消费水平有所上升，穿衣由过去几年添置一件新衣服，变为一年能买一至两件。

60 年代末，多数家庭购置自行车，新建和翻建民房，是村民大项支出。

70 年代，青年人结婚和添置自行车、手表、缝纫机“三大件”成为家庭的大宗支出。中共十一届三中全会后，随着农村政策逐渐落实，农民收入不断增加，储蓄额逐年提高，各种物品的消费量大幅度上升。

80 年代中期，民居向舒适、多功能型转化，设置卧室、客厅、书房、厨房、卫生间、储藏室等。“三大件”变为彩电、冰箱、收录放机，村民消费支出大幅增加。

村民家庭生活消费主要为饮食、衣着、住房、医疗等。1981 年，村民家庭人均生活消费总额 250.35 元，其中食品支出占 44.96%，衣着支出占 19.62%，居住支出占 18.42%，其他各项支出占 17%。

90 年代，在村民家庭总支出中，食品支出占居首位，各项支出均呈不断增长趋势。自 2000 年后，食品支出与家庭消费总支出比值（恩格尔系数）大幅度减少，表明村民生活达到较富裕水平。教育、住房、婚嫁、丧葬等专项消费攀升，加之生育、互联网、养老等消费，逐渐形成新的消费趋势。

进入 21 世纪，村民生活和消费观念发生极大变化，消费支出比重放在教育子女上、为子女购置交通工具等，同时更加注重养生保健，在体育健身和外出旅游方面受到推崇。消费方式为银联卡、网上购物、拼团购物等消费新潮。

2015 年，村民搬进还迁楼房，装修成为村民在住房上的主要消费，用于改善物质和精神生活的支出大幅增长，消费水平接近市民化，小轿车开始进入家庭。

二、衣食住行用

（一）服饰

服装 清末和民国时期，百姓服装以土布居多，均系自家裁剪缝制。服装颜色以蓝色、白色、黑色为主，冬多黑蓝，夏多白灰，年轻妇女和儿童穿着较鲜艳。社会绅士多穿长袍马褂，平民百姓多穿棉布棉褂的短打扮，逢年过节以及做客时才穿长衫，富家子弟过节或做客以绸缎衣衫为主。

民国以后，村民多穿着洋布，富家人多用绸缎料。农村男性冬季为棉衣、棉裤，裤腰齐胸，宽大的裤腰带，裤腿用棉布带绑腿，棉袄男为直襟、疙瘩襻，女为斜襟偏疙瘩襻。少数有知识的青年穿中山装、西装。青年女学生有的穿黑色短裙，日常农村男女穿免裆裤，用布带束腰，男子穿对襟短袄，女子穿掩襟衫，儿童穿开裆裤，富者和教书先生裤褂外罩长袍，谓“长袍马褂”。夏季男性穿对襟单褂、长裤或短裤，大多穿背心、裤衩，女性穿单裤、单褂，春秋季男女老少都穿夹裤、夹袄。

解放前，由于农民生活困苦，一件衣服要轮流传给几个孩子穿，一身棉衣裤要穿几年，且补丁数片。贫困家庭甚至连每人一身棉衣都做不起，只有外出劳动挣钱的人才能穿上一身能御寒的棉衣。

新中国成立后，村民穿着服饰无大变，布料品种增多，渐从平纹布变为哔叽、斜纹，有斜纹布、卡其布、华达呢、条绒、毛呢、涤纶、的确良等。老人、孩子大都穿家做衣服，男青年多穿中山服、制服、列宁服，妇女时兴穿新颖花袄、制服裤。

“文化大革命”期间，一度崇尚军便服，绿色、灰色最时髦。面料以人造棉、的确良、涤卡等化纤织物为主，当时实行票证供给制，每人限定购买一定数量布料，家家布票紧缺，春节前先给孩子添置过年衣服。

70 年代末期，村民服装款式、色彩单调，中青年妇女多穿迎宾服、便制服，素花布衣较为普遍，除棉布、毛料外，合成纤维布料盛行。男青年多穿夹克衫、制服、呢子大衣，但颜色较少，有黑、灰、蓝、绿、棕色等。老人穿家做对襟衣褂、宽裆裤。冬装多为绒衣、绒裤、棉衣、棉裤，少数人有毛衣、毛裤、棉夹克。

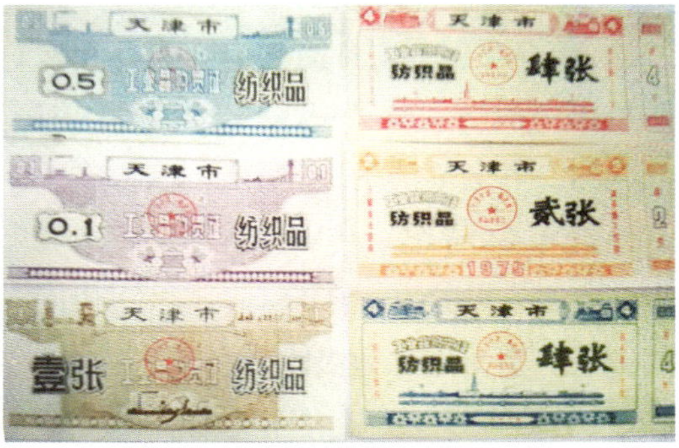

60—70 年代村民使用的布票纺织券（郝跃庭提供）

80 年代，西装流行起来，男女都穿，女性服装式样新颖，丰富多彩，男女服装品类款式及面料逐日新潮、高档。1983 年，布票、棉花票废止，相关商品敞开供应，人们穿衣观念有较大变化。青年盛行西式筒裤和喇叭裤，男士以呢子大衣、西装为主，女士服装式样繁多，牛仔裤、滑雪衫、棒针衫等，年轻人尤以紧身衣、喇叭裤、长筒袜、高跟鞋等为时尚。衣服面料兴毛料，但仍以涤纶、涤卡、三合一、的确良、尼龙绸等为主，同时流行运动装，手工织毛衣、毛裤、毛围脖等。不同年龄、不同职业、不同性别的人，根据季节和爱好穿喇叭裤、牛仔裤、港式筒裤、中山装、学生制服、西服、运动服、夹克衫、皮夹克、毛衣、羽绒服、呢绒大衣、裘皮衣裤。女士裙装有长裙、短裙、一步裙、套裙等。

90 年代，人们日渐新潮，服装质地更有提高，款式趋于多样化，健美裤、紧身衫、宽松衫及休闲服等，男女均可以穿。村民春季多穿风衣、夹克衫；夏季穿衬衣、短袖衫；秋季流行健美裤、七分裤、九分裤；冬季穿各种面料的羽绒服，柔皮面料大衣，真皮大衣等防寒服装。

进入 21 世纪，男女青年衣着款式与城区青年无大区别，追求个性和品位，大部分从保守阶段转变为跟潮流、追时尚。青年男性追求式样美观；女性展现曲线美，夏季有时髦裙装，冬季流行穿薄而轻、舒适而保暖的内衣及羽绒服，防寒服不再臃肿，服饰颜色从单调而趋于丰富。

鞋袜　民国时期，男女都穿家做布鞋，男鞋为“两道脸”布面鞋，后兴长脸圆口布鞋，还有纳帮靸鞋（靸音 sǎ），特点是脸长、包脚、耐穿。

女鞋为尖口布鞋，只有新婚女子穿绣花布鞋，冬季人们穿毡窝儿、骆驼鞍式靴子。袜子一般为粗布缝制，穿破后再缝补，家中都备有木制袜楦，少数妇女穿线袜子。

解放初期，鞋袜变化不大，女子穿线袜者较多。50 年代中期开始，男女穿鞋多为布鞋，以轮胎底代替纳布鞋底，逐渐以机制鞋代替自制手工布鞋，老年男人多穿圆口布鞋。夏天域内道路泥泞，中年男子、青少年光脚的较多。布袜逐渐淘汰，被机织线袜所替代。妇女穿缎面布鞋，小孩鞋有猫鞋、老虎鞋、兔鞋、猪鞋，多为巧手妇女缝制，式样美观。60 年代，普及各种机制线袜子、尼龙袜及松紧口鞋。

70 年代，鞋袜品种日渐繁多，村民穿球鞋、五眼布鞋、松紧口布鞋、圆口布鞋。同时塑料凉鞋、皮鞋逐渐流行起来，穿自制布鞋的人逐渐减少，穿旅游鞋、雪地鞋、皮暖靴者增多。尼龙袜子、高脚丝袜、玻璃丝袜取代自制的布袜子。

80 年代，鞋的款式更新，花色品种琳琅满目，旧时鞋袜逐渐被淘汰。男女青年都穿旅游鞋、休闲鞋、皮靴等。中青年女性钟爱高跟鞋、皮鞋，运动鞋以坚固、耐穿等优点颇受青少年喜爱。

90 年代，机制尼龙花袜、尼龙丝长筒袜等受到中青年妇女的青睐。

进入 21 世纪，高跟鞋、尖头鞋、长筒靴、雪地靴等品种繁多，旅游鞋、运动鞋琳琅满目。人们穿鞋讲究轻便、舒适、美观，更具时代感。袜子种类有棉纱线袜、毛袜、锦纶丝袜、丝光袜及各种纤维袜等。

帽子　民国时期，戴礼帽的一般是富家子弟、教书先生等。农民春秋季戴瓜壳帽（帽翅），夏天戴马鞭草编制的伞盖型草帽或麦秸编制的礼帽式草帽。冬季男子多戴毡帽头或用兽皮做的帽子，也有人戴用兽皮缝制的耳罩。老太太则戴一种无顶盖的叫“抹护”的帽子，从前额沿两耳围到脑后，有松紧口，前额嵌装饰品，两侧点缀绣花，帽子为黑色。

新中国成立后，男子戴圆顶帽的较多，男青年春秋季节戴列宁帽、八角帽、呢子圆顶帽、鸭舌帽，夏季戴宽檐草帽，冬季戴棉帽和长毛绒帽，老年男性冬天戴棉帽、戴毡帽头；青年女子戴线围巾和方头巾，老年妇女戴黑色平绒顶帽。

六七十年代，青年男女盛行戴军帽（示意学习解放军），男性春秋季多戴蓝布帽，冬季戴棉帽或绒帽，女性戴各种色彩的毛线围巾、头巾。

80 年代，男士一度盛行戴爵士帽、夏凉帽、旅游帽。

90 年代，帽子式样更加讲究，春秋时节女子佩戴丝质方巾，夏季戴不同款式的遮阳帽、旅游帽，冬季多戴各式毛线帽。男子讲究一些的戴高档礼帽，冬季富裕人家男女佩戴真皮兽毛围脖和帽子。进入 21 世纪，男性戴帽子的较少，出行时偶尔戴各式旅行帽，女性戴遮阳帽、方巾者居多。

发型　民国时期，男子一般剃光头，有的男子留“马齐盖”式发型，已婚女子挽发、插簪子、戴耳环。未婚女子留长辫，尾端扎彩头绳，前额留“刘海儿”，老年妇女梳纂儿。新中国成立前夕，女子剪为短发。村民张庭良在家开理发所，主要为男性理发，一般发型有光头、平头、分头、学士头，老年人多剃头刮脸。

50 年代初，女子结婚时出现烫发。常有流动理发师傅到村上门理发，每当听到唤头响儿（也叫嗡子），就知道有剃头师傅来。老年妇女梳盘头，戴平绒套帽；妇女婚前留长辫子或齐肩短发，额头前留“齐眉穗”，婚后挽鬟插簪。男性大多留分头，妇女也有的烫发。

六七十年代，男子都留高平头，女子除梳辫子外，还流行“卓雅”头。80 年代开始，发型变化较大，中青年烫发盛行，普遍使用火烫、电烫、机烫等，有村民去杨柳青和天津市内理发店美发；男青年时兴烫爆炸头，女青年多留披肩发。90年代开始，出现各种发型，女子除烫发外，还有剪男式短发的，男子也有的留长发。

进入21世纪，人们更加注重发型，青年男女一度时兴韩式发型。男士出现板寸头、毛寸、偏分头等发型。中老年女性热衷于烫发和美发。

饰物　解放前，已婚妇女佩戴金银手镯、耳环、戒指，儿童有佩戴金银手镯、脚镯、长命锁等习俗。新中国成立后，佩戴金银首饰者大幅减少，六七十年代少有人戴首饰。

80年代开始，佩戴黄金首饰习俗逐渐流行，青年女子戴金手链、金项链、金耳环及钻石戒指，中老年妇女也有戴金戒指或玉石类首饰的。90年代，女性以佩戴黄金、白金、钻石等首饰为时尚。

进入21世纪，女性时兴佩戴金银、钻石、玉器、琥珀、蜜蜡、玛瑙等饰品，男子佩戴黄花梨、紫檀等高档木制材料手串、挂件饰品者增多。

（二）饮食

饮食习惯　解放前，农民靠租种土地为生，随着太阳转。早晨男人到田间劳动，妇女在家做饭后送到地头，中午不回家，天黑收工吃晚饭，饮食无规律。

六七十年代，男女均参加生产劳动，饮食较规律。起早先下地干活，9 ~ 10点回家吃早饭，随即下地劳动。村民如在园田干活，回家吃午饭，如下洼干活，则自带中午干粮，日落回家吃晚饭。村民做饭烧水，使用煤球炉子和干柴烧大锅灶。

改革开放后，村民饮食结构发生很大改变。饮食习惯改为早点、午饭、晚饭，一日三餐，饮食有规律。80年代中期，村民使用液化石油气取代煤和柴，结束烧煤和烧大锅做饭的历史。

2015年，村民还迁后，天然气管道入户，做饭更加快捷方便。

主食　解放前，农民以玉米、谷子、黑面、高粱面为主，大部分村民为半年糠菜半年粮。贫困户吃上顿没下顿，遇到荒年歉收，则以草根、树皮充饥，吃麦糠，挖野菜，食不果腹。在日军侵略时期，村民受饥挨饿，吃豆饼（牲口饲料）、棉籽面、山芋面、杂面、麸子，甚至以黄须菜、苜蓿草、灰灰菜、榆树皮、野地梨等野生植物充饥，只有过年才能吃上白面包的饺子。新中国成立初期，村民生活依然贫困，平常粗茶淡饭，留着一些大米白面，家中有大事或招待客人时才能用上。

50年代初，物质短缺，村民挖野菜、摘树钱，以吃饱为主。60年代，大米、白面少，以粗粮为主。玉米面食为饽饽、窝头、菜团子；白面食为馒头、卷子、面条、饺子、包子；米食为大米干饭、小米稀饭。开春无青菜，村民大多腌制芥菜疙瘩、白

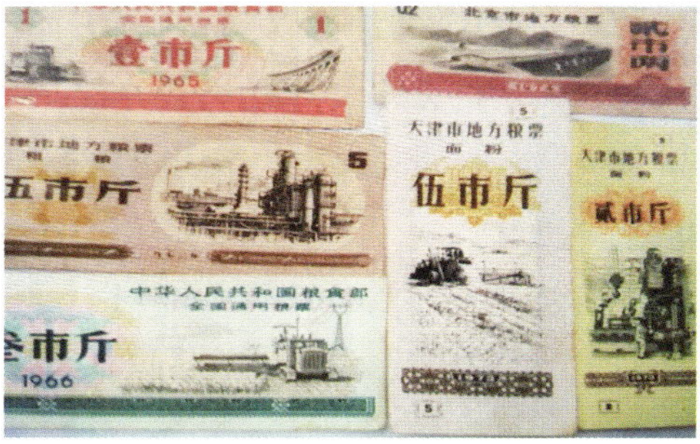

60—70 年代粮票（郝跃庭提供）

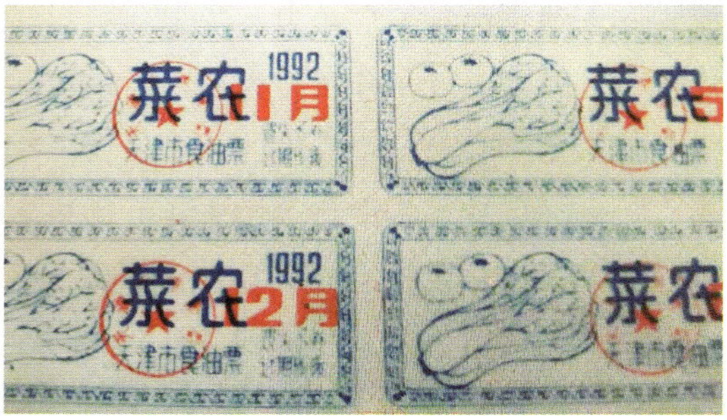

60—70 年代油票（郝跃庭提供）

萝卜，也腌渍白菜。鱼、肉平常较少吃，大葱蘸面酱、棒子面饽饽就酱豆腐用来换口味，马齿苋（长寿菜）、银杏菜等野菜经常被村民食用。为节省煤，农民一般用大锅烧水。

70 年代，多数村民以玉米面、高粱面（高粱米）、红薯（山芋）、豆类及其他小杂粮为主食。村民口粮主要由生产队按定量分配，粗粮多，细粮（小麦）甚少，粗粮占口粮的 90%。购买粮食制品均需付相应粮票，有全国通用粮票和天津地方粮票。

80 年代，大米、白面成为主食，玉米面成为调剂食品，小吃比比皆是，饺子、捞面成为家常便饭，蔬菜品种和饮食花样逐年增加，肉、鱼、奶、蛋类摆上饭桌。

1980 年始，国家允许粮油议购议销；1985 年，粮油统一派购取消。

1991 年，实行粮食开放政策，个体经营粮食增多。至 1993 年，粮油市场价格全面放开，粮食自由购买，村民普遍吃上细粮。90 年代末，白面、稻米占居民主食比例的 90% 以上。

21 世纪，村民饮食讲究色香味美，并注重菜品造型。村民宴请亲朋、老人做寿席，摆上两个蔬果雕刻的菜盘，点缀丰富菜品。

副食品　解放前和新中国成立初期，肉、蛋、鱼、海货用量很少，多数人家只在春节能吃上一次炖肉。六七十年代，除野生鱼虾外尚无淡水养殖，海产品则更加匮乏，村民到河渠池塘自捕小鱼小虾以改善伙食。70 年代末，村民买肉、鸡蛋凭票证限量供应。奶品匮乏，奶粉食用人群仅限于母乳不足的婴幼儿及老人。食用油限量供应，菜农每人月供 100 克。因食油不足，生产队种植芝麻、蓖麻等油料作物，上交国家返回油票，为村民兑换补贴食用油。

1980 年，水产品供应放开，但市场供应仍不足。90 年代，村民对肉、鱼、蛋、虾、酱制品、奶制品等副食品需求逐年增多，市场货源充足。村民的肉、蛋、奶、鱼消费量剧增，大鱼、大肉等美味佳肴已不是稀罕食品。

进入21世纪后，水产品种类繁多，海鲜琳琅满目，食用油及副食品随意选购，主食以细粮为主，粗粮为辅，南方蔬菜也端上餐桌。随着村民生活水平提高和膳食结构调整，村民更加注重营养搭配和科学饮食，鲜蛋、鲜奶、豆制品成为村民的必备副食品，村民餐桌上，菜肴荤素搭配，日渐丰盛。

蔬菜类 解放前，农民依靠种菜换点钱，自家舍不得吃鲜菜，秋后腌芥菜疙瘩放上盐和五香面准备来年开春吃，冬天腌制白菜，备四季所用。解放后，农民生活好转，在吃蔬菜方面以自产的土豆、西葫芦、南瓜、大白菜为主。六七十年代，生产队时期，村民吃菜依靠小队分配，品质好的蔬菜上市交售，将品相次的蔬菜分给社员，主要蔬菜有大白菜、土豆、南瓜、西葫芦、黄瓜、西红柿等。改革开放后实行土地承包，村民自己种植蔬菜，品种齐全，有甘蓝、茄子、豆角、黄瓜、西红柿、芹菜、萝卜、辣椒、茴香、芫荽、冬瓜、菠菜等，这些新鲜蔬菜四季都能吃到，白菜仍为冬季至初春的当家菜。

进入21世纪，村民在蔬菜消费方面不再单一，在享受各类细菜的同时，苦瓜、紫甘蓝、绿花菜、木耳菜、空心菜、苋菜等南方蔬菜也进入村民餐桌，反季节蔬菜在市场、超市都可买到，应有尽有。

干鲜果品类 70年代，干鲜果品供应不足，其中水果有苹果、香蕉、鸭梨，干果主要有栗子、榛子、核桃。由于生活水平低，购买力低下，多在逢年过节时买些水果、干果。八九十年代，村民生活水平提高，日常可吃到苹果、香蕉、栗子、核桃等，干鲜果品不再是奢侈品。

进入21世纪，市场水果种类齐全，南方果品有荔枝、木瓜、菠萝、椰子、杨桃，进口水果有蛇果、提子、榴莲等，四季供应，冬季可吃到西瓜，春季可品尝鲜桃。

饮品类 70年代末，村民饮品主要为白酒、果酒、啤酒，村民多在逢年过节、待客会友时饮用。90年代，村民生活水平不断提高，喜寿婚宴庆典、家庭亲朋聚会等增多，村民享用饮品数量增加。

21世纪，村民待客多饮酒，宴席必丰盛。男士喝白酒、啤酒，女士喝红酒、饮料。酒菜荤素冷热搭配，菜品有肉类、素菜、鱼类，最后上汤。村民为老人祝寿，小孩过满月、百岁，婚丧嫁娶招待宾客一般都去饭店。人们注重健康养生，大量饮酒者甚少。

风味小吃类 贴饽饽熬鱼。中北斜村地处南运河边，自然水资源丰富，家家有吃鱼虾的习惯，村里种植的玉米是村民主食，鱼多为野生麦穗、鲫鱼和小虾。铁锅贴饽饽熬鱼是村民家常便饭，又叫“一锅出”，就是连菜带饭全有了。做“一锅出”时选用鲜活的鱼，掏净内脏洗净，然后放铁锅（后改为饼铛）内，用油煎透，再把葱、姜、蒜、醋、酱油等调料放入锅内，大火烧开，最后在铁锅边贴上饽饽。饽饽用棒子面（玉米面）和成，形状可随意，多为手掌状，也有圆形和长圆形。饽饽与鱼一同出锅，鱼肉鲜美，饽饽金黄，底面一层是脆脆的嘎巴儿，一头儿如沾到鱼汤儿会更有滋味，吃起来更加鲜美。

随着时代变迁和环境变化，贴饽饽熬鱼做法也不断改进，鱼的种类不断增加，鲜活的鲤鱼、泥鳅、嘎鱼、胖头鱼等都可以熬制。调料也有所增加，依个人口味而定，喜欢辣加点红辣椒，喜欢甜加点糖等。随锅贴的不仅是饽饽，还可以是硬面卷子，与鱼一道熬熟，配上一盆小米粥或玉米面粥。这道特色美食不仅村人喜欢，过往客人也喜欢，为地方特色风味。

尜尜汤（疙瘩汤） 一道老少皆宜的冬季美食，汤菜合一，味道浓郁，为村民喜爱。做法简单，依据人们喜好可分为白面尜尜汤和棒子面尜尜汤。首先是做汤，锅里放少量油，然后放葱花及切好的白菜等炝锅翻炒，然后放些酱油、盐等调料，加水烧开，再放入白面尜尜或棒子面尜尜即可。白面尜尜汤为家常做法，用一点白面加上一点水，用筷子搅拌为不规则的小块，放入汤中煮熟即可。棒子面尜尜汤多是饭店做法，先用温水在棒子面中放入葱花、花椒粉，和成面团，做成方饼条，再切成小方丁。将切好的棒子面丁放入有干面的盆内摇匀成方圆形备用，锅内加入清水烧开，再倒入摇好的棒子面丁，煮熟后加入盐、香油、鸡精、香菜，即可食用。过去村中只有富裕家庭才能吃上此美味，或村民生病时吃一顿，如今尜尜汤成为人们换口味的吃食。

关于疙瘩汤的来历，有个传说。据说很久以前，一位老妇人去看望已嫁他乡的女儿，到中午做饭时，女儿犯了难：按说母亲来了，该做点好吃的孝敬母亲，可母亲来得突然，吃了饭就要赶路，一是来不及准备，二是婆家日子也过得紧，做点啥呢？女儿灵机一动，有了办法，她把家里仅有的一点白面盛到碗里，加入丁点儿水，用筷子搅拌成小碎疙瘩，又搜寻了一些土豆、萝卜、鸡蛋、大葱、香菜等放入锅内，煮熟后烹了一勺油花，加入盐等作料，便做成一锅不稀不稠、香喷喷的汤饭，小心翼翼地端给母亲吃。不料母亲品尝后赞不绝口，女儿悬着的心这才放了下来。母亲问女儿这叫啥饭，女儿说，这是我到婆家学会做的，名叫“疙瘩汤”。从此，这种经济方便的美食就传遍了千家万户。

摊糊饼 新中国成立前，村民长期食用玉米面、高粱面等粗粮，形成很多粗粮细作的方法，摊糊饼就是其中之一。其主料有玉米面、高粱面、小米面等，馅料主要是韭菜、白菜或野菜。材料有玉米面、韭菜若干，鸡蛋一个、虾皮适量、调料适量。将

韭菜洗净切碎，鸡蛋炒熟切碎，倒入容器内，加入各种调料搅拌均匀。玉米面加水和成糊状；将平底锅烧热刷一层食用油，把面糊均匀地摊在锅里。盖上锅盖，小火烙制，几分钟即熟，糊饼底部金黄酥脆，馅料鲜香扑鼻。进入21世纪，粗粮被人们当作保健食品，摊糊饼仍为人们所喜爱。

（三）居住

房屋结构 清末至新中国成立初期，村民所住房多为土坯房，一般户为平地垒坯（称落地白），还有一种“干打垒”房，即用泥土垒墙体、外罩草泥，用铁叉垛一层泥土，再压一层茅草，墙体外面不用抹泥。

60年代，农舍仍以土坯房为主，村民住宅无大变化。多数农户住老檐出头或一面出水式土坯房，坐北朝南，砖瓦房极少，房屋为土木结构。有的村民拾点砖头，底部铺3～5层房碱，一般2间房或3间房建一个院。正房外间屋搭有锅灶，里间屋围个大土炕，占房间一半面积，大锅烧菜做饭，土炕取暖。条件好点的在自家院子东西配有厢房及南房，均比正房低矮。建房前，先脱土坯，将稻草或麦秸用铡刀铡碎和泥，再用预制脱坯磨具（坯模子长约0.5米、宽0.4米、厚10厘米的长方体），先将泥放入磨具抹平，再将磨具取出，土坯晒干后即可垒房。房屋规格一般每间长4米，宽3.33米，高4米。3间房需土坯1200～1300块。屋顶单式起脊较多，也有的中间起脊，3根或5根木檩架撑。经济条件好的户在房底部铺砖碱，屋顶墁青瓦，外墙面抹白灰，外罩青灰。

70年代，村民建房以连三间房为主，坐北朝南，均为正房，砖木结构房屋兴起。铺九层或十一层砖碱，土坯垒墙，砖封檐，房顶铺瓦，建盖“穿靴戴帽式”平房。有村民盖“里生外熟式”平房，墙皮内土坯，外层砌砖，白灰膏勾缝，外观看似砖房，屋内用白灰刷墙，地面多数铺红砖，房顶苫油毡或墁瓦。也有村民建平顶房，用马槽板和四空板苫房盖，上铺白灰掺炉灰砸实后抹水泥，干后再铺油毡。有的村民请外地人员拓砖坯子，垒窑烧砖，为人工烧砖。大窑能烧3万块砖、小窑烧1.5万～2万块砖。火候小了，只能垒墙背里子用。火候大了便烧成坨子，出砖率极低，只能重新烧。由于建房材料紧缺，有村民自行垒窑，用石块烧白灰。还有村民自行制作洋灰檩条和洋灰瓦，捡拾公路废弃路面的水泥石块做房碱。

80年代，有村民买煤换砖，盖机砖瓦房，多数为砖木混凝土结构，省了每年开春泥房之劳。土坯房形成真正的砖瓦房。

90年代，随着人们生活水平提高，建筑材料丰富，人们更加注重房屋格局和内部装修。盛行石材铺碱，黑条砖砌外墙，砂石灰作口，屋顶及墙壁抹白灰膏（称亮白），水泥地面发展为水磨石地面、大理石地面。村民普遍建两明一暗外接拐弯房屋，有客厅、厨房、寝室、卫生间。因客厅增大，宽敞明亮，各室的门相通，建房跨度加宽，房檩由原先5檩增加到7～9檩。窗户上半部均改为4合扇玻璃窗，带纱窗，取消土炕、火灶，客厅采光好。屋顶多用石膏线和木板装饰，屋内围墙多用实木护墙板，房顶多为大红瓦盖顶。

2000年，土坯房基本消失，住房全部为水泥结构砖瓦房，每家单独一个院，正房3间至4间者居多。

2009年12月，中北斜村实施平房改造，启动还迁楼建设，2015年正式还迁，全村530户村民住上楼房。

住房面积　60年代，全村人口住房面积人均只有2～3平方米，通常一家人挤在10余平方米的房间里。

80年代，随着村内宅基地发放，村民建砖瓦新房，人均住房面积达到18平方米左右。

2009年，全村有住宅442所，共26520平方米，人均住房面积20.57平方米。

2015年12月，村民住进楼房，人均住房面积28.3平方米。

住房装修　50—60年代，村民无条件装修房屋，室内黄泥抹墙、土地面、纸糊窗户，无顶棚，抬头看到房耙子。

70年代，随着经济发展和村民生活水平的提高，逐渐出现白灰抹墙，屋内扎顶棚，地面墁砖。

80—90年代，外墙多为水泥勾缝，室内白灰吊顶、铺水泥地面。

21世纪，多数人家安装护墙板、天花板、饰灰线、灯池，灯具新颖。室内地面普遍采用水磨石、釉面瓷砖、大理石、木地板。多数村民大门口装饰彩绘瓷砖。房间分布更加细化，有寝室、厨房、卫生间、客厅，门窗由木料渐转向塑钢、铝合金。

2015年，村民还迁至楼房，装修风格多样，装修部位从墙面、地面、天花板延伸至影视墙、灯具等各个细部。

（四）出行

解放前，缺乏交通工具，村民外出赶集、去市里等均靠步行。

50年代初，使用自行车，但为数较少，出行有“二等”（用加重自行车在后衣架上绑个小椅子载人）。

60—70年代，自行车较为普及，各户都购置自行车，分为男式（直梁）、女式（弯梁）自行车，车型有“二八”“二六”“二四”等，水管车架的载重自行车可驮人也可载物。

70—80 年代的自行车

80 年代，村北老津杨公路开通公交汽车 158 路，直通杨柳青和市区，人们出行便利。80 年代，村民普遍骑自行车，成为普通的交通工具，骑摩托车出行成为时尚。1988 年，全村有摩托车 45 辆，自行车 750 辆。90 年代，摩托车普遍进入家庭。

21 世纪，村民多数家庭购置家用汽车。电动车普遍替代摩托车和自行车。村民外出自驾汽车，骑自行车多为健身运动。出门“打的”（乘出租车）为平常事。镇域公交四通八达，临近地铁 2 号线；公交车站设在小区口，设有 672 路、31 路、841 路、851 路、909 路等公交线路。

2018 年，全村 534 户有汽车 327 辆，60% 以上家庭购置汽车，有自行车 410 辆、电动车 219 辆。

（五）用具

家用电器　20 世纪 70 年代，家庭耐用消费工业用品实行凭票供应，收音机是村民主要家用电器。村民郭景山家购买 9 寸黑白电视机，是村内第一家购买电视机的家庭。

自 80 年代初，工业产品敞开供应，电视机、洗衣机、电风扇、电冰箱等用品进入部分家庭。1989 年，全村 332 户有收音机 220 台、电视机 300 台（其中彩电 235 台）、录音机 27 台、电风扇 250 台。

90 年代，多数家庭中，彩电取代黑白电视机，复合音响代替了录放机，年轻人

80 年代的黑白电视

21 世纪的液晶电视

结婚时兴买 VCD 组合音响。1997 年，全村 60% 的家庭拥有彩电、冰箱、空调机。

进入 21 世纪，计算机进入部分农户家庭。电视机、电冰箱、洗衣机、空调机等各种家电齐全，且不断更新换代，彩色电视机屏幕增大、功能增多。液晶电视成为村民家中电器主角。全自动洗衣机取代普通洗衣机，双开门、三开门数控无氟节能环保型电冰箱逐步取代单开门充氟电冰箱。具有冷暖功能的空调取代单纯制冷空调，电压力锅、电饭煲、电饼铛、电磁炉、电烤箱等新型家用电器被村民家庭青睐。

2018 年，村民拥有彩色电视 550 台、洗衣机 530 台、电冰箱 530 台、空调机 560 台，大型家用电器，户均超过 1 台。

家具陈设　新中国成立前，一般人家摆设简单，常用的桌子有连二桌（二屉桌）、连三桌（三屉桌）、八仙桌、炕桌等。常用坐具有条凳、圆凳（三条腿）、小板凳、背靠椅、被阁子、碗橱等，其他用具有水缸、锅、碗、瓢、盆等。炕席是苇子编制，照明有煤油灯、汽油灯，取暖用掏火盆。

新中国成立初期，村民家具陈设无多大改观。七八十年代，室内用具、陈设有很大变化，条凳之类的旧式家具逐渐被淘汰，座钟、石英钟逐渐取代旧式马蹄表、挂表。各类组合家具、沙发、折叠椅、高低柜、梧桐柜、大衣柜（立柜）、橱柜、酒柜、角柜、书柜、写字台等取代旧式家具。有条件者凭票证到家具厂或商场直接购买成品家具，多数村民攒木料，请当地或外地木匠到家中制

70—80 年代的座钟

90 年代至 21 世纪村民家中的石英钟

70 年代村民家中的被阁子

21 世纪初村民家中的摆设

作家具。

80 年代中后期，村民家具多为组合柜、人造革沙发、弹簧床垫软床、沙发折叠床等。

1989 年，全村有缝纫机 125 台、大衣柜 160 个、写字台 55 个。

90 年代，家具不断更新，折叠桌椅、组合沙发、真皮沙发、茶几、电视柜、配套家具等进入村民家庭，旧式衣柜、橱柜逐步被新潮家具所取代。

2015 年，村民搬迁新居，购置新潮家具。村民购买实木家具、高档家具者不乏其人。同时各类理疗保健、运动健身器械进入部分家庭。轻装修、重装饰，购买高档耐用的消费品成为新时期村民生活富裕的象征。

第三节　社会保障

一、退休金制度

多年来，老年村民的生活来源全部依靠子女。1983 年，村实施退休金制度，规定男女均 65 周岁为退休年龄，退休金为男每月 17 元、女每月 13 元。

1999 年 8 月，村委会改为男 60 周岁、女 50 周岁为退休年龄，退休金男、女一律每人每月 20 元，并逐年增长。2000 年后，村委会将村民退休年龄改为男 60 周岁，女 55 周岁。

村民退休金先后上调 18 次。2018 年，提高到每人每月 1500 元，80 周岁以上人员每月 1700 元，90 周岁以上人员每月 1900 元。

1999—2018 年中北斜村村民退休金统计表

表 13-1

时间	退休年龄（岁）		退休金（元）	备注
	男	女		
1999年	60	50	20	
2000年上半年	60	55	40	

续表 13-1

时间	退休年龄（岁）		退休金（元）	备注
	男	女		
2000年下半年	60	55	60	
2001年	60	55	55	
2002年	60	55	60	
2003年	60	55	100	
2004年上半年	60	55	150	
2004年下半年	60	55	200	
2005年	60	55	200	
2006年	60	55	300	
2007年	60	55	400	
2008年	60	55	500	
2009年	60	55	550	
2010年上半年	60	55	550	
2010年下半年	60	55	600	
2011年	60	55	600	
2012年	60	55	650	
2013年	60	55	900	80周岁及以上人员1000元，90周岁及以上人员1100元
2014年	60	55	900	80周岁及以上人员1000元，90周岁及以上人员1100元
2015年	60	55	1000	80周岁及以上人员1200元，90周岁及以上人员1400元
2016年	60	55	1200	80周岁及以上人员1400元，90周岁及以上人员1600元
2017—2018年	60	55	1500	80周岁及以上人员1700元，90周岁及以上人员1900元

二、社会养老保险

2006 年 6 月 15 日，通过《中北斜村参加社会养老保险实施办法》，村集体支出 926 万元，为全村符合年龄条件的 463 人缴纳 15 年社会养老保险金，村民参保率为 99.12%。参保村民个人缴费 4000 元，村集体担负 2 万元。截至 2018 年，村享受社会养老保险人员有 185 人，养老金基数随国家政策上调；超过社保退休年龄的人员有 180 人，享受村退休金待遇。

2010 年，全村有 107 人上缴城乡居民养老保险。村民到法定退休年龄，可领到一定数额的城乡养老保险金，档次分为个人缴纳 1.5 万元和个人缴纳 9000 元。

三、农村合作医疗

70 年代初，村实行农村合作医疗制度，每人每年上交 3 元，村民在村红医站看病拿药不花钱，由村集体承担。村民到医院看病住院，需到大队开三联单，参加合作医疗者可报销住院费的 70% ~ 80%。

2005 年 6 月，村推行新型农村合作医疗制度，全村村民每人每年合作医疗参合金由村集体担负，参合率达 100%。村民凭住院医疗单，镇可报销部分住院医疗费。

2005 年，村集体在中国人寿保险公司为村民每人上一份商业医疗住院保险，增加村民住院报销比例，减轻村民负担。

四、城乡居民基本医疗保险

2010 年 4 月，村实施城乡居民基本医疗保险制度。村集体为村民办理城镇居民医保卡，村民享受医保待遇。

五、村医疗保险补贴政策

2016 年，村实施医疗补贴政策，农业户口村民在医院发生医疗费用完成医疗保险报销及区镇两级医疗报销后，剩余部分村给予二次报销，根据药费金额，报销比例为 20% ~ 40%。

六、困难群众帮扶

2000 年，村建立残疾人康复站，设专职干部负责残疾人工作，确立帮扶对象，为残疾村民申办残疾证。

村集体对轻度伤残人员安排力所能及的工作，让他们有固定收入。对因突发事件造成的临时生活有困难的村民，及身体残疾、孤独老人 1 人无子女、生活困难的五保户，村两

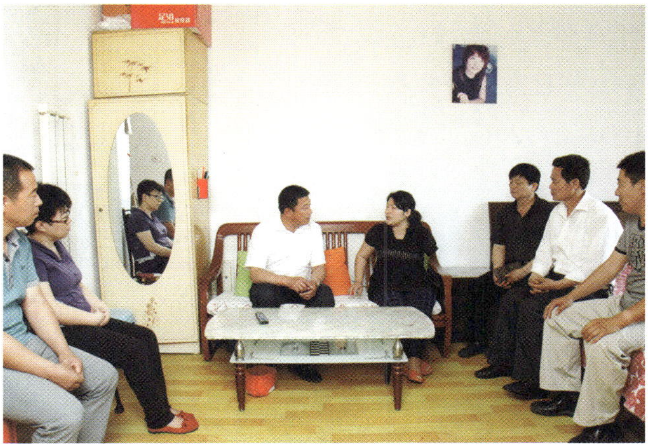

2014 年村干部慰问残疾人低保户家庭

委班子进行节日慰问、帮困等。

村两委班子坚持“为民、惠民、便民”的工作方针为困难家庭提供各种帮助。

七、福利待遇

（一）失地补偿金

2003 年开始，因村开发工业园区占用土地，对全村男（18 ~ 60 周岁）、女（18 ~ 50 周岁）每月给予失地补偿金。2003 年，失地补偿金每人每月 260 元。2006 年，上调到 300 元。2008 年，上调到 400 元。2009 年，上调到 450 元。2011—2018 年，上调到每人每月 500 元。

（二）口粮补贴

2001 年，南洼稻地统一由集体种植，每人每年补贴稻谷 65 公斤；2002 年开始，改发口粮补贴款，每人每年 150 元（含稻草款 20 元）。2004 年，口粮补贴款上调到 300 元。2007 年，上调到 400 元。2008 年，上调到 500 元。2009 年，上调到 1000 元。2011 年，上调到 1200 元。2017—2018 年，上调到每人每年 2000 元。

（三）冬季取暖费

2013—2018 年，村按社保标准每年为退休村民发放冬季取暖费。

（四）节日慰问金

2003 年开始，村在每年端午节、中秋节、春节三大节日为退休人员发节日慰问品。2005 年，开始改为发慰问金，每年 500 元。2008 年，节日慰问金提高到每年 1000 元。2011 年，上调到每年 2200 元。2017—2018 年，上调到每年 4500 元（春节 2000 元、端午节 1000 元、中秋节 1500 元）。

2005 年村民领取春节慰问品

第四节　生活方式

一、休闲

（一）娱乐

解放前，村民迫于生计终日辛勤劳作尚不得温饱，对文化生活享受可望而不可即。劳动之余，大家凑一块聊天、打诨，从中获得一点乐趣。

解放后，村组成秧歌队，后成立村剧团，民间文化兴起。

80 年代后期，玩麻将、下象棋等成为村民主要娱乐形式。

2006 年，村建文体活动中心，设有棋牌室，村民参加活动者居多。

2018 年，党群服务中心设有棋牌室，开放后，每天都有中老年去参与麻将、棋类等文化娱乐活动。

（二）旅游

90 年代末，随着村民生活水平进一步提高，兴起旅游热。节假日青年伴侣开车自驾游，中老年人多随旅游团出外旅游，家庭旅游去周边及蓟县农家院休闲旅游居多。进入 21 世纪，在国内旅游已不是新鲜事，有村民出国旅游。

（三）垂钓

90 年代开始，越来越多的村民喜欢垂钓，村民到南运河、子牙河、池塘等处垂钓。进入 21 世纪，更多村民花钱到私人养殖鱼塘钓鱼，还有村民驾车到独流减河垂钓。

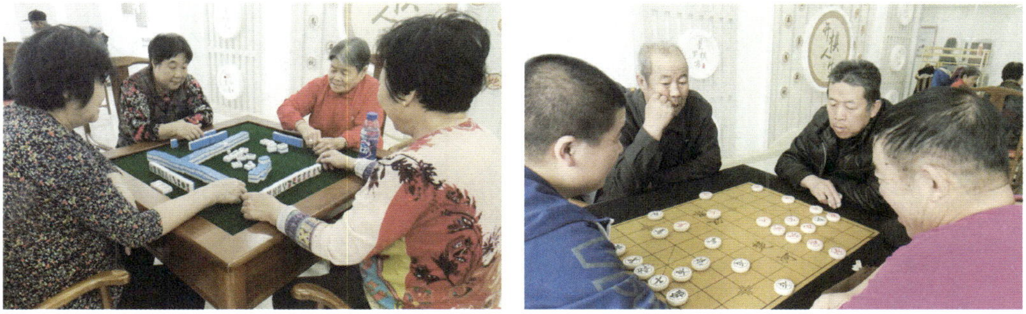

村民在党群活动室参与活动（摄于 2017 年）

二、现代网络

进入21世纪，随着电脑互联网进入平常家庭，村民在家就可上网。网络使村民生活发生变化，在网上获取各种知识与信息，开阔眼界。网络作为快捷的查询方式，让更多人接受，村民可上网查询资料、交流信息、了解时事，进行休闲娱乐、网上购物。

2017年村民上网查询资料

2010年以后，随着手机智能化，手机上网购物、聊天、游戏等成为村民休闲的主要方式。

2016年，智能手机除上述功能外，还可上网收发微信、支付。如今手机普及，作为主要通信工具，成为村民生活的必备用品。

三、修身健体

2006年，村二楼文体活动中心开放，建有多处健身设施，成为村民的主要锻炼场所。村组成百人秧歌队，经常开展健身娱乐活动。书画室成为文化阵地，村经常组织书画爱好者开展写字绘画活动。

2018年，溪悦园中北斜村党群服务中心对外开放，设舞蹈室、健身室、乒乓球室、台球室、书画室等，村民修身健体活动丰富。

2018年村民作画练书法

村民在党群服务中心健身

四、民间技艺

布艺

村民谢淑华，1928 年出生，从小喜欢绣花，精通民俗特色的布老虎、兔鞋、猪鞋、虎头鞋等布艺手工制作，作品栩栩如生。

村民谢淑华手工布艺作品（2017 年提供）

丝网花

村民郭有纯，1963 年出生，自幼受母亲熏陶喜爱布艺技艺，擅长制作绢花及丝网花，丝网花作品色彩艳丽、形象逼真。

村民郭有纯手工制作的丝网花及手工布艺作品（2017 年提供）

蔬果雕刻

村民崔建山，1963 年出生，喜爱烹饪技术，中级厨师，擅长蔬果雕刻，雕刻作品造型丰富、生动活泼，别具风格。

村民崔建山蔬果雕刻作品（2017 年提供）

柳编

村民郝跃庭，1952年出生，擅长柳编。60—70年代，郝跃庭用紫穗槐树条编制背筐、土篮子，用于农业生产，闲暇时间用柳树条编制提篮、笊篱等，编制手艺精巧。

村民郝跃庭柳编作品（2017年提供）

十字绣

村民何宝亭，1963年出生，喜好十字绣技艺，钻研绣品，所绣作品高贵华丽、精致典雅。

村民何宝亭十字绣作品（2017年提供）

布贴花

村民陈志兰，1954年出生，自小喜爱刺绣技艺，擅长布艺贴花，将彩色布料贴在图案上，用彩线缝制，其布艺贴花作品构图严谨、雅致。

村民陈志兰布艺贴花作品（2017年提供）

手工编织

村民李宏娟，1963 年出生，自小喜爱毛线编织技艺，擅长编织图案新颖的小型饰物，既可观赏又实用。

村民李宏娟手工编织作品（2017 年提供）

木匠

木匠是农村常见的技工，村内木匠均为自学成才，正式经师者无记载。主要制作桌椅板凳、橱柜家具及门窗。60—80 年代，木匠可制作人力小拉车，生产农具，包括禾子、耧、耙，村民建房做檩条、扣隼等。中北斜村从事木工的人员有郝桂、杜宗义、解基盛、何杏茂、赵月金、祁连河、郝汝田、郝汝年、李桂发、李桂才等。

第十四章　习俗　方言

在漫长的岁月中，中北斜村形成的丧葬嫁娶、寿诞生辰、岁月节令等各种习俗，蕴含着浓郁的地方特色。随着时代变迁，传统习俗得到延续和创新。村民尊重传统，崇尚科学，追求和创造更加健康、文明的生活方式，逐渐形成具有厚重传统习俗和现代都市习俗糅合的特色民情。

随着环境改变和独特的运河文化的熏陶，一些方言融合度越来越高，逐渐向普通话发展。七八十岁的老人语音复杂，而在当地出生的中年人均有纯正的天津口音。少年儿童在学校接触、学习普通话，使普通话得以普及与推广。

第一节　习　俗

一、传统习俗

村内传统节日主要有春节、元宵节、填仓节、龙抬头（中和节）、清明节、端午节、中元节（俗称鬼节）、中秋节、重阳节、寒衣节、腊八节。

（一）春节（过年）

一般由腊月二十三开始进入年前准备，直到转年正月十六过年结束，历时 20 余天。春节是一年中最为隆重的节日，其中以除夕、春节为核心。

腊月二十三祭灶王，俗称过小年。家家买糖瓜，有“糖瓜祭灶，新年来到”之说。这天晚上，多数村民吃年糕或饺子。其后，人们开始紧锣密鼓地置办年货、添置新衣。同时擦玻璃、扫房子、炖肉、蒸馒头、贴吊钱等，做年前准备。腊月三十（小进二十九）俗称年三十或除夕。晚餐为年夜饭，全家人一起吃团圆饭，菜品丰盛，有鱼有肉，还有四喜丸子、扣肉和各种酒菜。饭以饺子为主，可有素馅、肉馅、三鲜馅等，也可以吃面条、米饭或涮羊肉等。近年来，在饭店聚餐者增多，多要提前几个月预订。一些独生子女将双方老人接到一起吃年夜饭，饭后全家人一起看春晚，或进行娱乐活动。晚上十一点开始，村民燃放鞭炮、烟花，煮新年饺子，整夜守岁者逐年减少。

正月初一是春节，早上吃饺子，以素馅为主，取一年素净之意。谚云“初一饺子初二面，初三合子往家转”，正月初二出嫁闺女带姑爷回娘家给父母拜年，俗称“回娘家”，后逐渐演变为“姑爷节”。村内有“姑爷乃门前贵客”的说法。姑爷在岳丈家备受尊重。正月初五，俗称“破五”，家家包饺子、放鞭炮。正月十五为元宵节，亦称灯节。村内兴吃元宵，放烟花、爆竹。2003年后，村中常组织表演秧歌等花会，每年正月十六，人们多外出逛公园或商场，有“十五、十六，遛一遛，去百病”之说。

春节期间，人们走亲访友，称为“拜年”。家家准备花生、瓜子、糖果、水果等，款待拜年者，拜年时多说“过年好”“恭喜发财”等吉祥话。晚辈给长辈拜年多带礼物，为烟酒、糕点、水果等。长辈给孩子发红包，即“压岁钱”，数额由70年代的一两元钱逐渐变成十元、几十元、百元甚至几百元。亲友之间拜年多打电话问候。2000年后，从除夕开始，短信、微信拜年渐成时尚。

（二）填仓节（正月二十五）

正月二十五俗称“填仓节”，意为填满谷仓。该日黎明，家家在自家院内用筛过的草木灰撒出多处大小不等的粮仓形状，内放五谷杂粮，象征五谷丰登，囤满仓流。70年代至今，节日当天村民多自家做豆馅馒头、枣馒头等，有的做成老鼠、刺猬等样子，不自家做的在外买馒头。

（三）龙抬头（农历二月初二）

农历二月初二，俗称“二月二，龙抬头”。节日当天，村内沿袭传统习俗，吃煎焖子、炒鸡蛋、炒春菜、烙饼；男人剃头（理发）谓“龙抬头”，图吉利和好兆头。进入21世纪，该日剃头、理发之俗愈加兴盛。人们望子成龙心切，“二月二”理发者尤以儿童、青少年居多。是日，村子周边的理发店普遍从早晨忙到深夜12点，费用也多涨至平日的2 ~ 3倍。

（四）清明节

公历4月4日或5日。清明节演化为民间祭祀节日，是村民心目中看重的节日之一。通常，于清明节前后10天，村民依传统习俗到墓地（后为陵园）扫墓祭祖。90年代后，祭祀用品种类逐年增多，花样不断翻新，一些现代生活用品被仿制成祭祀用品。扫墓时，普遍用各种纸绢、塑料拉花等将墓碑进行装饰。2008年始，清明节被定为法定节日，放假1天，与双休日结合休息3天，俗称“小长假”。祭扫虽仍有烧纸和放鞭炮等行为，但更多人以奉鲜花等方式寄托哀思，在外男女多利用清明小长假回乡祭祖，并借此与家人、亲族团聚，畅叙亲情。

（五）端午节（农历五月初五）

端午节亦称端阳节，村内俗称五月节。节日当天，村内沿袭门插艾蒿、吃粽子风俗。儿童肩披“老虎奁拉”或缀红布葫芦的风俗淡化。近年，出现卖“五毒褡裢”者，有人买后挂于房中摆设，或作为儿童玩具。有老人的家庭多会自家制作粽子，不会包或不愿包者多到外买现成的，口味不再局限于豆沙、枣泥，椰蓉、蛋黄、腊肉等各种口味应有尽有，品种丰富。进入21世纪，村妇联多于端午节前组织妇女包粽子，并赠送乡邻，增进感情。

（六）七夕（农历七月初七）

七夕又称乞巧节，传说这一天是牛郎织女相会日，喜鹊在天河搭鹊桥，谓之“鹊桥相会”。21世纪后，与西方情人节相对应，称为中国的“情人节”，村中年轻人多以送玫瑰花、手表等方式过节。

（七）中元节（农历七月十五）

中元节俗称鬼节，村人多以烧纸方式祭奠故去先人。

（八）中秋节（农历八月十五）

中秋节亦称团圆节，村内俗称八月节，有吃月饼、赏月的习俗。亲朋之间以月饼为礼品，相互拜访问候，人们多喜欢五仁、白果、枣泥、豆沙等口味的月饼。2000年后，村民多数在家设宴团聚，也有到饭店聚餐的。

（九）重阳节（农历九月初九）

重阳节俗称九九重阳、老人节，村中组织开展慰问老人等形式多样的敬老活动。

（十）寒衣节（农历十月初一）

寒衣节，人们多以烧纸方式祭奠故去亲人。村民有以五色纸剪成衣裤并焚之，为已故先人送寒衣，村中一般设有专用焚烧点，便于人们烧纸。

（十一）腊八节（农历腊月初八）

腊八节，这天人们用米（大米、小米、江米、秫米等）、豆（红豆、芸豆、黑豆、绿豆等）、果仁、小枣、核桃仁、莲子、百合、板栗8种原料熬制“腊八粥”食用。该日村民用醋腌蒜，谓“泡腊八蒜”或“泡腊八醋”，备除夕就饺子食用。

二、公立节日活动

（一）新年

1月1日，又称元旦。是日，村委会、村企业、学校都挂彩旗、张灯结彩。村委会组织文体活动，庆祝节日。

（二）妇女节

3月8日，妇联组织召开座谈会，慰问老年妇女，组织文艺演出等。

（三）植树节

3月12日植树节，始于1979年。是日，村组织党员干部、志愿者、村民开展义务植树活动。

（四）国际劳动节（五一节）

90年代末期，“五一”节放长假7天（连同双休日），村民外出旅游增多，有“五一黄金周”之说。2008年开始，国家规定“五一”放假3天（连同双休日），家庭多走亲访友、喜短途旅游。

（五）中国青年节

5月4日，村团支部组织青年团员开展义务劳动、文体活动，或参加镇团委举办的纪念活动。

（六）国际儿童节

6月1日，少年儿童身着节日盛装，参加各种文艺表演、联欢游艺等庆祝活动。村委会出资为幼儿园儿童购买节日礼品，以示关怀。

（七）中国共产党诞生纪念日

7月1日，村组织党员参观教育展览，回顾党的历史；村召开表彰会开展党日活动。

（八）建军节

8月1日，村两委开展拥军优属活动。

（九）国庆节

10月1日，村中开展各种形式的庆祝活动，男女青年多选择此日结婚。许多家庭借长假之机探视父母、走亲访友、参加婚礼、外出旅游，也有年轻职场人员利用长假学习“充电”。

三、寿诞习俗

（一）庆生

旧时，媳妇怀孕是一件大事，预示着添丁进口，香火旺盛。

婴儿降生时家长会记下生辰（降生的日期、时辰），俗称“生日”。旧时，产妇分娩都请村中“老娘婆”接生。改革开放后，产妇多到医院生产。分娩后，女方娘家人要将婴儿用品及产妇营养品送至女婿家。80年代前，亲友邻居要送给产妇鸡蛋、红糖、藕粉、挂面等。90年代后，则送小孩衣物、玩具、童车、麦乳精、奶粉之类。进入21世纪，人们多改为送礼金。

出生后第 3 天，接生婆给婴儿洗身，谓“洗三”。出生后第 12 天，称过“十二晌”，全家吃捞面，后来流行过 12 天，在这天主人安排酒席款待亲朋。

出生后第 30 天，新生儿要过“满月”，孩子姥姥家要送金银挂件（挂锁、手镯、脚镯等）长命百岁。孩子 100 天要过“百岁儿”，因“生日年年有，百岁只一个”，孩子父母较重视。80 年代以前，父母带孩子多拍“百岁儿”照。90 年代，兴起“百岁儿”录像，孩子姥姥家要送面条（谓“长寿面”）、衣物及“百岁钱”，有的蒸年糕，谓“年糕黏，面条拴，小孩活到一百三”。

孩子周岁时，亲朋送给小孩衣物、毛毯、毛料等。随着生活水平提高，拍“满月”照、“百岁”照的多了；送衣服的少了，送礼金的多了。主家变成在饭店订酒席招待亲朋。其后，孩子生日虽不再亲朋聚会，但自家年年给过。生日前一天，父母要给孩子包催生饺子。生日当天，孩子要吃一个煮鸡蛋和面条，家长会为孩子买生日蛋糕、礼物，再做一桌丰盛的饭菜或到饭店订餐，也有给孩子拍照留念的。过去，村民过生日多过阴历，进入 21 世纪后，多数家庭过公历生日了。

（二）祝寿

村里人为长辈庆祝生日叫过寿。生日前一天吃催生饺子，生日当天吃捞面。生日当天，亲戚朋友送寿桃、糕点、水果、酒及礼金等，当天饭菜丰盛，有炖排骨、熬鱼、炸丸子等大菜。随着生活水平的提高，村中长寿老人越来越多，80 岁、90 岁、100 岁的也不乏其人。

进入 21 世纪，村民为老人祝寿多选择在饭店举行，餐前为老人摆上生日蛋糕，插上生日蜡烛，大家一起唱生日歌，然后老人吹灭蜡烛，大家吃块生日蛋糕，再喝酒吃饭。随着生活节奏的加快，亲朋之间不能经常见面，故在老人生日当天，亲朋相会，欢聚一堂。

四、丧葬

（一）旧式丧葬

旧时，村里实行土葬，传统丧仪繁杂。主家请一个专门操持丧事的人（俗称“大了”）来操办，设立账房，请专人负责白事中的各种开支和账目，包括登记亲友送的奠仪和挽联、花圈等，其后要清算开销。有的主家请吹鼓手吹奏、和尚念经等。通常治丧时间为 3 天，有“小三天”和“大三天”之分。零时前人亡的为“小三天”，零时后人亡的为“大三天”。死者弥留之际，要理发，擦洗身体，穿上寿衣，移放灵床放于堂屋，床头置供桌，摆供品，燃蜡烛，烧倒头香（香平放碗上，分男左女右，男女都已去世，点燃香两头），焚烧纸钱。大门外挑“楮钱纸”（分男左女右），底部中间呈尖型表示男性，底部中间呈凹型表示女性。大门口贴门报，上书“恕报不周”，屋内玻璃、镜子等均用白布帘遮挡。孝子亲朋穿上孝衣跪在灵床前号哭。转天中午，入殓，长子抱头，次子抱脚，尸体出堂屋，用布遮住不能见天。入殓后，棺材停在院中，孝子依次行礼之后守灵，按时上香烧纸。是日傍晚“送路”，在十字路口焚烧纸牛（马），不能走回头路，众孝子归，辞灵。第三天早晨，出殡，街头行大礼，长子（长孙）扛幡摔盆，长媳抱罐，扛幡分男左女右，父亡扛左肩，母亡扛右肩。棺材下坟地，入土为安，孝子哭一场，抓土添坟，回家迈火口含冰糖。夫妇均去世，同埋一个坟穴内，称为“合葬”。

葬后三日，亲属“圆坟”。从第一个七日烧纸，一般烧至五七，死者周年为“忌日”。3 年过后，每年清明添一次坟。

（二）丧俗改革

旧时，讲究重葬厚殓，穷户人家求财借账发丧老人，否则会落个不孝“丑名”，因此不少人家会为安葬老人而负债。

新中国成立后，破除封建迷信，部分旧丧俗被废除，穿重孝、诵经出大殡、渡桥等旧式丧俗绝迹，但开棺入殓、停尸 3 天、亲友吊丧、送路、出堂、圆坟、烧期纸等习俗尚存。

70 年代，村中推行火葬，旧俗淡化。80 年代，旧俗回潮。90 年代，又增新陋俗，兴扎制冰箱、彩电、空调、汽车、楼房、别墅等祭祀用品。进入 21 世纪，治丧费用逐年增加，居高不下。村中一度出现戴重孝、大吃大喝等攀比现象。后经村制定规章制度，统一由村红白理事会办理丧葬事务，丧事简办渐成风俗。

五、婚俗

新中国成立之前，村内男女婚姻以父母包办为主，男女双方不用见面，全靠媒婆介绍，主家听着合适即可。条件好的家庭要请合婚先生看看，用双方的生辰八字和属相合一合，合适就订终身。男方让女方家选择结婚日期，要选农历双日子。日子定下后，男方开始向女方送聘礼。迎娶头一天“过嫁妆”，请村里儿女双全的“全合人儿”往新人被褥里放枣、栗子、花生，意为“早立子，花着生”。一般民户娶亲用大车，车上围席圈；富户人家多用花轿。入洞房时，新郎、新娘吃半生不熟的饺子，意为婚后生儿育女。婚后第四天，新娘回娘家谓之“回四”。

新中国成立后，《中华人民共和国婚姻法》颁布，村内青年婚姻自主、自由恋爱，旧式婚俗彻底改变。50年代，婚娶方式简朴，新郎骑自行车到新娘家接新娘，新人服饰基本上是平时的服装样式，新娘在装扮上颜色鲜亮，没有旧时的通体大红。六七十年代，结婚仪式简单，家人在一起吃顿捞面，也有在家里摆上几桌招待亲朋；结婚讲究要准备“三大件”：自行车、手表、缝纫机。80年代后，随着收入提高，村民出现结婚讲排场、大操大办之风。在迎娶头一天，男方多搭大棚，支起炉灶，借来桌椅板凳和碟子碗筷等用具，摆桌庆祝。要求男方要有新房，要有新打制或新买的整套（组合）家具，并给女方一件金货作彩礼，另加几千元。女方陪嫁妆讲究有几大件：彩电、冰箱、洗衣机、组合音响、自行车或木兰轻骑等，同时陪送“三金”（金戒指、金耳环、金项链）等。新娘坐轿车，结婚仪式要录像，婚宴摆十几桌，攀比之风渐浓。90年代，随着人们对物质生活的追求，结婚讲究新“三大件”：房子、车子和票子。结婚要请婚庆公司，典礼、婚宴均在饭店进行。

进入21世纪，村民结婚费用大幅攀升，更加讲究排场。虽然多数人结婚较为隆重，村内也有部分青年喜事新办，婚事从简，采取旅行结婚、集体婚礼等简朴方式，成为结婚新时尚。

六、禁忌

古来村庄有很多禁忌，俗称“妈妈例”。新中国成立后，村破除迷信，提倡科学唯物主义人生观，大量封建迷信习俗禁忌被摒弃。

（一）年节忌

旧时，忌农历三十包饺子和吃饺子时说“够了、行了、完了”等词语；忌正月初一担水、借火，以示百物不缺，样样富足；忌春节数馒头、饺子数量；忌除夕至正月初五期间说“穷、死、没”之类词语；忌正月剃头理发；忌正月买鞋。

（二）生活忌

忌筷子长短不一，忌筷子插在饭上；忌煎中药时抽烟，忌中药锅放在桌子上，忌中药渣倒入粪坑，忌主动归还药锅；忌下午或晚上看病人，忌两人共吃一个梨。

（三）丧葬忌

入殓时忌死者亲家与其见面（入殓后亲家再吊唁）；出殡时忌孝子回头；忌孕妇进坟地送葬；吊唁时忌主家给的孝服原封不动带回家中；忌穿孝服进邻居家串门；忌丧事后当年办喜事；丧事三年内忌贴春联；当年春节忌拜年。

第二节 方 言

一、常用方言

（一）称呼类

中北斜村称呼类常用方言表

表 14–1

普通话	当地方言
您	您老、您了
大家	大家伙儿、大伙儿
我们	咱们
自己	自个儿
伯父	大爷
叔父	伯伯（音bai）
外孙、外孙女	白眼儿
孙子、孙女	红眼儿
外公	姥爷
外婆	姥姥

（二）人体类

中北斜村人体类常用方言表

表 14–2

普通话	当地方言
头	脑袋瓜、脑瓜子
额	脑门盖、也拉盖、脑门子
乳房	个个
膝盖	膊拉盖儿
腋下	胳肢窝
咽喉	嗓子眼儿

（三）动物、昆虫类

中北斜村动物、昆虫类常用方言表

表 14–3

普通话	当地方言
青蛙	蛤蟆、青膛罐
猫头鹰	夜猫子
麻雀	家雀（qiǎo）儿、老家贼
蝙蝠	盐巴蝠
蝉	马吉了
蜻蜓	麻螂、大老喝、大老蜻
螳螂	刀螂
蚯蚓	曲蟮、地蛐
蝼蛄	蝲蝲蛄
蛇	长虫
壁虎	蝎拉虎子
乌鸦	老鸹
黄鼬	黄鼠狼
蜘蛛	蛛蛛

（四）植物、蔬菜类

中北斜村植物、蔬菜类常用方言表

表 14–4

普通话	当地方言
向日葵	转莲
玉米	棒子
牵牛花	喇叭花
番茄	火柿子、西红柿
马铃薯	土豆
番薯	山芋、红薯
卷心菜	洋白菜、圆白菜
花生	大仁果、大荣果
南瓜	老窝（倭）瓜

（五）时间类

中北斜村时间类常用方言表

表 14–5

普通话	当地方言
去年	头年、年上个
明年	转年、过年、来年个
昨天	夜个、夜拉个儿
今天	今儿个
明天	赶明儿、明儿个、明儿
后天	赶后儿
早晨	大清早、一大早
上午	头半晌、头晌午、前半晌
中午	晌午、晌乎头儿
下午	过半晌、后半晌
傍晚	天傍黑、一擦黑、天夕

（六）其他类

中北斜村其他类常用方言表

表 14–6

普通话	当地方言
太阳	日头、老爷儿
厕所	茅房
大便	拉粑粑、解大手
小便	尿水、尿尿、解小手
结婚	娶媳妇、成家（男）、出门子（女）
周岁（小孩）	一生日

（七）方言土语

方中北斜村常用语一览表

表 14–7

方言	含义	例句
嘛	询问、责怪	干嘛；嘛玩意儿；这有嘛了
上亮子	门上方的玻璃窗	今天打扫卫生，擦上亮子

续表 14–7

方言	含义	例句
唆了密	棒棒糖之类甜食	小孩爱吃唆了密
零嘴儿	零食	他家零嘴儿多
打嚏喷	喷嚏	他冻得直打嚏喷
迂	悠闲	抽烟喝茶看球赛，挺迂啊
拾不起个儿	形容筋疲力尽	累得他拾不起个儿
拢子	梳子	买一把拢子
干饭	米饭	晚上吃了两碗干饭
糖堆儿	糖葫芦	老少都爱吃糖堆儿
鞋趿拉	拖鞋	去超市买双鞋趿拉
垫吧	正式吃饭前先少吃一点	先吃两块蛋糕垫吧垫吧
一边大	年龄相仿	他跟小李一边大
愣子	比较蛮横	别理他，这人简直就是个愣子
大尾巴鹰	不懂装懂	别装大尾巴鹰了
大了	红白喜事司仪	他家喜事得亏大了给忙活
折饼儿（固秋）	无规则乱动	快睡觉，你在那固秋嘛
自歪	弱者对强势一方不服气	别自歪了，认输吧
脖梗儿	脖子和衣服的空隙	把一小虫塞进胖子脖梗儿里了
遭改	调侃找乐	他总拿别人遭改
崴泥了	坏了	这回可崴泥了
耐人儿	招人喜爱	这个孩子倍儿耐人儿
罗罗缸	纠缠不清	这点事真罗罗缸了
隔色	特殊	他这人隔色，不好接触
倍儿哏儿	有意思	他讲的笑话倍儿哏儿
打镲	开玩笑	别打镲，说正经事
不识闲	闲不住	他干活干惯了，一点不识闲
落忍	过意不去	让人干那么多活，真不落忍
识举	知足	现在生活条件这么好，他特识举
为嘛许的	没必要	给你操这么大心，为嘛许的
吃挂落儿	受连累	让你也跟着吃挂落儿了
当间儿	中间	上有哥下有弟，他是当间儿的
祸祸	糟蹋	这孩子能祸祸，把东西扔得满地都是
凉白开	白开水	一口气喝了一大杯凉白开
嘛玩意儿	什么东西	你买的这是嘛玩意儿
小眼子巴擦	眼睛小	这人长得小眼子巴擦
现世报儿	丢人现眼	你这现世报儿，回来干嘛
矫情	争辩	他这人能矫情
犟嘴	顶嘴	你还敢犟嘴

续表 14-7

方言	含义	例句
眼力见儿	察言观色	他特有眼力见儿
大果仁	花生	买了一斤大果仁
齐活	成功	还有一个就齐活了
出幺蛾子	标新立异	你怎么总出幺蛾子
腻歪	讨厌	这人嘴特碎让人腻歪
得楞	修理	他特巧，一会就把车得楞好了
病秧子	身体不好	他从小就是个病秧子
插黑儿	傍晚	出去玩一天，插黑儿才回来
编巴造魔	捏造瞎话	别听他的，他净编巴造魔
吃饱了撑的	无事生非	你吃饱了撑的，嘛事都管
掰开揉碎	仔细分析	掰开揉碎地给他讲道理
白吃饱	什么事都不干的人	他什么事情都不做，就是个白吃饱
半了格叽	某方面知道一点	他嘛都学，却都是半了格叽的
不顺南不顺北	不顺从	这人不顺南不顺北，别理他
拔闯	替别人出气	他特仗义，总为弟兄拔闯
大概其	基本多数是	这事仅知道大概其
般配	条件一样合适	他俩挺般配的
划道儿	出主意	给姐划道儿，这事怎么办
哈喇子	口水	做饭特别香，闻着就流哈喇子
护犊子	护孩子，有错不许人说	这人护犊子，不许说他孩子
捯饬	装饰刻意打扮	她参加婚礼，一大早就捯饬
黏屁股	久坐不走	这人黏屁股，坐了半天还不走
铆劲儿	使足劲	他一铆劲儿，一口气爬了10楼
老例儿	约定俗成的老规矩	按照老例儿，立冬应该吃饺子
倒插门	入赘	他虽然是倒插门，却特受人尊重
乌涂水	半开水	这壶是乌涂水，不能喝
膈应	讨厌	一想起这事，心里就膈应
故故纽	诡计	看他又出嘛故故纽
搭咯	找，联系	给你搭咯对象

二、谚语歌谣

（一）农业谚语

勤劳

庄稼一枝花，全靠粪当家。

种地不上粪，等于瞎胡混。
人误地一时，地误人一年。
种麦不怕草，就怕坷垃咬。
家土换野土，一亩顶两亩。
人勤地生宝，人懒地生草。
要吃地碱饭，就得拿粪换。
今年留下一棵草，明年一车拉不了。
秋天猫猫要，累死冬天转三遭。
一日之计在于晨，一年之计在于春，一生之计在于勤。
人闲懒，车闲散；犁地犁到边，种地不留尖。

收获

立冬不起菜，冻了你别怪。
霜降不刨葱，越长越空。
栽蒜不出九，出九长独头。
头伏萝卜，二伏菜，三伏种荞麦。
白露早，寒露迟，秋分种麦正当时。
抢秋抢收，不收就丢。
立秋十八天，寸草结籽粒。
桃三、杏四、梨五年，枣树当年就还钱。
七月十五定旱涝，八月十五定收成。

（二）气候节令谚语

下雨

先下“牛毛”没大雨，后下“牛毛”（雨）不晴天。
河里鱼打花，天上有雨下。
青蛙叫得欢，必有阴雨天。
顶风云彩顺风雨，风是雨的头。
蚂蚁搬家蛇过道，大雨马上就来到。
日晕三更雨，月晕午时风。
早晨太阳黄，午后风必狂。
雾大生风，十雾九晴天。
狂风怕日落。早看东南，晚看西北。

一场秋雨一场凉，十场秋雨顶场霜。

下雪

八月十五云遮月，正月十五雪打灯。

头九有雪，九九有雪。

风后暖，雪后寒。

“小雪”封地，“大雪”封河。

冰雹黑云黄梢子，必定下雹子。

天有骆驼云，雹子要来临。

炎热

老石旧砖，出汗闹天。

晚间火烧云，明日晒死人。

云彩往东，一阵大风；云彩往北，一洼大水；云彩往西，王母娘娘披蓑衣；云彩往南，王母娘娘撑船。

（三）生活谚语

家庭

两口子打架不用劝，放下桌子就吃饭。

不当家不知柴米贵，不养儿不知父母恩。

子不嫌母丑，狗不嫌家贫。

只有狠心的儿女，没有狠心的爹娘。

在家敬父母，何必远烧香。

社会

远亲不如近邻，近邻不如对门。

指亲不富，看嘴不饱。

你敬人一尺，人敬你一丈。

在家千般好，出门万事难。

饱带干粮，热带衣（指出门办事）。

浇树浇根，交人交心。

人多瞎打乱，鸡多不下蛋。

天下无难事，只怕有心人。

师傅领进门，修行在个人。

不怕没好事，就怕没好人。

一朝被蛇咬，十年怕井绳。

没做亏心事，不怕鬼叫门。

一人赌，全家苦。

久入赌场，不偷便抢。

奸出人命，赌出贼。

吃不穷穿不穷，算计不到就受穷。

前人栽树，后人乘凉。

病从口入，祸从口出。

耳听为虚，眼见为实。

有理走遍天下，无理寸步难行。

真人不说假话，明人不做暗事。

不怕人穷，就怕志短。

上梁不正底梁歪。

人往高处走，水往低处流。

（四）儿童歌谣

村内古来流传的儿童歌谣主要有：

1. 小老鼠上灯台，偷油喝，下不来，喵喵喵，猫来了，叽里咕噜滚下来。

2. 小板凳三条腿儿，我给奶奶嗑瓜子，奶奶嫌我脏；我给奶奶做面汤，奶奶嫌我没搁油，我给奶奶磕三头。

3. 拉大锯，扯大锯，姥姥家门口唱大戏；接闺女，叫女婿，小外孙子你也去。

4. 小白兔乖乖，把门开开，快点开开，我要进来。不开不开就不开，妈妈不回来，谁来也不开。

5. 狼来了，虎来了，和尚背着个鼓来了；哪里藏，庙里藏，一藏藏了个小二郎；二郎二郎你看家，我上南洼拾棉花，一拾拾了个大西瓜。你吃皮，我吃瓤儿，剩下瓜子喂小羊。

6. 皮皮拍，皮皮拍，大家来打麦；麦子好，麦子多，磨面做馍馍；馍馍香，馍馍甜，吃馍不忘共产党。

三、歇后语

丈母娘疼姑爷——诚心实意

卖烧饼的不带干粮——吃货

刘备摔孩子——收买人心
剃头担子—— 一头热
脚面水——平蹚
夜猫子进宅——没事不来
猪鼻子插大葱——装相
纳鞋底不用锥子——真好
瓜籽不饱——是人心
井里的蛤蟆——没见过天
老鼠拉木锨——大头在后头
秋后的蚂蚱——蹦不了几天
做梦娶媳妇——净想好事
砂锅捣蒜——一锤子买卖

第十五章　人　物

近代以来，中北斜村普普通通的百姓及社会人士为民族解放、保家卫国及教育事业的发展做出了突出贡献。特别是在清光绪年间，被光绪皇帝批封为大孝子的邱景华成为后代人尊崇的榜样。

本章在收录人物传记基础上，收录全国劳动模范、先进工作者、教育、卫生及党政军等人物，以激励后人。

第一节　人物传

一、邱景华

《天津县乡土志辑略》一书记述，中北斜村邱氏先祖邱景华13岁至辽东凤凰城寻父，经直隶总督爵阁部堂李鸿章、提督顺天府学政何廷谦上奏，邱景华被清朝光绪皇帝批封为大孝子。

邱景华生于乾隆四十二年（1777—？），其父邱德明因生活贫苦，于乾隆四十六年（1781）去关外谋生，十年未有音信。乾隆五十五年（1790）三月，邱景华13岁时，决心外出寻父，与母泣别。他一路乞食、跋山涉水，历经艰难万苦，夜宿废寺危

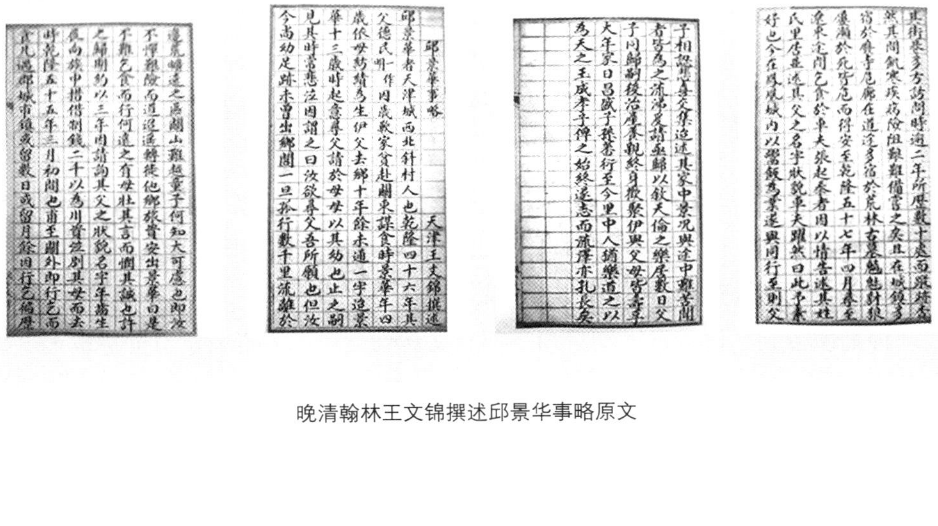

邱景華事略　天津王文錦撰述
邱景華者天津城西北斜村人也乾隆四十六年其
父德民（明一作）因歲歉家貧赴關東謀食時景華年四
歲依母紡績為生伊父去鄉十年餘未通一字迨景
華十三歲時起意尋父請於母母以其幼也止之嗣
見其時常悲泣因謂之曰汝欲尋父吾所願也但汝
今尚幼足跡未曾出鄉閭一旦孤行數千里流離於
遠荒崎嶇之區關山難越童子何知大可慮也即汝
不憚艱險而道途遙遠轉徙他鄉旅費安出景華曰是
不難乞食而行何遠之有母壯其言而憫其誠也許
之歸期約以三年內請詢其父之狀貌名字年歲生
辰向族中措借制錢二十以為川資茲別其母而去
時乾隆五十五年三月初間也直至關外即行乞而
食凡過郡城市鎮或留數日或留月餘因行乞徧歷
其街巷多方訪問時逾二年所歷數十處而蹤跡杳
然其間飢寒疾病險阻艱難備嘗之矣且在城鎮多
宿於廢寺危廊在道途多宿於荒林古墓虺蛇豺狼
屢瀕於死皆危而得安至乾隆五十七年四月春至
遼東途間乞食於車夫張起泰者因以情告述其姓
氏里居並述其父之名字狀貌車夫躍然曰此吾素
好也今在鳳凰城內以營飯為業遂與同行至則父
子相認悲喜交集迨述其家中景況與途中艱苦聞
者皆為之流涕後請亟歸以敘天倫之樂居數日父
子同歸嗣後治產養親終身撫聚伊與父母皆壽享
大年家日昌盛子孫蕃衍至今里中人猶樂道之以
為天之玉成孝子俾之始終遂志而流澤亦孔長矣

晚清翰林王文锦撰述邱景华事略原文

庙、荒山古墓，梦遇魑魅，路遇豺狼，经历饥寒疾病。经2年余，他行程数千公里，终于在辽东丹东凤凰城与父相见。父子俩返回中北斜村后，家道昌盛，子孙繁衍。

光绪四年（1878），距邱景华寻父事迹已隔近百年，直隶总督爵阁部堂李鸿章、提督顺天府学政何廷谦上奏于光绪皇帝，光绪四年十二月十八日，邱氏先祖邱景华被光绪皇帝封为大孝子，被后人称颂。

二、邱钟洵

邱钟洵

邱钟洵（1904—1984），男，汉族，籍贯天津。他出身书香门第，1922年于天津市南开中学毕业后投身教育事业，在中北斜小学任教。当时小学有学生近50人，入学儿童涉及周边五六个村，进行1至6年级大复式教学，时称民立六十八小学，后改为公立三十七小学。学校仅邱钟洵一名教师，他品德高尚、正直爱国，因教学认真，学生成绩显著。他奉行孔子“有教无类”的教学理念，对困难家庭的孩子免收学费，并给予帮助，深受乡亲尊重和爱戴。

1937年，日军侵占华北，学校渗入奴化教育，让教学生日语，邱钟洵坚决抵制，仍坚持教汉语。东北三省被日本统治，日伪政府将地图上的东北三省标为“满洲国”，当时公立三十七小学教室挂的仍是中华民国地图。

1939年，津城水灾，校舍被水泡塌，为使儿童免于失学，邱钟洵借用本家族三间房，改造成一间大教室，使学生得以继续读书。

1941年10月1日，日本督查团到校督察，一个日本军官见墙上挂着中华民国地图，便令几个日本兵用麻绳将邱钟洵捆绑推上汽车押到杨柳青日本宪兵队。日军封锁村子，把村民都赶到村中心邱家大院门口古树前，只许进不许出，学生们也夹在当中。

日本兵在街东口靠郝家水铺架起机关枪，对着街西口潘家房山射击，对村民进行威慑性恐吓，至下午四点，全村侥幸无人伤亡。日军将邱钟洵教室里所有课本等装进木箱扔到院内荷花缸焚烧，从此学校停课。

邱钟洵被带到杨柳青日本宪兵司令部，又转到天津海光寺营盘，受尽酷刑，但他只字不语。

经五村保长和民间知名人士出面说情、多方营救，邱钟洵被放出，但身心遭到严重摧残，耳朵被打聋，造成终身残疾。经数月调养，身体略有恢复，学校终于复课。邱钟洵拄着拐杖，拖着残疾身体，又走上讲台，孜孜不倦地教授学生，直到解放后退休。1950 年，他被天津县人民政府评为教育工作丙级模范。

1956 年，邱钟洵被选为西青区人大代表。为发展乡教育事业，解决境内小学生毕业后升中学难问题，他提议在乡境内建中学，得到全体代表一致赞同。1957 年，由上级拨款在西北斜村南建起一所中学——北斜中学。他于 1984 年 5 月去世，享年 80 岁。

邱钟洵工作证（2017 年邱增煜、邱增荣提供）

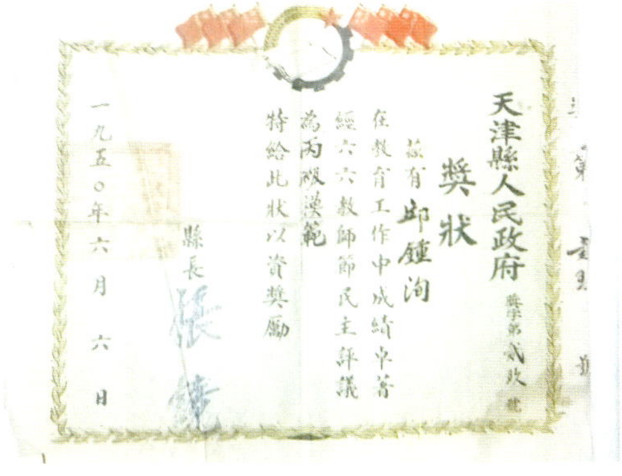

邱钟洵丙级模范奖状（2017 年邱增煜、邱增荣提供）

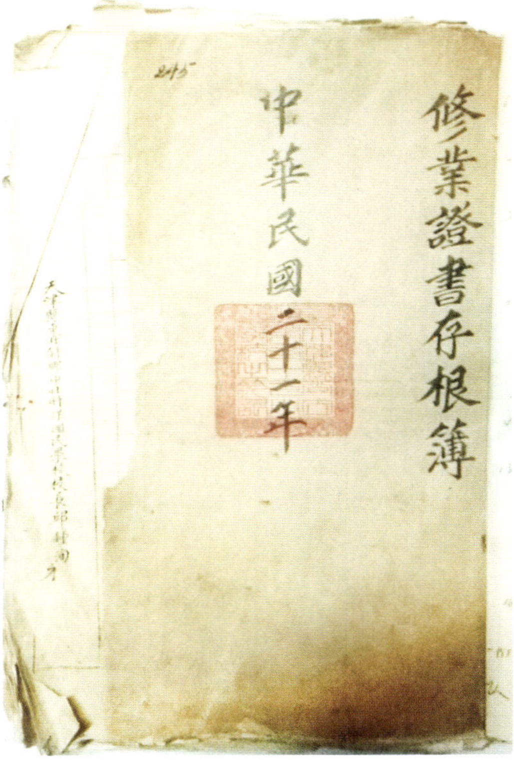

邱钟洵修业证书存根（2017 年邱增煜、邱增荣提供）

三、老军人

（一）邱汝棣

邱汝棣（1920—2005），男，汉族，中北斜村人。他 1947 年入伍，在湖南军区教导队一团政治处任连级干部，参加解放战争，复员回村担任村会计工作。他于 2005 年 10 月去世，享年 85 岁。

邱汝棣
（2017 年邱增荣提供）

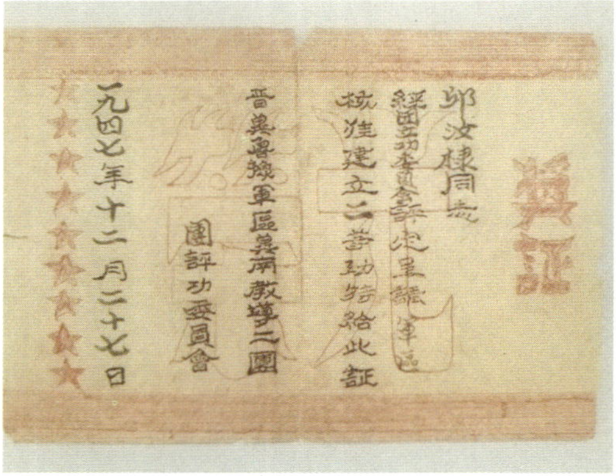

邱汝棣立功证书（2017 年邱增荣提供）

邱汝棣军人证书（2017 年邱增荣提供）

邱汝棣革命军人证明书（2017 年邱增荣提供）

邱汝棣出席老根据地会议代表证(2017 年邱增荣提供）

（二）郭志敏

郭志敏（1924—2017），男，汉族，中北斜村人。他 1948 年入伍，参加解放战争，曾多次立功。1950 年加入中国共产党，先后担任乡支部书记、管理区副书记，回村担任村党支部书记、村委会主任等职务，直至退休。他于 2017 年 5 月去世，享年 93 岁。

郭志敏
（2017 年郭景田提供）

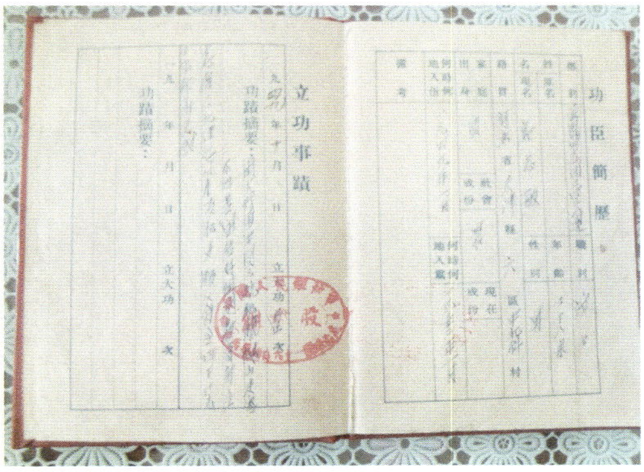

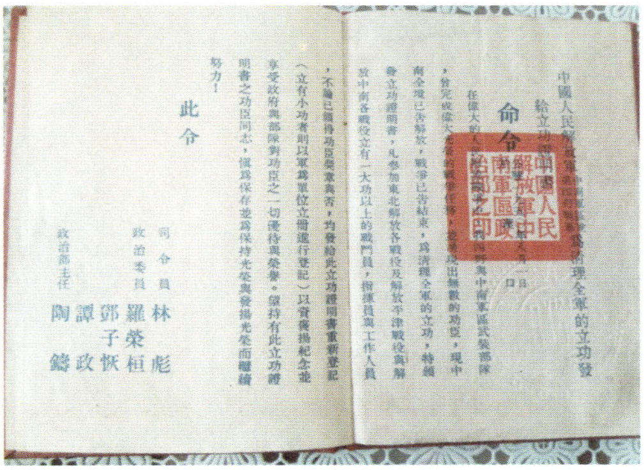

郭志敏立功证书（2017 年郭景田提供）

郭志敏立功证明（2017 年郭景田提供）

郭志敏军装照

（三）赵文志

赵文志

赵文志（1928—2011），男，汉族，中北斜村人。他1948年入伍，参加过解放战争。1950年，他参加抗美援朝战争，因战伤残，复员后回村参加生产队劳动，负责村自来水工作，直至退休。他于2011年6月去世，享年83岁。

赵文志获解放西北纪念章
（2017年赵月弟提供）

赵文志获解放华北纪念章
（2017年赵月弟提供）

赵文志获抗美援朝纪念章
（2017年赵月弟提供）

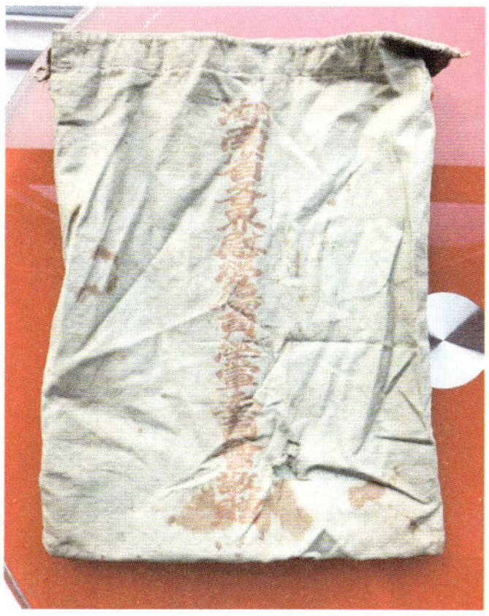

赵文志获湖南省军委赠荣誉袋
（2017年赵月弟提供）

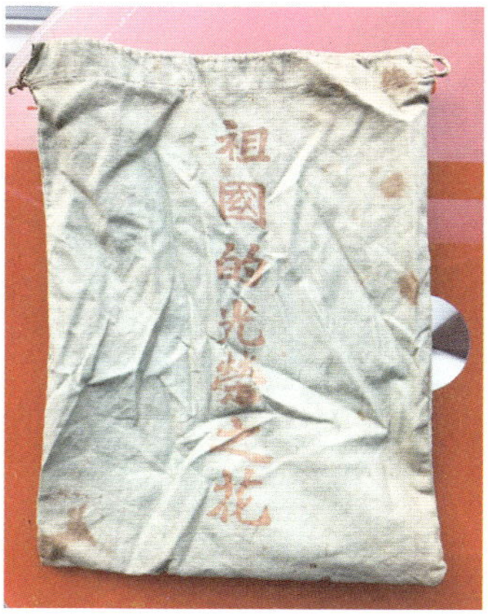

赵文志获湖南省军委赠荣誉袋
（2017年赵月弟提供）

四、民间大夫

（一）老中医郝凤洲

郝凤洲

郝凤洲（1866—1949），男，汉族，中北斜村人。中北斜村老中医，1939 年伪天津县公署委任郝凤洲为该署法医。后将医术传授给其子郝桐，自家开药房两代行医，以诊脉、艾灸、针灸、熬制膏药等医术为周边村民医治。他医术高超有名望，于 1949 年去世，享年 83 岁。

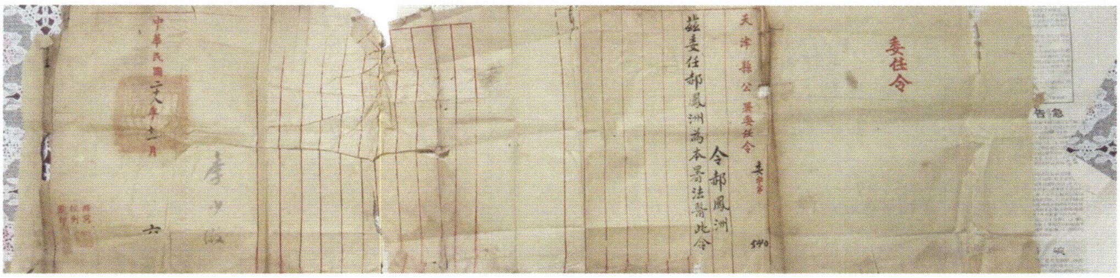

委任令

天津县公署委任令

令郝凤洲

兹委任郝凤洲为本署法医此令

郝凤洲法医委任令（郝跃成提供）

（二）正骨复位——冯宝发

冯宝发画像

冯宝发（1879—1970），男，汉族，祖籍河北省，解放初期从河北省青县迁中北斜村定居。冯宝发（人称冯二爷）自幼习武，有正骨捻臼、点穴顺筋、推拿复位等医术。冯宝发交友、收徒有三不交：不孝敬父母不交；仗势欺人不交；不守法纪不交。

冯宝发行医处方（冯建强提供）

迁居中北斜村后，冯宝发义务为村民及周边骨伤患者做正骨捻臼、推拿复位，不收任何费用。他一生治病救人无数，在运河沿岸家喻户晓。他将祖传医术、医德传授给后辈，已传至第四代孙冯建强。

冯宝发于1970年去世，享年91岁。

第二节　人物简介

一、全国劳动模范王海龙

王海龙，男，1964年5月生，汉族，籍贯天津，本科学历，中共党员。1999年8月至今，担任村党总支书记兼村委会主任。上任以来，对工作认真负责，兢兢业业、无私奉献，勇于开拓创新，把全部精力都投入集体事业中，特别是在发展村经济、壮大集体资产方面成绩突出。

王海龙

王海龙带领全村党员、干部、群众艰苦创业，抢抓机遇，在党委、政府大力支持下，村建成具有一定规模的村工业园区，建筑面积13万平方米，园区内各项配套设施齐全，引进企业50多家。村经济实力不断增强，村民生活水平逐渐提高。

2010年王海龙全国劳动模范和先进工作者表彰大会出席证（请柬）

2003年，王海龙被天津市农村工作委员会授予“2003年度天津市农口优秀思想政治工作者”称号。2004年，王海龙被天津市总工会评为2004年度天津市“十佳”立功先进个人。2004年，王海龙被天津市政府、市总工会评为天津市劳动模范。2005 年，王海龙被天津市总工会授予 2005 年度天津市“十五”立功先进个人。2006 年，王海龙被天津市委、市政府评为天津市劳动模范。2006 年，王海龙获天津市总工会授予的天津市五一劳动奖章。2010 年，王海龙被全国总工会授予“全国劳动模范”等多项称号。

2004 年王海龙获天津市劳动模范荣誉称号

2005 年王海龙获天津市五一劳动奖章

2005 年王海龙获天津市劳动模范奖章

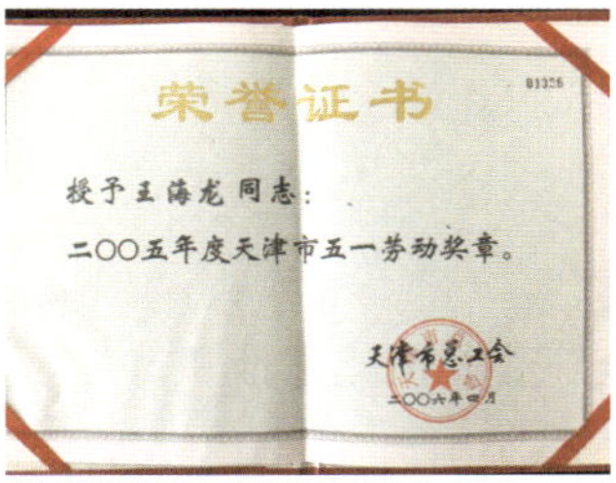

2005 年王海龙获天津市总工会五一劳动奖章

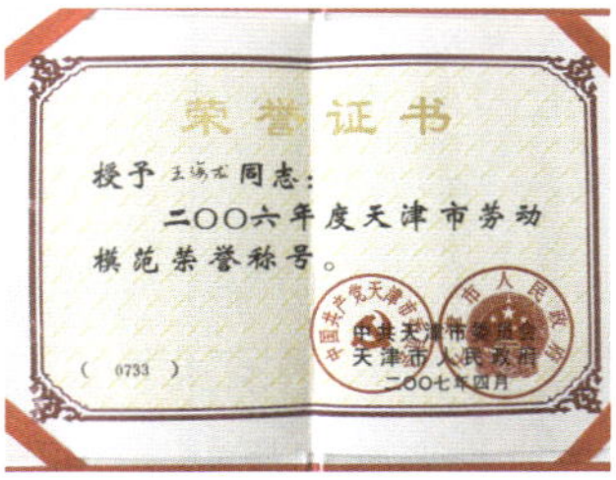

2006 年王海龙获天津市劳动模范荣誉称号

2007 年王海龙获天津市劳动模范奖章

2010 年王海龙获全国劳动模范和先进工作者奖章（村委会提供）

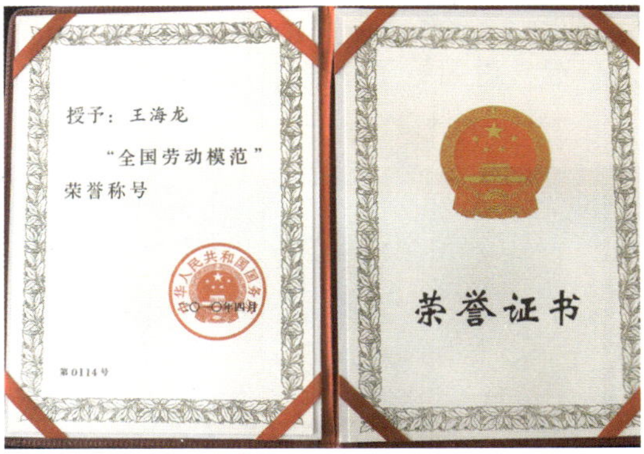

2010 年王海龙被授予“全国劳动模范”荣誉称号（村委会提供）

二、抗美援朝老军人

（一）陈世玺　于瑞华

陈世玺，1929年出生，男，汉族，籍贯天津，中共党员，中北斜村第一任基层党组织书记。他1949年入伍，1950年参加抗美援朝战争，1974年任后勤部副部长，1975年转业，先后担任区财政局副局长、区审计局局长。

于瑞华，1930年出生，女，汉族，祖籍吉林省，陈世玺夫人。她1949年入伍参军，1951年参加抗美援朝战争，1953年3月随十八师回国，1955年转地方医院工作，1976年4月转杨柳青医院，于1989年离休。

陈世玺

于瑞华

抗美援朝证（陈世玺提供）

工作证（陈世玺提供）

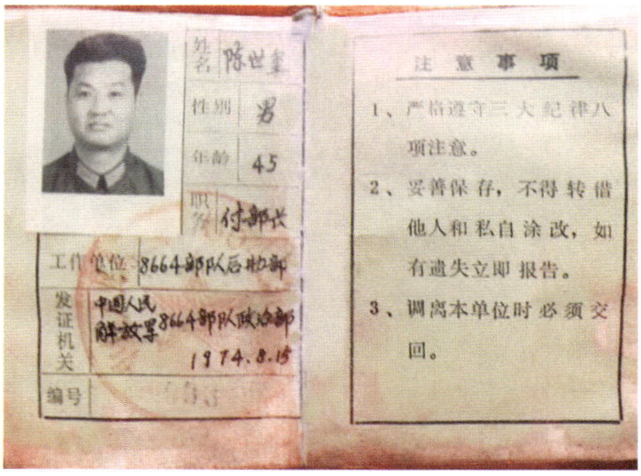

军衔证（陈世玺提供）

（二）杜家祥

杜家祥，1934年出生，男，汉族，籍贯天津。1951年1月，他在中国人民解放军工兵27团军事教导连工作，参加抗美援朝战争。1955年1月复员，分配至区水利局工作，后回中北斜村担任第二生产队小队长，直至退休。多年来，他对自己严格要求，79岁加入中国共产党。

杜家祥

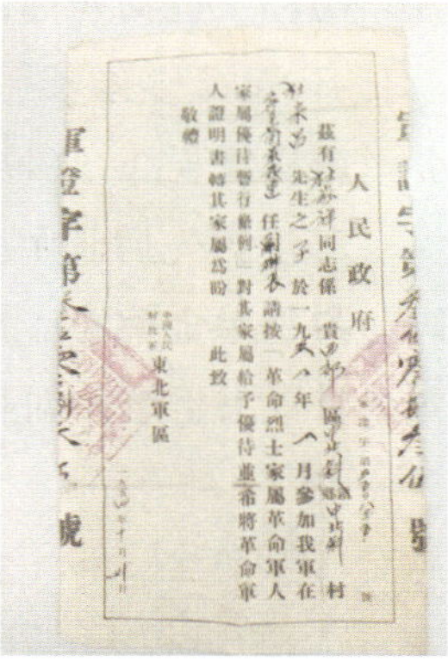
杜家祥军人证明

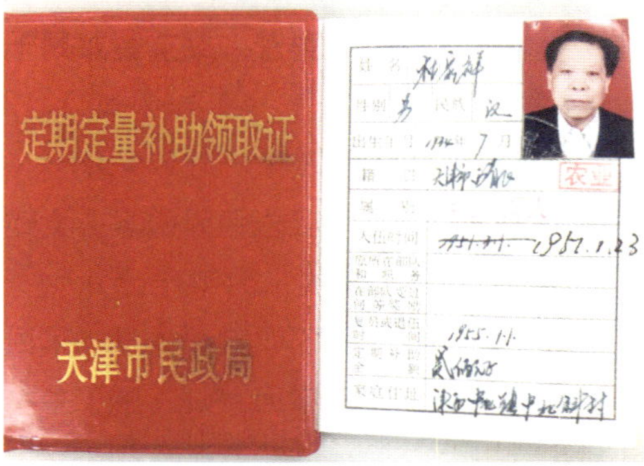

老军人定期定量补助领取证（杜家祥提供）

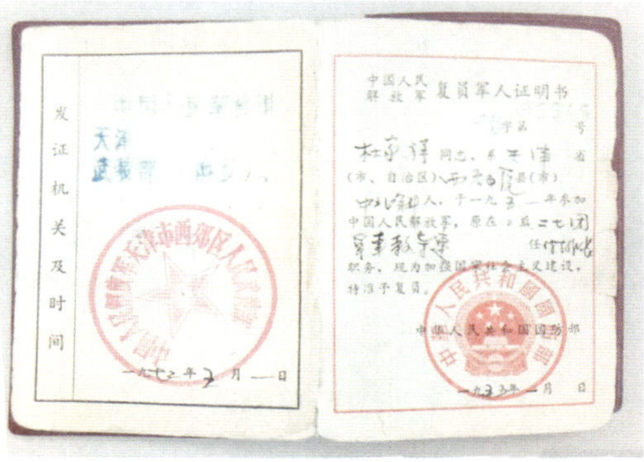

复员军人证明书（杜家祥提供）

三、献身航天事业工程师邱汝雲

邱汝雲，1940年出生，女，汉族，籍贯天津。1960年7月，她从天津第五中学高中二年级被保送到中国人民解放军某部队军校，两年后转到某部队第六设计部，从事航天科研设计工作。1965年5月，转业到七机部（后改为航天部）贵州省某电机厂工作。她于1965年10月入党，大

邱汝雲

荣誉证书（邱汝雲提供）

专学历，工程师职称，1982年开始，先后任厂劳资科科长、组织部部长等职务，正科级干部，1995年退休。

邱汝雲先后获中国航天奖章、献身国防科技事业奖章、从事航天事业三十年荣誉证书、航天创业荣誉证书等。

荣誉奖章（邱汝雲提供）

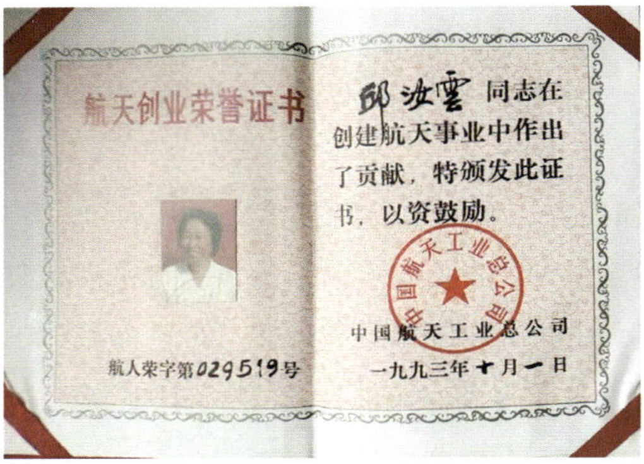

荣誉证书（邱汝雲提供）

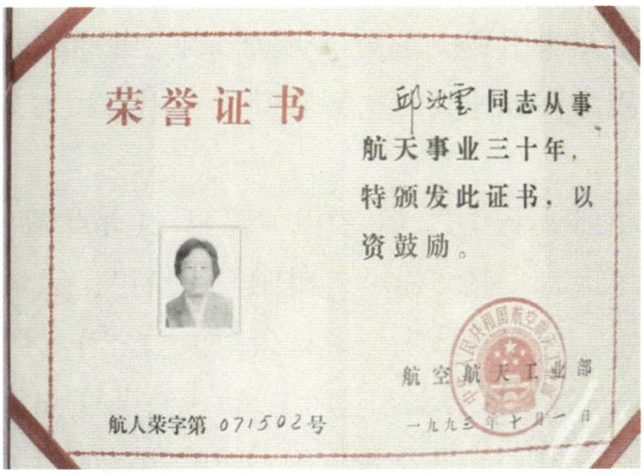

荣誉证书（邱汝雲提供）

第三节　职务　职称

一、职务

2018年，中北斜村科级以上党政干部有9人。

1975—2018年中北斜村科级以上人员一览表

表15-1

姓名	性别	出生时间	学历	工作单位及职务	任职年限
陈世玺	男	1929-11	大专	西青区财政局副局长	1975—1982
				西青区审计局局长、党组书记	1983—1987

续表 15-1

姓名	性别	出生时间	学历	工作单位及职务	任职年限
张守信	男	1932-05	大专	西青区委副书记兼政法委书记	1986—1992
邱汝雲	女	1940-05	大专	贵州省林泉航天机电有限公司组织部部长	1982—1988
刘尊荣	男	1940-08	大专	沧州市供销物资回收有限公司党委副书记	1978—2000
崔吉庆	男	1943-07	大专	西青区人大联络室主任	1984—2002
陈世庚	男	1949-02	大专	工商银行天津分行党委副书记	1985—2009
郭友星	男	1963-12	本科	西青区招商局副局长	2009—2016
李桂强	男	1964-07	硕士研究生	西青区民政局局长	2008—2015
				西青区委常委宣传部部长	2016—
崔建兵	男	1972-06	本科	南开区统计局服务业统计科主任	2008—

注：按出生年月排序。

二、职称

（一）教师职称

2018 年，中北斜村中、小学高级以上职称教师有 28 人。

2018 年中北斜村教师职称表

表 15-2

序号	姓名	性别	出生时间	授予时间	所任学科	工作单位	职称
1	祁连蕊	女	1931-01	1988-07	语文	北斜小学	小学高级
2	崔吉修	男	1931-06	1988-07	语文	北斜小学	小学高级
3	赵月亭	男	1931-08	1988-07	语文	北斜小学	小学高级
4	祁连政	男	1938-12	1991-04	语文	前园小学	小学高级
5	祁连洁	女	1939-03	1991-04	语文	北斜小学	小学高级
6	刘志明	男	1939-09	1988-09	教师系列	曹庄小学	小学高级
7	何宝芹	女	1945-08	1992-10	教师系列	北斜小学	小学高级
8	祁连秀	女	1946-10	1997-12	英语	前园中学	中学高级
9	祁庆凤	女	1947-02	1997-10	数学	北斜中学	中学高级
10	孙凤林	男	1947-12	1988-08	教师系列	北斜小学	小学高级

续表 15-2

序号	姓名	性别	出生时间	授予时间	所任学科	工作单位	职称
11	郭景芬	女	1950–07	1994–06	语文	小树林小学	小学高级
12	牛再敏	女	1951–06	1998–12	语文	北斜小学	小学高级
13	潘凤兰	女	1952–07	2000–11	政治	崇化中学	中学高级
14	牛星春	男	1955–01	1999–12	教师系列	西青少年宫	小学高级
15	郭景荣	女	1956–06	1994–06	语文	北斜小学	小学高级
16	潘凤琴	女	1959–09	2002–11	音乐	北斜小学	小学高级
17	何杏光	男	1960–09	1999–12	教师系列	北斜小学	小学高级
18	何宝珠	女	1961–05	2000–11	语文	北斜小学	小学高级
19	刘长娥	女	1962–02	2002–02	数学	北斜小学	小学高级
20	王玉翼	男	1962–12	1996–06	数学	曹庄小学	小学高级
21	邱增茹	女	1964–01	2003–11	化学	北斜中学	中学高级
22	郝跃恒	男	1969–03	2000–10	数学	北斜中学	中学高级
23	武玉霞	女	1971–08	1999–12	英语	北斜小学	小学高级
24	贾德芹	女	1971–12	2001–11	数学	北斜小学	小学高级
25	徐金玲	女	1972–06	2004–11	语文	北斜小学	小学高级
26	郭友金	男	1976–01	2004–11	数学	大稍口小学	小学高级
27	何文菊	女	1980–04	2009–03	语文	杨青一中	中学高级
28	赵晰	女	1982–11	2011–11	英语	天津科技大学	大学讲师

注：按出生年月排序。

（二）农民技术职称

2018 年，中北斜村农民高级技师职称 1 人、农民技术员 2 人。

2018 年中北斜村农民高级技师、农民技术员职称表

表 15-3

序号	姓名	性别	出生时间	授予时间	职称
1	陈世田	男	1946–12	2001–07	农民高级技师
2	祁连武	男	1955–03	2001–07	农民技术员
3	郝跃来	男	1957–08	2001–07	农民技术员

注：按出生年月排序。

（三）工程师职称

2018 年，中北斜村助理工程师以上职称有 10 人。

2018 年中北斜村工程师职称表

表 15–4

序号	姓名	性别	出生时间	授予时间	职称
1	郝汝智	男	1932–07	1985–04	高级工程师（测量）
2	杜家玉	男	1939–09	1984–02	高级工程师（航测）
3	何广钧	男	1940–02	1997–09	高级工程师（航测）
4	牛汉云	女	1940–05	1995–10	工程师（电子）
5	邱汝雲	女	1940–05	1988–12	工程师
6	郝汝云	女	1941–07	1989–06	高级工程师（无线电）
7	李玉刚	男	1962–06	2008–10	工程师（铁道线路）
8	邱增焜	男	1962–10	1992–01	助理工程师
9	杜富刚	男	1963–10	2001–12	工程师（油气田开发）
10	邱增丽	女	1986–06	2015–12	工程师（电气工程及自动化）

注：按出生年月排序。

（四）会计师职称

2018 年，中北斜村助理会计师以上职称有 2 人。

2018 年中北斜村会计师职称表

表 15–5

序号	姓名	性别	出生时间	授予时间	职称
1	李毓林	男	1937–07	1994–05	助理会计师
2	何宝云	女	1957–10	1994–10	工业会计师

注：按出生年月排序。

（五）律师职称

2018 年，中北斜村律师有 1 人。

2018 年中北斜村律师职称表

表 15-6

姓名	性别	出生时间	工作单位	授予时间	职称
崔越	男	1988-02	天津市张盈律师事务所	2016-03	专职律师

第四节 参加解放战争、抗美援朝战争复转军人名录

中北斜村历史上有 8 名老军人，6 人参加解放战争及抗美援朝战争，2 人参加抗美援朝征兵（未去朝鲜前线留地方工作）。

1947—1951 年中北斜村参加解放战争、抗美援朝战争复转军人一览表

表 15-7

序号	姓名	性别	出生时间	入伍时间	备注
1	邱汝棣	男	1920-03	1947	参加解放战争
2	郭志敏	男	1924-12	1948-01	参加解放战争
3	薛桂林	男	1926-02	1950	参加抗美援朝征兵，留地方邮局机要工作
4	郝汝礼	男	1927-02	1950	参加抗美援朝征兵，留地方狱警工作
5	赵文志	男	1928-12	1949-01	参加解放战争、抗美援朝
6	陈世玺	男	1929-11	1949-09	参加抗美援朝战争
7	于瑞华	女	1930-06	1949-09	参加抗美援朝战争
8	杜家祥	男	1935-08	1951-01	参加抗美援朝战争

注：按出生年月排序。

附　　录

社会养老保险制度、规定

中北斜村农业人口参加养老保险实施办法

为了妥善解决中北斜村村民的养老问题，中北斜村党总支、村委会响应国家号召，认真落实镇党委、镇政府的决定，结合村实际情况制定中北斜村农业人口参加养老保险实施办法，本实施办法经村党总支、村委会研究决定，并提交党员、村民代表大会表决通过，具体如下：

（一）本次参加养老保险人员的条件：

1. 系西青区中北斜镇中北斜村的村民。

2. 出生日期：男 1947 年 11 月 30 日后出生至 1977 年 1 月 1 日前出生；女 1957 年 11 月 30 日后出生至 1977 年 1 月 1 日前出生。

3. 根据《中北斜村村民自治章程》的规定，退休后享受本村退休金待遇的村民。

（二）本次参加养老保险的具体办法：

1. 本次参加养老保险只解决 1993 年至 2007 年即 15 个缴费年度的养老保险问题（根据目前国家规定累计缴足 15 年养老保险费的人员，退休后可享受国家养老保险）。

2. 本次参加养老保险，保险金为趸交方式，每人从 1993 年至 2007 年共需缴纳 23960.7 元，个人应交纳 6164.7 元，根据本村实际情况，村委会为每位参保村民承担 19960.7 元，由个人承担 4000 元。

3. 参保村民 2007 年后如需继续缴纳养老保险，全部由个人办理缴费，村委会不再担负任何费用。

4. 本次参保人员达到国家规定的退休年龄后，按照国家规定享受养老保险，不再享受中北斜村规定的退休金待遇，不得向村委会提出任何关于养老金方面的要求。

5. 符合本次参保条件，但自 1993 年至今已经在企业工作，参加社会保险的人员，如已下岗的，在 1993 年至今养老保险金未交齐，由村委会承担 1993 年至 2007 年未交齐部分的养老保险费，个人应担负的部分，按所交保险年限给予划分，村民每月应承担 22 元，在企业缴纳养老保险的部分村委会不作任何补偿，此类人员退休后不再享受中北斜村规定的退休金待遇；如未下岗，村委会承担 1993 年度至今未参加社会保险部分的养老保险费用，个人应担负的部分，按所交保险年限给予划分，村民每月应承担 22 元。（村委会为村民补交多少月的保险金，村民交给村委会多少月应承担的费用），在企业缴纳养老保险的部分村委会不作任何补偿，此类人员退休后不再享受中北斜村规定的退休金待遇。

6. 对符合本次参保条件，本人无工作也没在企业上班，由自己出资上养老保险的村民，按村委会规定标准金额退回保险金，但自己应承担的 4000 元由个人支付给村委会，此类人员退休后不再享受中北斜村规定的退休金待遇。

（三）本实施办法未涉及的，村民继续根据《中北斜村村民自治章程》相关规定，享受本村的各项待遇。

中北斜村党总支村委会

2006 年 6 月 15 日

中北斜村村民自治章程

第一章 总 则

第一条 为依法实行村民自治，推进民主选举，民主决策，实现自我管理、自我服务，促进物质文明、精神文明和政治文明建设的同步协调发展，特制定本章程。

第二条 本章程依据《中华人民共和国村民委员会组织法》及国家有关法律、法规，结合本村现阶段实际，经村民代表会议讨论修订。

第三条 本村实行村民自治，是在党的现行政策和国家法律规定的范围内，在村党总支的领导下，由村民委员会具体组织实施，村民代表会议监督执行。

第四条 本章程是全体村民的行为规范，无论干部、党员、群众，章程面前人人平等。

第二章 村民组织

第一节 村民大会和村民代表会议

第五条 村民大会是全村的最高权力机构，由具有本村农业户口的年满 18 周岁以上的村民组成。村民大会根据工作需要召开，有十分之一以上的村民或者三分之一以上的村民代表提议时，应召开村民大会。

第六条 村民代表会议是村民大会的常务机构，由村民代表组成。村民代表会议每季度召开一次，必要时可随时召开，有五分之一以上的村民代表提议时应召开村民代表会议。

村民代表是部分村民推举参加村民代表大会履行职责的代表，结合我村实际，按照便于议事的原则划分 9 个选区，每个选区各推选 3 名。村民代表必须热爱党、热爱社会主义，具有一定的政治觉悟，有参政议政能力和相应的政治水平，作风正派，办事公道，敢于坚持原则，主持正义，在各项工作中起模范带头作用，在群众中具有一定的威望。村民代表应密切联系群众，积极参加会议，同时收集村民意见和建议，有权向党总支和村委会直至向上级党委、政府反映。模范遵守国家法律和法规，带头执行决议，协助村委会开展各项工作，并向群众做好宣传，村民代表会与村民委员会任期一致。每届任期三年，村民代表可以连选连任，必要时也可以撤换和补选。

第七条 村民大会和村民代表会议的职权

一、选举村民委员会、撤换和补选村委会成员。

二、听取和审议村委会的年度工作报告，并提出意见和建议。

三、审议和通过村经济和社会发展规划、年度工作计划，并做出相应的决议。

四、制定或修改《村民自治章程》。

五、监督村财务收支情况。

六、制定村内各项有关规定。

七、否决和修改村委会不适当的决议和规定。

第八条 村民大会的职权除第七条一项以外，其余可由村民代表会议行使。

第二节 村民委员会

第九条 村民委员会是在国家规定范围内，由村民自我管理、自我教育、自我服务的群众性自治组织，接受上级政府的指导和村党总支领导。

村民委员会成员由 18 周岁以上有选举权的村民直接选举产生，可以连选连任。

第十条 村民委员会职责

一、认真贯彻执行党的路线、方针、政策，教育、组织村民自觉遵守国家法律、法规。

二、向村民大会、村民代表会议负责并报告工作。

三、完成镇政府布置的行政经济等工作任务。

四、维护村民的合法权利，教育引导村民履行公民义务。

五、组织村民发展经济，做好本村生产的服务协调工作。

六、管理本村集体所有的土地和集体财产。

七、办理本村公共事务和公益事业，调解民间纠纷维护社会治安，向上级政府反映村民意见、要求和建议。

八、做好优待抚恤、救灾救济、殡葬火化、五保供养等社会保障工作，开展移风易俗活动。

九、带领群众开展社会主义精神文明建设。

第十一条 村民委员会工作制度

一、学习制度。村民委员会每月组织一次，主要学习党的路线、方针、政策和各级党委、政府的有关文件，不断提高思想水平和政策水平。

二、会议制度。村民委员会每月一次向党员、村民代表汇报工作，一般事项每季度向村民做一次村务公开，年终一次总结会，根据工作需要村民代表会也可随时召开。

三、村干部考核管理制度。村干部要明确分工，明确责任，明确奖惩，并定期总结检查，年终考核，不断提高干部的工作能力和水平。

四、村务公开制度。凡涉及村民利益的事项都要进行公开，主要包括：上级党委、政府有关政策规定，本村重要村内事务，村干部分工职责，财务收支，计划生育，救灾救济等有关村民关心的重大事项。公开形式：建立村务公开栏、召开村民大会或村民代表会议，以及向各户发放村务公开材料等。

第十二条 村委会下设调解、治保、财务办公室、计生等办公机构。

调解组织负责法制宣传教育，调解民事纠纷，及时化解矛盾，把问题解决在萌芽中。增进村民团结，维护社会稳定，加强纠纷信息反馈，严格控制恶性事件的发生。

治保会的职责是发动和依靠群众搞好本村的治安，协助政府和公安保卫部门做好治安工作，搞好日常治安巡逻和所属区域内安全管理和检查。

计划生育办公室是负责本村及所属区域内的计划生育工作。

财务办公室主要职责是严格执行财务管理制度，搞好集体财务的管理和审计工作。

第三节 村民小组

第十三条 村民小组是按区域划分的由部分村民组成的进行自治活动的基本单位，是村民委员会联系村民的桥梁和纽带。

第十四条 村民小组长由本组村民推荐产生，其年龄在18周岁以上，热爱党、热爱社会主义，有实践经验，办事公道，遵纪守法，热心为村民服务，一般情况下由本组村民代表担任。

第十五条 村民小组长的职责

一、宣传贯彻党的路线、方针、政策和国家的法律、法令。

二、组织本组村民认真落实镇、村交给的各项工作任务。

三、按村民委员会的要求，组织本组村民积极推进物质文明和精神文明建设，并对村内各项村务情况进行监督。

四、及时向村民委员会反映本组村民的意见、愿望和要求，并提出合理化建议。

第四节 村民

第十六条 凡本村的村民在村内享有以下权利

一、依照《宪法》的规定，享有公民应享有的一切权利。

二、积极参加村内组织的活动，提出对本村发展有益的合理建议，对村干部日常工作表现给予正确评价，监督村干部的工作，并对村务情况进行监督。

三、18周岁以上村民有选举权和被选举权（剥夺政治权利的人除外），有参加村民大会、讨论决定重大村务事项的权利。

四、享受本村各项经济及公共和公益事业的权利。

第十七条 村民在村内有如下义务

一、自觉遵守《村民自治章程》，认真执行村民大会、村民代表会议和村民委员会的决定、决议。

二、按时完成村民委员会分配的工作任务。

三、团结互助，尊老爱幼，维护集体利益，同一切危害及破坏村民利益的行为做坚决的斗争。

四、自觉开展移风易俗，争创文明村、文明户活动。

第五节 村干部

第十八条 村干部应严格要求自己，必须牢固树立全心全意为人民服务的思想，努力干好本职工作，要求做到

一、认真贯彻执行党的路线、方针、政策，坚持四项基本原则，政治上同党中央保持一致，同市、区、镇党委、政府保持一致。

二、认真学习党的政策，学习科学文化知识，学习现代管理方法，不断提高工作能力和管理水平。

三、要坚持实事求是，讲究工作方法，发扬民主作风，尊重村民意见，善于耐心细致地做好群众的思想工作。

四、要吃苦在前、享受在后、履行职责、勤奋工作，带领村民勤劳致富。

五、不吃请、不受礼、讲奉献、清正廉洁、办事公正、不以权谋私，敢于同不良现象做斗争。

六、要时刻严格要求自己，处处以身作则，在各项工作中起模范带头作用，做群众的表率。

七、要坚持原则，主动开展批评与自我批评，自觉接受群众监督。

八、要维护集体利益，村干部团结一心，认真执行会议决议，齐心协力共同开展好各项工作。

第三章 经济管理

第一节 劳动积累

第十九条 为巩固壮大集体经济，走全体村民共同富裕的道路，每个村民都要集思广益，出谋献策，维护集体利益，为集体经济的发展和建设贡献力量。

第二十条 村行政区域内所有土地，包括村工业园区、村民自建厂房用地、村民宅基地、闲置土地等，均属村集体所有，由村委会统一管理，村民个人享有集体收益分配权，没有集体财产所有权。

第二节 户口管理及福利待遇

第二十一条 本村农业户口男性青年符合国家法定年龄办理结婚登记的，配偶如是非农业户口，计划内生育的子女，其户口随父的，可享受村民待遇。

第二十二条 本村农业户口女性与外村或外地农业户口男性结婚，其本人户口必须迁出到男方落户，如果女方户口未迁出的，本人只享受结婚当年的口粮补贴，失地补偿金款享受到结婚当月，以后村内不再给予任何待遇。如果所生子女户口随母的，其子女也不享受村民待遇。男方户口也不许迁入本村。

第二十三条 本村农业户口女性与外村非农业户口男性结婚，因户口暂不能迁出，本人可享受村内口粮补贴和失地补偿金待遇，不享受其他任何待遇，直至享受到女方 35 周岁或结婚 10 年为止（具备其中一种情况的将终止待遇），女方子女户口随母的，根据村相关规定，按照其母年限享受村民福利待遇，到母亲 35 周岁或结婚 10 年户口应随母迁出，村停发各项福利待遇，如不迁出的，无论任何理由停发各项福利待遇。

第二十四条 本村农业户口家庭招女婿，婚前必须向村委会提交男到女家落户书面申请书并经批准。必须具备以下条件：

一、招女婿

1. 女方必须是无儿户，无论几个女儿只允许其中一个女儿招女婿；

2. 男方本人必须是兄弟二人以上；

3. 结婚后必须男到女家居住，女方必须有居住条件，男方户口需迁到女方；

4. 为确保老有所养，男方要与女方父母订立赡养协议；

5. 女儿中已有一个在本村结婚，其他女儿不能再按招女婿办理；

6. 本村女性具备上述条件的，结婚前需到村委会申请办理招婿手续，如结婚后再补办男到女家赡养老人手续的，不属于招女婿范围，均不享受村民任何待遇；

7. 如果所招男性属于再婚，男方所带子女不享受村民待遇，所招男性是非农业的，不享受村民待遇。

二、已招女婿又与本村女性离婚的，从离婚之日起，取消其女婿的一切福利待遇。

第二十五条 本村农业户口男性与外村农业户口女性结婚，并已生育，又出现离婚的，自法院判决生效及民政部门办理离婚手续后

一、如子女判给男方的，其子女享受村民待遇。

二、如子女判给女方且女方未改嫁的，女方及其子女享受村民待遇。如女方改嫁他方的，婚后女方户口必须迁出本村，如子女户口判给女方的，子女户口也必须迁出本村，无论任何理由户口不迁出的，均不享受村民的各项福利待遇。

三、如男方再婚，女方是农业户口的，男方负责将前妻户口迁出本村后，女方户口方可迁入本村享受福利待遇，婚后符合计划生育规定生育的子女享受村民待遇；如女方是再婚有子女的，其子女不享受村民福利待遇。

第二十六条 因婚姻关系迁入本村的农业户口女性与本村农业户口男性结婚后已生育子女，因男方去世的

一、如女方没改嫁他方的，女方及其子女享受村民待遇。

二、如女方改嫁他方，婚后女方户口必须迁出本村，如不迁出无论任何理由，均不享受村民各项福利待遇。如子女跟着女方，其户口也随母迁出，如户口不迁出的，无论任何理由均不享受村民各项福利待遇。

第二十七条 本村农业户口的女性出嫁后，因离婚或丧偶等各种情况，本人回村居住

一、如前夫是农业户口的，无论户口是否迁出，本人及其所带子女均不享受村民的任何待遇。

二、如前夫是非农业的、结婚不满 10 年且本人不满 35 周岁的（必须 3 个条件同时具备），本人及其子女享受村民待遇直至改嫁他方。

第二十八条 本村男青年因上学、当兵、占地等各种情况就地农转非的，与本村农业户口女性结婚的，其女方享受村民福利待遇，所生子女户口如随母，也享受村民福利待遇。

第二十九条 本村男性是非农业户口，其配偶是外村农业户口，女方户口按国家户籍管理规定年限迁入本村，女方和所生子女均不享受村民任何福利待遇。

第三十条 凡是计划外生育或非法抱养的子女，不享受村民任何福利待遇。

第三十一条 支持教育事业，为国家和社会培养人才，凡是本村符合规定的农业

户口的小学至大学在校生给予支教补贴待遇

一、对上小学、初中、中专、高中、大专、大本的在校生，每人每月享受支教补贴款600元。

二、对未满18周岁的高中及以上学历的在校生，提前享受失地补偿金待遇。

三、因上学农转非的学生，自农转非之月度起，每人每月享受支教补贴款1200元（包括支教补贴款、失地补偿金）。

四、享受的支教补贴最晚至大学本科毕业，不包括留级、休学等学习时间。

五、享受支教补贴的在校学生，指从小学起连续接受全日制国家承认学历教育的在校生。

六、由高中、中专的在校生升入大专的，享受支教补贴款至大专毕业。

七、由高中的在校生升入大本的学生，.享受支教补贴款至本科毕业。

八、上述支教补贴款每年一次性发放，以户口册及学校、学院出具的在学证明为准，经村委会核实后发放。

第三十二条 凡符合规定的本村农业户口的村民每年享受2000元的口粮补贴待遇，同时年龄在18周岁至男59周岁、女49周岁的村民，享受每月500元的失地补偿金待遇。

第三十三条 村委会给村民开具的有关户籍证明，仅作为办理迁出迁入户口手续，与村民福利待遇无关。

第三十四条 因少管等在服刑期间的村民，取消一切村民福利待遇，释放后恢复村民福利待遇。

第三十五条 村民要认真遵守户口管理规定，对出生者要随时登记，死亡的要及时注销。

第三十六条 利用假招婿、假离婚等各种方式骗取福利待遇的，一经发现村委会将停发其各种待遇，并追缴原已发放的有关待遇及给村集体造成的损失。

第三节 健全制度管理

第三十七条 落实镇《制度汇编》中的相关规定，凡镇《制度汇编》中不涉及的，由本村再制定相关制度，村委会主任统一负责全村制度的监督、管理工作。

第三十八条 本村成立由党员、干部、村民代表组成的民主理财小组，实行财务公开，加强财务监督。

第三十九条 在村委会的领导下，建立财务审计制度，每月一次对本村财务进行内部审计，确保经济活动正常运转。

第四章　社会管理

第一节　社会治安

第四十条　每个村民都要学法、知法、守法，自觉维护法律尊严，同一切违法犯罪行为做斗争。

第四十一条　村民之间应团结互助、相互尊重、和睦相处，建立良好的邻里关系。不得侮辱诽谤他人，严禁造谣惑众，拨弄是非。对引起事端的，村委会要对其批评教育，对情节严重，触犯国家法律、法规的报送司法机关处理。

第四十二条　村民要爱护公共财产和居住区内各项公益设施，不得任意在居住区内安装噪声大的机械，不得以任何理由妨碍交通秩序，不得干扰、影响其他村民的正常生活。

第四十三条　村民要遵守社会公德，男性不调戏妇女，不非法侵入民宅，不准毁弃私拆他人邮件，诚实守信，爱护集体财产。

第四十四条　村民要自觉维护环境卫生，爱护保洁垃圾箱等设施，不得将垃圾扔在箱外或随意堆放，共同创造干净整洁的优美环境。

第四十五条　对违犯本节条款者按以下办法处理

一、情节较轻的由村委会教育并限期改正。

二、触犯法律、法规的报送司法机关处理。

第二节　村风民俗

第四十六条　加强精神文明建设，提倡移风易俗，反对封建迷信，告别不文明行为。

第四十七条　按照区政府相关文件的精神，关于《西青区无丧葬补助居民申领丧葬补贴须知》相关政策规定，凡是符合申领条件的村民去世后，经村委会申报，区镇民政部门将一次性给予3000元的丧葬补贴。

有下列情形之一者，不具备申领条件

一、机关、事业单位编制内在职人员，离、退休人员。

二、与企业建立或形成劳动关系人员和享受城镇企业职工基本养老保险待遇人员。

三、正在享受失业保险待遇人员。

四、参加工伤保险并享受丧葬补助金人员。

五、在本市死亡，在本市行政区域以外火化人员。

六、由财政或福利机构负担其丧葬费用的“三孤人员”（孤老、孤残、孤儿）。

七、在异地领取丧葬补贴或补助金人员。

八、亡者家属在为亡者办理丧事过程中，有“穿重孝”（白裤、白袍）、“吹打念经”、“旗锣伞扇”、“车载鸣炮”等出大殡行为。

九、其他渠道享受丧葬补贴或补助人员。

我村的殡葬管理制度与区政府出台的丧葬补贴政策共同实施，凡是符合上述申领条件的村民，村民会给予2000元的补贴款，其中包括车辆补贴款1500元、火化费500元，丧事慰问金由村两委在吊唁时办理。凡是违反区镇村的规定大操大办丧事的，村委会不为该户申报区镇的丧葬补贴，也不给予村内的丧葬补贴款，并扣除死者直系亲属一年的各项福利待遇。

第四十八条 破除迷信，解放思想，不算卦、不相面、不悬挂带有封建迷信色彩的图像，不搞各种封建迷信的祭祀活动，不听不看不传淫秽书刊、录像。坚决抵制各种邪教组织及活动，不参与各种赌博、传销活动，反对以家族势力干扰和影响集体事业的发展。

第四十九条 违犯本节上述条款者，村委会或主管部门有权给予批评教育，令其写出检讨书，限期改正，触犯法律的移交司法机关处理。

第三节 邻里关系

第五十条 村民之间要互相尊重，相互理解，相互帮助，和睦相处，建立良好的邻里关系，形成互敬、互爱的良好风气。

第五十一条 村民在经营、生活及社会交往中应遵循平等、自愿、互助互利原则，顾全大局，发扬风格，不要事事斤斤计较。

第五十二条 严格遵守《中北斜村溪悦园小区管理规定》，自觉完全遵守《中北斜村物业管理规定》的，村委会以户为单位于每年年底前发放4000元的文明村民奖励金。

第五十三条 邻里间发生纠纷要依靠组织解决，不得无理取闹、寻衅滋事，对制造纠纷的当事人，情节轻微的予以批评教育，造成人身伤害或财产损坏的，要承担一切医疗费用并赔偿经济损失。对情节严重、触犯法律的交司法部门解决。

第四节 家庭和谐

第五十四条 村民要遵循婚姻自由，男女平等，一夫一妻，尊老爱幼的原则，建立团结和睦的新型家庭。

第五十五条 婚姻大事由本人做主，反对他人包办干涉，不借婚姻索取财物。

第五十六条 夫妻在家庭中的地位平等，反对男尊女卑，反对家庭暴力，夫妻双方共同承担家务劳动，共同管理家庭财产，有共同抚养教育子女的义务。

第五十七条 对丧失劳动能力无固定收入的老人，其子女必须尽赡养义务，生病就医、日常生活费用由子女负担。

第五十八条 对父母的遗产，儿女有平等的继承权。

第五节 计划生育

第五十九条 计划生育是我国的基本国策，全体村民要认真执行《天津市人口与计划生育条例》，自觉控制人口增长，提高人口素质。

一、享受生殖健康查体

村为育龄妇女免费实行每年两次“三情普查”，对按时参加“三情普查”的二孩育龄妇女发放补贴款，每人每次 50 元。

二、对独生子女家庭的奖励

1. 对独生子女家庭，福利待遇要高于多子女家庭。

2. 对独生子女父母的奖励

（1）凡子女在 2015 年 12 月 31 日之前出生的独生子女家庭，其父母为农业户籍的，男方年满 60 周岁，女方年满 55 周岁，村每年发放 2400 元的独生子女家庭奖励金（单农户家庭，农业户口的一方亦享受上述待遇）。

（2）凡子女在 2015 年 12 月 31 日之前出生的独生子女意外死亡，其父母与村委会签订不再生育和收养子女保证书且母亲年满 40 周岁的，村每月向该家庭发放救助金 300 元（不包括其他福利待遇）。如若享受该救助金的家庭又生育或收养子女的，村自其生育或收养子女之日起停止发放该救助金。

三、关爱女孩家庭

在每年的关爱女孩活动中，村为 2015 年 12 月 31 日之前退二胎的独女家庭户每年一次性发放奖励金 600 元。

第六节 社会福利和保障

第六十条 为体现社会主义优越性，随着集体经济不断壮大，村委会将逐步完善社会福利、社会保障事业，为村民办好事、实事。

第六十一条 老有所养

一、凡是享受村退休待遇的村民每人每月享受退休金 1500 元；对年满 80 周岁及以上老人退休金每人每月为 1700 元；对年满 90 周岁及以上老人退休金每人每月为 1900 元。2006 年 6 月由村统一上的社会统筹养老保险人员，（村担负 20000 元，村民自费 4000 元），见 2006 年 6 月 15 日通过实施的《中北斜村农业人口参加养老保险实施办法》退休后享受国家给予的退休金待遇，不再重复享受村退休金待遇；在村统一办理上社会统筹养老保险时，对符合参加养老保险条件、但拒绝参加社会统筹养老保险的人员，到退休年龄后不享受村内退休金待遇，但村集体给予养老保险补助金，总额为 20000 元，年龄段以外人员除外。

二、为进一步提高退休村民的福利待遇，对退休年龄段的村民享受三大节日慰问金待遇，每人每年 4500 元（端午节 1000 元、中秋节 1500 元、春节 2000 元）。

第六十二条 凡是享受我村各项福利待遇的农业户口的、并参加天津市城乡居民基本医疗保险和城镇企业职工基本医疗保险，并已通过医疗保险报销的村民。

一、在本年度住院发生的医疗费用，在完成基本医疗保险报销及区镇两级医疗补助后的剩余部分，政策范围内个人负担的医疗费用一律按 60% 给予补助。

二、发生下列情况之一的不享受医疗补助

1. 市人民政府《关于印发天津市城乡居民基本医疗保险规定的通知》（津政发〔2009〕21 号）第七章第三十四条规定的情况；

（1）在非定点医疗机构发生的医疗费用；

（2）不属于城乡居民基本医疗保险药品目录、诊疗项目目录和医疗服务设施目录支付的费用；

（3）因违法违规驾车肇事发生的医疗费用，打架斗殴、吸食或注射毒品以及犯罪发生的医疗费用；

（4）自杀、自残所发生的医疗费用；

（5）在境外和国外发生的医疗费用；

（6）因医疗事故或民事、刑事伤害发生的医疗费用；

（7）国家和本市规定不予支付的其他费用。

2. 门诊、门特发生的费用；

3. 生育保险发生的费用；

4. 因个人情况，超过一年未提出补助申请的。

第六十三条 残有所助

对伤残家庭确有困难的，村委会在生活上给予照顾。

第六十四条 难有所帮

对意外事故或灾害造成临时生活困难的，村委会给予适当的照顾，以帮助解决临时困难。

第六十五条 军有所优

现役军人服役期间，本村给予每人每年 10000 元补贴金；同时享受村民口粮补贴款和失地补偿金待遇；按照天津市实施《军人抚恤优待条例》办法规定，结合本村情况对复员退伍军人优先安排工作。

第七节 维护公共秩序

第六十六条 村民要共同维护公共秩序，树立新的村风民俗，搞好邻里关系，促进家庭和谐，尊老爱幼，搞好计划生育，村民应尽最大努力按本章程中的规定去执行，对于不履行章程规定的，村委会有权要求其纠正，经说服教育后仍不改正的，本着权利义务对等的原则，村委会有权停发其村民的福利待遇直至其改正。

第五章 附 则

第六十七条 本章程由村民委员会负责解释。

第六十八条 为确保本章程的实施，村委会主任负责监督和检查章程的落实执行情况，并向党员村民代表会议进行报告。

第六十九条 本章程根据我村实际情况制定，全体村民要自觉遵守。

第七十条 本章程根据本村实际情况进行重新修订，以 2018 年 11 月 18 日党员村民代表大会讨论通过的《中北斜村村民自治章程》为准。同时 2011 年 4 月 20 日所通过的《中北斜村村民自治章程》自行终止。

第七十一条 本章程自 2018 年 11 月 18 日起实施。

编后记

2017年，为贯彻落实习近平总书记、李克强总理关于地方志编修的重要指示和批示精神，西青区实施“村村建档修志”工程，中北斜村党总支、村委会决定编纂一部完整村志，留下历史资料，作为鉴古明今、启迪后人的教材。村组成主要领导参加的村志编修委员会，确定专人负责，组成村修志小组，开展编修工作。

2017年5月，村志编修工作正式启动。在编修过程中，村委会办公室及编修人员，广泛搜集中北斜村历史资料和现实资料，查阅《中北斜乡志》《中北镇志》《西青区志》《西青区统计年鉴》《天津市地名志》《天津县乡土志辑略》等书籍，及区档案馆、镇村档案室资料，对相关村民进行访谈，并通过各种途径，在全村范围内征集入志人物资料，在收集大量资料的基础上，精心筛选，整合资料，进行初稿撰写，后进行互审讨论，集思广益，主笔统理全书。修改后，经村志编修委员会初核，报请镇村志编修委员会复审，向西青区方志办报审，经终审合格，《中北斜村志》顺利出版，成为建村以来最重要的一项文化成果。

村志述、记、传、志、图、表、录齐全，突出村中特点，如实记述了建村600年间的区域变化、自然地理、经济文化、风土民情及人物等，重点记述改革开放以来，中北斜村的发展变化历程和取得的巨大成就，具有鲜明的时代特征和浓郁的地方特色。

在该志编纂过程中，得到区、镇志办，区档案馆和相关部门领导的大力支持，及赵继华等市地方志有关专家的悉心指导。得到村内长者、老干部及邻村老同志和社会人士的热心帮助，他们提供口述史料和珍贵的历史图片资料，更正史实、修正讹误，为志书的完成提供诸多帮助。在此对所有为村志编纂提供帮助的领导、专家及热心人士深表谢忱。

由于编修人员学识水平有限，该志不足之处在所难免，敬请读者和修志同行给予批评指正。

《中北斜村志》编修委员会

2019年12月